新编

现代商场超市规范化管理
必备制度与表格

张 浩 郑 健◎编著

中国文史出版社

图书在版编目（ＣＩＰ）数据

新编现代商场超市规范化管理必备制度与表格 / 张浩,郑健编著. -- 北京：中国文史出版社,2020.1

ISBN 978-7-5205-1242-8

Ⅰ．①新… Ⅱ．①张… ②郑… Ⅲ．①商场－商业管理 ②超市－商业管理 Ⅳ．①F717

中国版本图书馆 CIP 数据核字(2019)第 185933 号

责任编辑：詹红旗　戴小璇

出版发行：中国文史出版社
社　　址：北京市海淀区西八里庄 69 号院　　邮编：100142
电　　话：010-81136606　　81136602　81136603（发行部）
传　　真：010-81136655
印　　装：廊坊市海涛印刷有限公司
经　　销：全国新华书店
开　　本：1/16
印　　张：23
字　　数：450 千字
版　　次：2020 年 1 月北京第 1 版
印　　次：2020 年 1 月第 1 次印刷
定　　价：59.00 元

目　录

第一章 商场超市行政办公室管理制度与表格

第一节 商场超市行政办公室管理制度

▲行政办公室规范管理制度

第一条 为使办公室管理及商场文化建设提升到一个新层次，制定如下规定。

第二条 办公仪表规范：

1. 周一至周四：男士着深色套装（马甲）、衬衣、皮鞋，必须系领带。
2. 周一至周四：女士着深色套裙（或裤）、马甲、衬衣、皮鞋。
3. 周五：随意着休闲上装及长裤，女士可着裙装（有外事活动除外）。
4. 头发梳理整齐，服饰熨烫挺括，领带正挺，皮鞋亮净。

第三条 办公室规范：

1. 卡座屏风：保持整洁。
2. 公用物品：如公用办公桌、饮水机等，按规定位置放置，不得随意移动。
3. 报刊：阅后上报架，或阅后放入办公桌抽屉内。
4. 外衣及手袋：挂置于衣帽间或柜子内，严禁随意放在办公桌椅及拖柜上。

第四条 卡座区规范：

1. 办公桌：桌面除电脑、口杯、电话、文具外，不允许放其他物品。
2. 辅桌：放文件盒、少量工具书。
3. 座椅：靠背、座椅一律不能放任何物品，人离开时椅子调正。
4. 电脑：主机上方有显示器，电脑置写字台左前角。
5. 卡座屏风：内外侧不允许张贴任何东西。
6. 垃圾篓：内罩塑料袋，置写字台下右前角。

第五条 语言规范：

1. 交往语言：您好，早晨好，请问，请您，劳驾您，请关照，谢谢，周末愉快，再见。

2．电话语言：您好，请问，谢谢，再见。

3．接待语言：您好，请稍候，我通报一下，请坐，对不起，请登记，我即去联系，打扰您一下，好的，行（切勿说"不"）。

第六条　行为规范：

1．坚守工作岗位，不随意串岗。

2．上班时间不准看报纸、玩游戏或做与工作无关的事情。

3．保持办公桌上整洁，保持办公室内安静。

4．上班时间，不准在办公室化妆。

5．接待来访或业务洽谈，须到接待室或会议室进行，私客不得在卡座区停留。

6．使用接待室或会议室，要事先到办公室登记，一般内部事务不得随意使用接待室。

7．不得因私事打公司长途电话。凡因私事打电话者，发现一次，罚款××元。

8．不得在公司电脑上发私人邮件或上网聊天。违反者，发现一次，罚款××元。

9．不要随意使用其他部门的电脑；未经总经理批准，私客不准使用公司电脑。

10．所有电子邮件的发出，必须经部门经理批准，以公司名义发出的邮件必须经总经理批准。

11．未经总经理批准和部门经理授意，不要索取、打印、复印其他部门的资料。

12．吸烟必须到吸烟室，否则罚款××元。

13．无工作需要，不要擅自进入计算机房、客房服务中心、档案室、打字室、财务部、会议室及接待室。

14．严格遵守考勤制度，迟到、早退每分钟扣工资×元。

15．不论任何原因，不得代人刷卡。

16．请病假必须凭医生开具的病假条，否则一律视同事假。

17．凡出远勤一天以上者，应先填报经领导批准的出差证明单。

18．因故临时外出，必须请示部门经理，各部门全体外出，必须与总经理办公室打招呼。

19．不要将公司的烟缸、茶杯、文具等一切公物，带回家私用。

本规范从×××年×月×日开始执行，望全体员工自觉遵守。总经理办公室即日起将实施监督与检查。

▲行政办公纪律管理规定

1. 员工上班时必须佩戴胸卡。

2. 上班时穿西装或职业装，不能穿超短裙与无袖上衣及休闲装，不要在办公室内化妆。

3. 坚守工作岗位，不要随意串岗。

4. 上班时间不要看报纸、玩电脑游戏、打瞌睡或做与工作无关的事情。

5. 保持办公桌上整洁，保持办公室内安静。

6. 接待来访或业务洽谈应在会议室进行。

7. 不要因私事长时间占用电话。

8. 不要因私事拨打公司长途电话。

9. 不要在公司电脑上发送私人邮件或上网聊天。

10. 不经批准不得随意上网。

11. 未经允许，不要使用其他部门的电脑。

12. 所有电子邮件的发出，必须经部门经理批准，以公司名义发出的邮件必须经总经理批准。

13. 未经总经理批准和部门经理授意，不要索取、打印、复印其他部门的资料。

14. 吸烟必须到卫生间，否则将被罚款×元。

15. 在业务宴请中，勿饮酒过量。

16. 无工作需要不要进入经理办公室、计算机房、客户服务中心、档案室、打字室、财务部，以及会议室、接待室。

17. 不要迟到早退，否则每分钟扣发工资×元。

18. 请假必须经部门经理、分管副总或经理书面批准，并到办公室备案；假条未在办公室即时备案，公司以旷工论处，扣减工资。

19. 不论任何原因，不得代他人刷卡，违规者将被公司开除。

20. 因工作原因未及时打卡者，必须及时找部门经理签字后于次日报办公室补签，否则按旷工处理。

21. 加班必须预先由部门经理批准后再向办公室申报，凡加班后申报的，办公室将不予认可。

22. 在月末统计考勤时，办公室不对任何空白考勤予以补签；如因故未打卡，必须到办公室办理。

23. 请病假必须凭据医生开具的病假条，否则一律视同事假。

24. 因当日外勤不能回公司打卡的员工，其部门经理必须在当日8时30分以前写出名单，由办公室经办人代为打卡。

25．凡出远勤一天以上者，必须先填报经领导批准的出差证明单。

26．因故临时外出，必须请示部门经理；各部门全体外出，必须与总经理办公室打招呼。

27．不得将公司烟缸、茶杯、文具和其他公物带回家私用。

▲办公室主任职责规定

第一章　职务规定

第一条　负责督促、检查行政部门对上级的指示、总经理办公会决议及总经理决定的贯彻执行。

第二条　定期组织收集、分析、综合公司有关生产、行政等方面的情况，主动做好典型经验的调查总结，及时向总经理汇报、请示工作，并定期向上级书面汇报。

第三条　根据总经理指示，负责组织由总经理主持的工作会议，安排并做好会务工作。

第四条　负责起草总经理授意的综合性工作计划、总结和工作报告。

第五条　组织起草总经理办公室文件（负责审核各职能部门以总经理办公室名义起草的文件），组织并做好公司文件的编号、打印、发放以及行政文件的立卷、归档、保管工作。

第六条　组织做好总经理办公室印鉴和介绍信的使用保管、函电收发和报刊收订分发工作，并及时编写公司的大事记。

第七条　协调、安排涉及多部门主管参加的各种会议。

第八条　组织并做好来客接待和公车的管理工作。

第九条　指导并做好电话话务与机线维修工作。

第十条　根据总经理提出的方针、目标和要求，及时编制办公室的方针目标，并组织贯彻落实。

第十一条　负责公司办公用房的分配调整及办公用品、用具标准的制定和管理，并对办公用品、用具标准化及各部门文明办公进行检查督促。

第十二条　负责完成总经理临时交给的各项任务。

第二章　职权规定

第十三条　有权向公司各部门索取、了解必要的资料和情况。

第十四条　有权检查督促对总经理指示的贯彻执行情况。

第十五条　有权催促各部门按要求完成公司下达的工作任务。

第十六条　有权催促各部门及时做好文件与资料的立卷、归档工作。

第十七条　有权按总经理的指示，协调各部门之间的工作关系。

第十八条　有权安排、调度公车的使用。

第十九条　有权对各部门以总经理办公室名义起草的文件进行审核和校正。

第二十条　有权对不符合规定，或质量不高、效果不大的文件、资料，拒绝打印发放。

第二十一条　有权对各部门主管参加的会议进行综合平衡或精简压缩。

第二十二条　有权根据总经理的指示，对办公用房进行分配和调整，并对办公用品、用具标准化进行检查、督促。

第三章　职　责　规　定

第二十三条　对得知生产行政工作出现异常情况后未及时向总经理反映，以致造成重大损失负责。

第二十四条　对总经理办公室行文的差错，收集与整理的资料失实而造成的严重后果负责。

第二十五条　对机密文件和文书档案管理不严，发生失密、泄密或丢失、损坏负责。

第二十六条　对公文、函件、报刊、电报传递不及时，或发生丢失、误传现象，影响工作负责。

第二十七条　对印鉴、介绍信管理不严或使用不当而造成的不良后果负责。

第二十八条　对下属工作质量差造成的不良影响负责。

第二十九条　对本室所属岗位发生的设备、人身、交通、火灾事故负责。

第三十条　对未及时根据公司方针目标的有关要求，编制好本室方针目标或未及时检查和落实负责。

▲经理秘书工作条例

第一章　秘书的任务

第一条　秘书的任务是代替公司经理处理那些可以由其他人完成的工作和为经理的工作做好准备。

第二条　本公司秘书的工作有很多项内容，简单地表述如下：

1. 传达。
2. 运转。
3. 助手。
4. 书籍及文件整理。
5. 室内整理。
6. 代行事务。
7. 取得会计报表。
8. 调查。
9. 记录。
10. 接待。

第三条 以上工作的实施，根据经理意图和各项工作的具体要求决定。

第二章　秘书的工作内容

第四条 传达事务的具体工作内容：

1. 接待来访

来访者各有不同，事有大小，秘书要区别对待。对应该会见的人，应直接向经理转达对方的意图，并引其进入会客室或经理办公室，不论对方要求见面还是仅仅预约。对不宜会见的人，在请示经理后以"不在"、"正在开会"或"工作很忙"等为由拒绝对方，或是将个人意见报经理后作出答复。

2. 接听电话

接听电话时，一定要先声明"这里是××公司"等，然后记下对方的姓名、工作单位、有什么事情，根据对方情况和职权范围回答，但一般不说经理是否在。

3. 转达

需要转达时，要了解对方的身份和正确听取要转达的内容，并准确、迅速地转达。

4. 文件的收发及分送

收到的邮件或送来的文件，首先要区别是需直接送呈经理的，还是需秘书先进行处置和整理的，或者是私用文书（这些区分的范围需事先请示经理），需经理办理的要直接送交经理。经理不在时，如果有与经理直接有关的留言、电报、快递，可用电话告知。

第五条 日常工作内容涉及出席会议、陪同旅行、参加宴会、出行拜访、起草文件等。

1．日程的设计及其安排

对所确定的经理应处理的事项，如会见、出席高层管理会等具体的日期和时间进行记录、整理，并随时进行核查，协助经理制定日程表。

日程计划应记入每月日程表，必要时在上面记下预定内容和变更情况。

2．准备及安排

有些工作需要特别的准备和安排，而且这些工作通常都有一定的时间限制，因此必须提前做好适当的准备。

第六条 用品的整理。

秘书应将经理工作中所需的文件资料、各项用品及备用品事先准备齐全。

1．在办公室内

经理平常经常使用的物品及备用品，应在合适的地方放置合适的数量。为此，应设计一张用品及备用品的明细表，在上面记下品种、一月或一周所需数量以及补充的数量和补充日期，此外还必须存有一定量的备用品，以便随时补充。

2．经理外出时

经理外出时需使用的钢笔、铅笔等，每天都应事先准备好一定的数量，需要收入提包内的物品也要有同样考虑。这些需要准备的物品应在询问过经理后制作一张明细表，事先贴在相应地方以防遗漏。如果是出差，还应考虑出差的地点和天数等，更要经常征询经理的意图，以准备好所需用品。

3．文件、资料的准备

首先要清楚哪些文件是重要的，如不明白，要详细询问经理，以便将可能会用的文件材料一并准备齐全，然后画一张文件明细表以方便使用。

第七条 文件整理业务。

1．为使经理处理完毕或正在使用的文件不丢失、散乱，并且随时可以提用，需要对这些文件进行整理。要根据经理意见将文件分类，并放入固定的装具和容器内，使用中还要经常整理，以便很容易地查到文件。

2．整理工作的关键是分类项目的确定，需要保管及整理的文件、用品的选择和整理，以及借阅手续的完善。

3．业务用的文件分为正在处理的文件、正在运行的现行文件和已处理完毕的文件，此外还有机密类文件。根据应用情况还可以分为每日必用、常用和不常用三种。

4．文件经过整理后，需进行装订，并给每一个文件集合体以一定的户头名称。应在听取经理意见后再制一张文件分类的明细表，将表张贴在保管场所或保管人的桌子上，以便于参照。

第八条 整理、清扫工作。

此项工作应由秘书督促事务员和勤杂工来完成。工作中需注意如下几点：

1. 桌面上的台历和墙上挂的日历要每天调整日期。桌子要擦抹干净。常用品要准备好，并按要求备齐数量。将前一天取出的图书、文件放回原处，有破损和污染的物品要修补或更换。

2. 室内的物品都要放在固定的地方。

3. 根据当天的天气情况随时调整空调和窗帘。

第九条 代行事务。

秘书可以代行的事务主要有：

1. 参加庆典、婚礼、丧礼等仪式，这种场合要特别留心服装和服饰品及行为仪表的得体，同时还要十分讲究寒暄、应酬的用语。

2. 转达经理意见或命令，表达经理意见要完整准确，注意简洁、迅速。有时根据情况，还要及时将对方的答复向经理汇报。

第十条 定期从财务部门取得会计报表和各项财务数据，为经理进行决策做准备。

第十一条 协助调查。

公司的调查通常分为特命调查和一般性调查两类。公司在开展各种调查工作时，办公室秘书需做好协助工作。

1. 进行调查工作时，秘书应选择并委托合适的专家、顾问进行，或将他们列为调查委员，并与之保持日常联系，需要时提出调查课题请他们完成。

2. 有些专业事项的调查，秘书也可以亲自听取专家和当事人的意见，或在调查各方面情况后，将意见和调查情况汇总后报告经理。

第十二条 文书工作。

文书工作有两个方面：信函的完成，誊清或印刷文件。

1. 信函的完成

可将经理经常使用的信件种类事先汇集为"标准通信范例"，需要时选择一种略加增删便可使用，较为便捷。

2. 文件的誊清及印刷

主要包括将草案以笔记形式誊清、用打字机打印、直接印刷以及辑录图书杂志上的有关内容等四项工作。

第十三条 联系业务。

联系工作就是要向经理或副经理转达某项事情并向对方转告经理或副经理的意图，听取对方的答复，并将答复再次反馈给经理。

第十四条 做好服务和招待工作。

招待是指在经理外出、返回或有客人来访时的礼仪性工作，根据客人指派事务员或秘书亲自完成。这其中包括充当向导、收存携带物品、奉送茶点、迎来送往等。

1. 为经理服务

为经理服务的工作内容主要有以下一些：

（1）经理外出时应备好车辆。

（2）经理回到公司时，要接过脱下的外套、帽子等放到一定的地方，并及时用刷子清洁这些衣物。

（3）经理从外面回到办公室时，夏天要递上湿毛巾、冰水、咖啡或苏打水，冬天应马上递上热茶或咖啡。

（4）要视天气情况调好空调。

2. 为客人服务

秘书还需为客人服务，比如客人来时参照对经理的服务进行接待。若需要来访者等候时，应递上报纸、杂志等。

▲秘书事务处理规定

第一条　一般信件的处理

1. 书信在社会生活中对于联系人们感情、处理各种事务有着重要的作用。秘书必须能写漂亮的信件。

2. 信件只有一面时，在信封内再放入一张白纸更为妥帖。

信封的正面上方由左至右写收件人的邮政编码及地址、中间写收件人姓名，应有尊敬的称呼。收件人姓名下方可写"足下"、"秘书"字样表示尊重，也可以根据信件内容写上"亲启"、"亲阅"、"急件"等字样。右下方写寄信人地址及邮政编码，信封背面封口处通常写上"×"符号或"封"、"缄"等字。

3. 信件内容要平易、准确，文字要正确、易读。

第二条　西文信件的处理

秘书到机要室发出西文信件时，应依照以下方法进行：

1. 信纸和信封

一般采用白色，有时也可使用浅色调。

2. 书信的结构

书信的结构分为书头（Heading）、起句（Opening）、正文（Body）、结句（Ending）、收件人姓名（Address）和署名（Signature）六部分。

（1）书头（Heading）：将发信人的住址、日期写在左上角，日期也可写在右上角。商业信件和公用信件标识一般写在右上或中间处。

（2）起句（Opening）：一般在信件开头写上"Dear××"。美式信件多采用My Dear等形式，而在英国使用"My"是亲近的表现，对地位高的一方应用"Sir"。

（3）正文（Body）：直接写主要内容。

（4）结句（Ending）：在正文内容结束后写上 Yours sincerely，Yours truly，更亲切时可用 Lovingly faithfully。对不认识的人通常用 Yours faithfully。

（5）收件人姓名（Address）：在社交用书信中，收件人姓名已写在信封上，因此正文中可省略。而公务书信应在信纸第一页的左下方写上收件人姓名。

（6）署名（Signature）：署名要使用全称，以示正式和尊重。如 Taro. Yamada，不可写为 T. Yamada。

3. 信封的写法

信封的书写格式：

（1）与中文信封相反，英文信封上收信人的地址和姓名写在信封的偏中右偏下处。

（2）发信人的地址和姓名写在信封的左上角。

（3）用英文书写时，按姓名、地名、国名逐行顺序填写，地名、国名用大写字母书写。

另外，信封上还有一些常用词，比如转送（Please forward）、亲启（Private）、加急（Immediate）、把××转交（Kindly forwarded by Mr ××）等。

第三条　祝词及礼仪信件的处理

秘书经常要为各种各样的典礼、仪式写祝词。祝词的要领是简短，但重要的内容不能遗忘。公司备有祝词礼仪大全，秘书可增删后使用。

第四条　邮寄物品的处理

秘书必须了解有关邮寄物品如信件、包裹的常识。

1. 普通邮件

（1）第一种邮件（信件）：①定形邮件：重量分 25 克和 50 克，邮寄费用不等。

②不定型邮件：费用分为几档：50 克、50 ~ 100 克、100 ~ 250 克、250 ~ 500 克、1 千克、2 千克、3 千克、4 千克。

③简便信件。

（2）第二种邮件（明信片）：

①明信片　　　　　　××元。

②贺年卡　　　　　　××元。

③往返明信片　　　　××元。

④小盒明信片　　　　××元。

（3）第三种邮件：包括通报、公报、每月发行三次以上的报纸和推销商发出的邮件，等等。

（4）第四种邮件（免封装邮件）：

①函授教育资料。

②盲文邮件（免费）。

2. 特殊邮件

（1）挂号信：包括现金、非现金、简单挂号等邮寄形式。

（2）快递：按重量收取不同费用。

第五条　旅行安排

秘书必须为经理做好旅程安排及购买车票等工作。

1. 旅行日程

应先写出日程安排，发往所到之地和公司内有关部门。

2. 购买票据

购买票据时应注意下列事项：

（1）经理出行时使用的各种交通工具的票据，应提前预订。

（2）购来票据的车次、航班班次及始发、到站时间等要记下来，以便与迎接的单位取得联系。

（3）对常用的飞机航班和火车发、到时刻应事先准备一张表。

第六条　就餐礼仪

1. 就餐时不要出声音，喝汤时不能吸，饭后最好不当众使用牙签。

2. 西餐餐具应从外侧取用，刀、叉分放盘子两侧表示还要继续用，若用餐完毕要将刀、叉一并放在盘子右侧，此时侍者会撤下盘子。

第七条　服饰要求

1. 服饰必须清洁整齐，不能染上脏物。对女秘书来说，重要的是表现内在美，提高修养。有好的修养，对服装的鉴赏力就会提高。

2. 在公司时穿着不应过于漂亮。

3. 注意在以下场合的服饰要求：散步时不要戴耳饰；参加宴会时，套裙下不可穿短袜和低跟鞋。

4. 在服饰的色彩搭配方面，要考虑全身色调的和谐。

▲商场及各所属商店招商管理制度

1. 机构设置与管理权限

（1）在总经理领导下，由市场经营部主管，各职能部室、商场及各所属商店（以下简称商场商店）按管理权限分工负责商场招商工作。

（2）商场进货管理委员会负责审批被招商企业的进场资格，市场经营部负责定期或不定期组织有关部室对被招商企业商品质量、经营品种和销售情况进行考核，对物价、计量、商标、陈列、卫生进行检查。

（3）劳动人事部负责对商场信息员进行面试、审查体检表和岗前培训，经考试合格发放上岗合格证。负责定期或不定期会同有关部室对信息员服务规范、劳动纪律、仪表风纪等进行检查考核。

（4）安全保卫部负责对商场信息员验证（身份证、工作证、健康证、暂住证）工作，并将审核情况登记入册，与被招商企业签订安全责任书，会同有关部室定期或不定期对被招商企业进行安全检查，特别是防火、防盗、防汛检查。

（5）行政部负责来商场信息员的工服发放，收取食堂、医疗、美发、淋浴等项服务的管理费和借用财产管理等工作。

（6）商场商店明确一名经理负责被招商企业日常管理工作，并负责向市场经营部提供被招商企业的营业执照副本、招商审批表、联销协议、商品样品、价格目录及来场信息员的各种证件。

2. 招商标准（条件）

（1）被招商企业选派的信息员，必须是道德品质好，责任心强，热情大方，会讲普通话，男身高、女身高、裸视都符合招商要求的企业正式职工。信息员受双重企业管理，享受其所在企业待遇。

（2）商场商店招商工作实行动态管理。被招商企业要认真遵守商场各项管理制度，积极配合商场开展各种促销活动，努力完成销售计划。对3个月无故完不成销售计划或违反商场管理制度的，市场经营部有权提出终止协议。

（3）被招商企业必须是具有法人资格，并已在当地工商行政管理部门注册登记的国有、集体、三资、私营企业或有外贸进出口权的代理商。

（4）被招商企业所经营的商品必须是商场商店经营范围内的名特优新或世界驰名商品；国内商品必须是符合各级计量、质检、卫生标准，实行三包（包修、包退、包换）的本企业产品，坚决杜绝经营其他厂家的产品及滞销、假冒、伪劣商品。

（5）招商联营期限，一般为3个月至半年，有发展前途的可签订1~2年合同，到期后根据销售计划完成情况和市场供求情况决定是否续签合同。

3. 招商审批程序

（1）招商工作要贯彻商场"以经营高档为导向，中档为基础，突出名牌、优质新潮系列和进口、三资企业产品"的经营方针，择优招商。

（2）要按照不重复招商和申报在先的原则进行严格筛选。

（3）凡符合招商标准的企业，必须向商场进货管理委员会提出书面申请，商场商店将被招商企业的营业执照副本、审批表（一式四份）、样品、价格目录、质量认证书、税务登记证、生产许可证、卫生许可证以及商场商店的初步意见，一并报市场经营部由商场进货管理委员会审批并签订协议，然后到商场劳动人事部办理其他手续。

（4）劳动人事部根据审批表（第二份）及信息员的彩色照片、体检表进行面试，并负责组织学习商场规章制度、服务规范，进行岗前培训，经考试合格上岗，未经培训考核不得上岗。被招商企业不得擅自更换信息员。

（5）安全保卫部根据审批表（第三份）来审查商场信息员的身份证、工作证、健康证，并登记入册与其签订安全责任书，进行安全教育并负责发放信息员胸卡。

（6）行政部根据审批表（第四份），负责办理来场信息员的工服发放、就餐、借用财产等手续。

（7）各商场商店在市场经营部、劳动人事部、安全保卫部备案后办理被招商企业进店经营事宜。

（8）对符合招商标准的私营企业，各商店要经两人实地考察，特别是食品加工企业，要考察其是否符合国家颁布的卫生标准，是否有生产许可证、卫生许可证，服装加工业要了解其生产规模，并向市场经营部出具实地照片。

（9）对不按照招商审批程序办理，擅自进店销售的企业，要追究商场商店主管经理的责任，并给予一定的经济处罚，责令其厂家立即撤出。

4. 物价、计量、统计、保险及财务管理

（1）被招商企业的商品销售价格，必须经商场商店专职物价员看样定价，并上报市场经营部审批，被招商企业要向物价员提供成本单（发货单）、价格目录，遇特殊情况经主管经理批准，可用供货合同单，暂定临时价格，正式发票一到，立即走正常手续。

（2）被招商企业进销均纳入商场商店进销账目。商场统一建立"招商企业销售月报表"，内容包括单位名称、品种、销售额等，由商场商店统计员填写，每月向市场经营部报送。

（3）商场商店要建立被招商企业进、销、存登记，单独设账，做到账账相符、账证相符、账物相符，账面清楚、整洁，每月5日前将其经营情况上报市场经营部。

（4）被招商企业如需使用计量器具（尺、秤、验光仪）的，必须事先向市场经营部申报，经（计量）技术检定，履行登记备案手续后使用。

（5）被招商企业进场前应到当地保险公司办理人身财产保险，未办理保险的，在商场内发生人身伤亡、商品及财产损失的，由被招商企业自行负担。

（6）被招商企业的销货款必须由商场商店统一收取，按时上交银行，货款结算一律通过银行，结算前要与记账员核对，销多少结多少，不能多结，同时要按"招商细则"（另订）规定扣除所聘售货员费用和营业税款后再做结算。

（7）被招商企业在商场商店周转仓库储存商品的，必须按财务部门制定的有关费用标准缴纳仓储保管费用。

5. 招商监督与处罚

（1）各职能部室要按照本制度要求对被招商企业进行监督管理，凡无营业执照或超出经营范围、违反经营方式经营、出现扰乱商场正常治安秩序等情况的坚决予以取缔，并追究有关商场商店责任人的责任，没收被招商企业非法所得，对被招商企业处以 5 万元以下的罚款，对个人处以 500 元以下的罚款。

（2）必须以物美价廉为宗旨，经商场物价审批定价，明码标价，才可出售被招商企业的商品。要坚持文明经商，如有违反供应政策，损害消费者利益的，视情节轻重分别给予批评、罚款、终止协议的处罚。

（3）被招商企业对借用商场及各所属商店的财产要注意爱护，妥善保管，如有损坏须照价赔偿。

（4）被招商企业信息员（含商场选派售货员）如违反商场及各所属商店有关规定，分别由各职能部室向被招商企业提出批评、罚款，责令当事人下岗培训，或调换人员，被招商企业必须按各职能部室要求逐项落实，拒绝接受批评和罚款的给予终止协议处理。

（5）各职能部室要根据各自分工，认真检查、严格管理。如因管理不善或放弃对被招商企业监督管理，出现问题后不认真解决，造成一定影响的，要追究有关部门、商场商店领导的责任。

（6）市场经营部在对被招商企业经营范围、经营品种、商品质量、销售情况、服务规范、物价计量进行检查中，对符合本管理制度的，要维护其合法权益，保障其合法经营；对销售不佳、以次充好、坑骗顾客、损害消费者权益的，有权作出撤换或终止协议的决定。

（7）劳动人事部定期对信息员进行岗位考核，对不符合服务规范、不执行规章制度的，给予经济处罚，并追究所在商场商店主管经理的责任。

（8）上岗信息员要统一着装，佩戴胸卡，严禁佩戴实习生或其他胸卡，一经查出要追究其所在商场商店经理的责任，并给予罚款处理，信息员立即下岗。

（9）一经查出被招商企业使用未经检验计量器具的，立即将器具没收，造成重大影响的清除出场。

（10）一经发现被招商企业出现私下交易、场外交易、截留货款的，立即终止协议。

▲总办文员管理制度

第一条　总台及各楼层值班人员，统称总办文员。

第二条　总办文员上班需着工作装、化淡妆。

第三条　总办文员要按以下程序工作：

8：15 到公司，穿好工作服，检查打卡机，挂领导值班牌，开空调机（夏天）。

8：20 站立迎候员工上班，主动递卡片。

8：30 收卡。

第四条　总办文员对待员工或其他客人要礼貌大方、热情周到。对来找高层管理者的客人，要问清事先有无预约，并主动通知被找者。

第五条　各楼层的文员，应视本楼层的具体情况，参照总台的工作程序做好工作。文员负责保持会议室的整洁，并主动给参加会议的人员倒茶水。会议结束后，立即清理会议室。

第六条　值班文员应推迟 30 分钟下班。各楼层文员下班前应先关好空调机并检查各办公室，发现里面没有人时，应关灯锁门，做到人离灯灭。如有员工确因工作需要必须加班时应通知总台。当天值班的总台文员，亦应在员工下班后巡查楼层，确保安全后方可离开。

第七条　总办文员如违反本制度，视情节给予批评，或处 50 元以上 100 元以下罚款；屡教不改的，扣除当月奖金直至给予辞退处理。

▲办公室员工岗位职责规定

第一条　办公室主任

1. 全面领导办公室工作并具体主持行政事务工作。
2. 召集公司办公室每周例会，制订每周工作计划。
3. 负责公司防火、防盗及交通等安全管理工作。
4. 管理公司员工及住房。
5. 负责对外经济合同的审核签章及公司法律事务协调。
6. 管理总经理办公室人员编制。
7. 负责对外联系工作计划的制订与实施。

第二条　行政主管

1. 按合同实施物资采购和小型物品采购。
2. 具体安排员工午餐。
3. 缴纳电话费。
4. 管理环境卫生。
5. 安排外来宾客的住宿。
6. 具体办理车辆的年检、年审、保险、维修并与管理部门联系。
7. 办理经批准的公司员工的暂住证，负责与安全委员会的工作联系。

8. 其他工作。

第三条　前台文员

1. 接转交换机电话。

2. 负责传真收发与登记。

3. 负责前台接待、登记。

4. 引见、招待、接送来宾。

5. 负责监督打卡和汇总考勤。

6. 负责请假及加班申报单的保管、汇总、制表。

7. 负责锁门，管理电梯，检查灯光、门窗。

8. 收发报刊、函件及整理保管报纸。

第四条　办公室副主任

1. 督办与上报全公司各部门每周的工作计划。

2. 落实谈心制度。

3. 反映员工的思想动态，研究、报批与实施引导激励员工的激励机制。

4. 安排布置内部会议的资料。

5. 组织与安排员工生日及公司集会。

6. 负责公司发文管理及报批。

7. 协助全公司各部门的资料整理。

8. 管理档案。

9. 审查文件、记录及内刊。

第五条　文员

1. 负责文件、资料的打印、登记、发放、复印、装订。

2. 管理饮水机。

3. 保管、登记和按规定发放公司办公文具与器材。

4. 制订办公用品计划并报主任审批。

5. 接待与通报总经理室客人。

第六条　司机

1. 保证公司业务部门用车的及时出行与安全。

2. 保证公司领导上下班用车及来宾接送用车。

3. 负责使用车辆的保管及日常清洗、维护、保养。

4. 其他工作。

▲员工保密纪律规定

第一条　保密工作是指对可能发生的泄密和窃取活动采取的系列防范措施。

第二条　保密工作原则：积极防范，突出重点，严肃纪律。

第三条　全体员工应做到：不该看的不看，不该问的不问，不该说的不说。

第四条　文件和资料保管：

（1）拟稿：文稿的拟定者应准确定出文稿的密级。

（2）印制：文件统一由行政管理部印制。

（3）复印：复印秘密文件和资料，由主管总裁批准。

（4）递送：携带秘密文件外出，需两人同行，并包装密封。

（5）保管：秘密文件由行政管理部统一保管，个人不得保存。如需借阅，由主管总裁批准，并于当天收回。

（6）归档。没有解密的文件和资料存档时，要在扉页上注明原定密级，并按有关规定执行。

（7）销毁。按档案管理的有关规定执行。

第五条　对外披露信息，按公司规定执行，按下列程序办理：由部门经理、主管总裁、法律事务处会签。

第六条　保密内容按以下三级划分：

1．绝密级：

（1）集团领导的电传、传真、书信。

（2）非公开的规章制度、计划、报表及重要文件。

（3）集团领导个人情况。

（4）正在研究的经营计划与具体方案。

2．机密级：

（1）集团电传、传真、合同。

（2）生产工艺及指导生产的技术性文件和资料。

（3）员工档案。

（4）组织状况，人员编制。

（5）人员任免（未审批）。

3．秘密级：

集团的经营数据、策划方案及有损于集团利益的其他事项。

▲印章管理制度

第一条　本制度就公司内部使用印章的制度，改正与废止、管理及使用方法作出规定。

第二条　本规定中所指印章是在公司发行或管理的文件、凭证文书等与公司权利义务有关的文件上，因需以公司名称或有关部门名义证明其权威作用而使用的印章。

第三条　公司印章的制定、改刻与废止的方案由总经理办公室主任提出。

第四条　总经理办公室主任必须在提出的议案中对新旧公司印章的种类、名称、形式、使用范围及管理权限作出说明。

第五条　公司印章的刻制由总经理办公室主任负责，更换或废止的印章应由规定的各管理人迅速交还总经理办公室主任。

第六条　除特别需要，由总经理办公室主任将废止印章保存三年。

第七条　公司印章散失、损毁、被盗时，各管理者应迅速向公司递交说明原因的报告书，总经理办公室主任则应根据情况依本章各条规定的手续处理。

第八条　总经理办公室主任应将每个印章登入印章登记台账内，并将此台账永久保存。

第九条　印章在公司以外登记或申报时，应由管理者将印章名称、申报年月日以及申报者姓名汇总后报总经理办公室主任。

第十条　公司印章的使用依照以下手续：

1. 使用公司或高级职员名章时应当填写公司印章申请单（以下简称申请单），写明申请事项，征得部门领导签字同意后，连同需盖章文件一并交印章管理人。

2. 使用部门印章和分公司印章，必须在申请单上填写用印理由，然后送交所属部门经理，获认可后，连同需要用印文件一并交印章管理人。

第十一条　公司印章的使用原则上由印章管理人掌握。印章管理人必须严格控制用印范围和仔细检查用印申请单上是否有批准人的印章。

第十二条　代理实施用印的人要在事后将用印依据和用印申请单交印章管理人留存，用印依据及用印申请单上应有代理人印章。

第十三条　公司印章原则上不准带出公司，如确因工作需要，必须经总经理批准，并由申请用印人写出借据并标明借用时间。

第十四条　常规用印或需要再次用印的文件，如事先与印章管理人取得联系或有文字证明者，可省去填写申请单的手续。印章管理人应将文件名称及制发文件人姓名记入一览表以备查考。

第十五条　公司印章的用印依照以下原则进行：公司、部门名章及分公司名章，分别用于以各自名义行文时；职务名称印章在分别以职务名义行文时使用。

第十六条　用印方法：

1. 公司印章应盖在文件正面。

2. 盖印文件必要时应盖骑缝印。

3. 除特殊规定外，盖公司章时一律应用朱红印泥。

4. 股票、债券等张数很多，盖章麻烦时，在得到经理批准后，可采取印刷方式。

第十七条　本规定从发布之日起实行。

×××年×月×日

▲印章处理制度

第一条　本制度规定本公司重要印章及一般交易印章的处理事项。

第二条　重要印章由总经理或总务部经理负责保管，交易用章由总务部秘书室保管。

第三条　需加盖重要印章或交易用章时依照以下手续进行：

1. 重要印章

（1）需盖章时，持需盖章文件并填写重要用印申请书，经所属部门的负责人批准后报总务部秘书室。

（2）接到申请书的秘书室主任，确认手续完备和申请书上填写无误后，将其与文件一起交总务部经理批复。

（3）总务部经理对文件的效用进行审查，对有关疑点进行质询后注明意见，呈报总经理。

（4）总经理在对上述过程及文件审查后，直接在文件上盖印。

（5）盖过印的文件及重要用印申请书由总务部经理返还秘书室，文件发还申请人，重要用印申请书的处理结果一栏由总经理填写，由秘书室统一保存。

（6）总经理若认为文件有不完善之处，由总务部经理、秘书室主任依次向申请者反馈。

2. 一般交易印章

（1）将文件及填写好的"交易印章用印登记表"交总务部秘书室。

（2）接收上述文件及表格的总务部秘书室主任要亲自处理用印事务。

（3）总务部经理作为秘书室主任的上级，负有管理用印的责任。

第四条　总经理因不得已的原因而不能自行用印时，要预先征得上级领导同意后委托常务董事代行用印。

第五条　办理用印事宜应在营业时间之内。

第六条　严禁将印章带出公司。如不得不带出公司时，必须经总经理批准。

第七条　印章如发生丢失、损毁或被盗情况，应迅速向总经理或总务部经理汇报。

第八条　印章的新刻或改制由总务部经理获总经理批准后办理。

第九条　不论是重要印章，还是一般交易用章，用于文件和凭证时就代表着公司的权利和义务，因此，应将公司印章的印模制成印鉴簿，交由总务部经理保管。

第十条　本制度的制定、下发和修改、废止，由董事会研究决定。

▲凭证管理规定

凭证包括介绍信、工作证、发票等票证。凭证管理有两层意思：

1. 未盖公章或专用章的空白凭证，虽然还不具备生效的条件，但仍应严格保管好，不得丢失和外流。

2. 加盖公章并已具有效力的凭证，更应严格保管和使用。

对于凭证的管理，要做到：

（1）严格履行验收手续。

（2）建立凭证文书登记制度。

（3）选择保密的地点和坚固的箱柜，有条不紊地入库保存。

（4）定期进行检查，若发现异常情况，要随时提出处理意见。

（5）严格出库登记。对于有价证券和其他主要凭证，应参照国家规定的金库管理办法进行管理。

凭证文书具有很高的查考价值，大多需要永久保存。因此，一切有关凭证的正件、抄件、存根、复写件，以及文稿、草图、签发、资料，都应该及时整理，妥善保存，并按立卷归档的规定，随时分类入卷，定期整理归档，不得随意丢失，更不准自行销毁。会计凭证应按国家相关规定保管。

▲公章使用办法

第一条　公司可以对外使用的公章

公司章、公司业务专用章包括办公室章、人事部章、计划财务部章、国际合作部章、合同专用章。

第二条　公司章使用范围

1. 以公司名义上报总公司的报告和其他文件。

2. 以公司名义向上级国家机关及各省市、自治区党政机关发出的重要公函和文件。

3. 以公司名义与有关同级单位的业务往来、公函文件和联合发文，等等。

第三条　公司业务专用章使用范围

1. 办公室章：以办公室名义向公司外发出的公函和其他文件、联系工作介绍信、刻制印章证明。

2. 人事部章：就有关人事、劳资等方面业务代表公司用章。

3. 财务专用章：就有关财务等方面业务代表公司用章。

4. 国际合作部章：就有关国际交往、业务联系、接待计划、组织国际性会议等方面业务代表公司用章。

5. 合同专用章：以公司名义签订合同后代表公司用章。

第四条　公司印章使用手续

1. 公司章、合同专用章必须经总经理、副总经理或总经理助理批准方可使用。

2. 办公室章、国际合作部章，由办公室主任批准后使用。

3. 财务专用章由财务部门专人负责保管和使用。

4. 使用公章必须事先履行登记手续。

▲印章使用管理规定

第一条　印章的种类

1. 印鉴：公司向主管机关登记的公司印章或指定业务专用的公司印章。

2. 职章：刻有公司董事长或总经理职衔的印章。

3. 部门章：刻有公司部门名称的印章。其不对外单位的部门章可加注"对内专用"。

4. 职衔签字章：刻有经理及总经理职衔及签名的印章。

5. 董事长名章：刻有董事长人名的印章用于银行预留印鉴、支票及报表，等等。

第二条　印章的使用规定

1. 对公司经营权有重大关联、涉及政策性问题或以公司名义对政府行政、税务、金融等机构以公司名义的行文，盖公司章。

2. 以公司名义对国家机关团体、公司核发的证明文件，以及各类规章制度核批等由总经理署名，盖总经理职衔章。

3. 以部门名义于授权范围内对厂商、客户及内部规章制度的核批由经理署名，盖经理职衔签字章。

4. 各部门于经办业务的权责范围内及对于民营事业、民间机构、个人的行文以及收发文件时，盖部门章。

第三条　印章的监印

1. 总经理职章及特定业务专用章由总经理核定本公司的监印人员。

2. 总经理职衔签字章的监印人员为管理部主管。

3. 经理职衔签字章及部门章由经理指定监印人员。

第四条 印章盖用

1. 用印前，先填写用印申请单，经主管核准后，连同经审核的文件文稿等交监印人用印。

2. 监印人除于文件、文稿上用印外，并应于用印申请单上加盖使用的印章存档。

第五条 各种印章由监印人负责保管，如有遗失，由监印人负全责。

第六条 监印人对未经刊行文件，不得擅自用印，违者受处罚。

第七条 印章遗失时除立即向上级报备外，应依法公告作废。

第八条 本办法经总经理核准后施行，修改时亦同。

▲介绍信管理规定

介绍信一般由总经理办公室机要秘书负责保管和开具。开具介绍信要严格履行审批手续，严禁发出空白介绍信。介绍信的存根要归档，保存期5年。因情况变化，介绍信领用人没有使用介绍信，应立即退还，将它贴在原存根处，并写明情况。如发现介绍信丢失，应及时采取相应措施。介绍信一般分信笺介绍信、存根介绍信和证明信三种。因类型不同，其管理方式也不同。

1. 信笺介绍信的使用

信笺介绍信多为联系某项工作时使用。开具信笺开介绍信，用以表达较为复杂的内容。

2. 存根介绍信的使用

存根介绍信分成两联：一联是存根，即副联；另一联是外出用的介绍信，即正联。正副联中有一间缝，正副联都有相同的连续号码。开具存根介绍信时，除要在正联下方盖公章外，在正副联间骑缝处也要盖公章。

3. 证明信的使用

证明信是以商场的名义证明某人的身份、经历或者有关事件的真实情况的专用书信。证明信有两种：一种是以组织名义发的证明信，另外一种是以个人名义发的证明信。除个人盖章外，组织也要盖章以证明此人的身份。

▲办公室布置规定

第一条 各部门办公室布置以大办公室集中办公为原则。

第二条 经理室设置于大办公室的一端，与所属单位以玻璃间相隔。

第三条 各部门所属单位座位应采用同一方向，后排为各室主任，中排为各组组长，前排为一般员工。

第四条　接洽外来客人频繁的员工，应将其座位排在前台边。

第五条　办公桌以单独排列为原则，如因场地或实际情况需要，可以两桌并排。

第六条　接洽外来客人的地点应安排在经理室客厅。

第七条　因工作性质需独立设置的小型办公室，其室内布置按照大办公室布置的原则办理。

第八条　办公室内办公桌椅、保密箱、书橱颜色可为浅灰色，墙壁、天花板颜色可为白色，柜台、窗框及木质隔间可为乳黄色。

第九条　各部门钉挂衔牌方式规定如下：

1. 大办公室及独立设置的小型办公室衔牌钉挂在入口处的适当位置。

2. 大办公室内的单位衔牌钉挂在各部门经理座位上方的适当位置。

3. 衔牌颜色为绿底白字，其规格定为宽度为高度的两倍。

第十条　根据场地使用情况，办公室内可划出一角为更衣室。

第十一条　箱橱顶上及柜台上不得堆置文件。

第十二条　公司及各部门办公室布置图及座位图由总事务室派人实地绘制并存档。

第十三条　本规定经总经理核批后公布实施。

▲会议规程

第一条　会议程序

本公司各类会议的程序安排如下：

1. 经营会议

（1）会议主席作经营政策报告（10 分钟）。

（2）上次议案回顾讨论（20 分钟）。

（3）部门业务成果报告（30 分钟）。

（4）各部门协调及讨论事项（30 分钟）。

（5）未决议事项复议（10 分钟）。

（6）上级指导、报告（10 分钟）。

（7）主席结论（10 分钟）。

2. 营业会议

（1）会议主席报告（10 分钟）。

（2）上次议案回顾（20 分钟）。

（3）各区域业务成果报告（30 分钟）。

（4）市场、同业动向及经销商管理研讨事项（20 分钟）。

（5）各区域协调及讨论事项（20分钟）。

（6）销售目标及推销重点、日程安排（20分钟）。

（7）未决议事项复议（10分钟）。

（8）上级指导、报告（10分钟）。

（9）主席结论（10分钟）。

3．专案会议

（1）发起人报告（10分钟）。

（2）专案内容报告或上次议案追踪（20分钟）。

（3）作业进度报告（20分钟）。

（4）讨论及协调事项（30分钟）。

（5）未决议事项复议（10分钟）。

（6）上级指导、报告（10分钟）。

（7）主席结论（10分钟）。

4．周会

（1）周会开始（1分钟）。

（2）点名及仪容检查（3分钟）。

（3）各部门主管报告（10分钟）。

（4）值班人值勤报告（3分钟）。

（5）协调事项报告（8分钟）。

（6）主管指示（5分钟）。

（7）在职训练（16分钟）。

（8）总结（1分钟）。

第二条　会议规范

本公司各项会议的通知应在3天以前发出。定期的例会如遇到节假日，应顺延一天。会议的时间、地点，如没有安排固定的负责者，则由主席事先决定通知，公司会议记录由主席指派，定期例会除非有重大事故，均需依照例会时间进行。会议记录限1天内呈报上一级主管，主管批示限3天内完成，再交由会议主持人办理。本公司各种会议有如下的规定。

1．经营会议

每周一利用下班时间（下午6：30～8：30）在总公司举行，由总经理担任主席，除各部门主管参加外，还应请董事长、常务董事、监事列席指导。经营会议的目的是让公司的最高层干部参与经营策略的制定，听取各部门工作报告，同时决定本公司一周的工作重点和工作方针，协调各部门一周内的业务活动。

2．营业会议

营业会议必须每月举行一次，时间在每月24日下午6：30～8：30，由业务主管担任主席，主任和主任级别以上人员及区域经理参加。业务会议重点在于分析和讨论业绩成果、巩固成果、市场动向及同行业营业情况，制定下月业务目标及促销方案。

3. 专案会议

为了不影响其他会议的正常进行，应举行专案会议，专案会议不受时间、次数的约束，只要有对公司有利的、重要的议题并经上级同意后均可召开，由发起人组织有关人员开会商讨。专案会议为不定期会议，若一个专案需要多次研讨才能定案时，应约定次数与日期，但以一案一会为原则。

4. 周会

一般在每周星期一的早上用 30 分钟以上的时间做员工教育及重点工作报告，同时还可以利用周会表扬优秀员工，以提高其工作热情并带动其他员工。周会的主席由干部或员工轮流担任。周会一般分别在总公司或分支机构举行。

▲会议管理制度

第一章　会议组织

第一条　公司级会议：公司员工大会以及各种代表大会，应报请总经理办公室批准后，由各部门分别负责组织召开。

第二条　系统和部门工作会：各部门召开的工作会，由部门主管决定召开并负责组织。

第三条　班组（小组）会：由各班组长决定并主持召开。

第四条　上级公司或外单位在我公司召开的会议（如现场会、报告会、办公会等）或业务会（如联营洽谈会、用户座谈会等），一律由总经理办公室负责和安排，有关业务对口部门协助做好会务工作。

第二章　会议安排

第五条　例会的安排

为避免会议过多或重复，公司正常性的会议一律纳入例会制，原则上要按规定的时间、地点、内容组织召开。例会安排如下：

1. 行政会议

（1）总经理办公会：研究、部署行政工作，讨论决定公司行政工作重大问题。

（2）行政事务会：总结评价当月行政工作情况，安排布置下月工作任务。

（3）班组长以上经营管理大会（或公司员工大会）：总结上期（半年、全年）工作情况、部署本期（半年、新的一年）工作任务。

（4）经营活动分析会：汇报、分析公司计划执行情况和经营活动成果，评价各方面的工作情况，肯定成绩，指出失误，提出改进措施，不断提高公司经济效益。

（5）部门事务会：检查、总结、布置工作。

（6）班组会：检查、总结、布置工作。

2. 各类代表大会

（1）员工代表大会。

（2）部门员工大会（或员工代表小组会）。

（3）企协会员代表大会。

3. 民主管理会议

（1）公司管理委员会议。

（2）总经理、工会主席联席会。

（3）生活福利委员会议。

4. 信息、成果发布会

（1）企协年会。

（2）信息发布会。

（3）企管成果发布会。

第六条　其他会议的安排

凡涉及多个部门主管参加的各种会议，均需于会议召开前 10 天经分管副总经理批准后，报总经理办公室汇总，并由总经理办公室统一安排后召开。

（1）总经理办公室每周五将公司例会和各种临时会议统一平衡并编制会议计划，分发到公司主要管理人员及有关服务人员。

（2）凡总经理办公室已列入会议计划的会议，如需改期，或遇特殊情况需安排新的其他会议时，召集单位应提前 2 天报请总经理办公室调整会议计划。未经总经理办公室同意，任何人不得随便打乱正常会议计划。

（3）对于准备不充分、重复性或无多大作用的会议，总经理办公室有权拒绝安排。

（4）对于参加人员相同、内容接近、时间相近的几个会议，总经理办公室有权安排合并召开。

（5）各部门会议的会期必须服从公司统一安排，各部门小会不应与公司例会同期召开（与会人员不发生时间上冲突的除外），应坚持小会服从大会、局部服从整体的原则。

第三章　会议的准备

第七条　会议主持人和召集单位与会人员都应分别做好有关准备工作，包括拟好会议议程、提案、汇报总结提纲、发言要点、工作计划草案、决议决定草案、落实会场，安排好座位，备好茶具茶水、奖品、纪念品，通知与会者，等等。

第八条　参加公司办公例会的人员无特殊原因不能请假，如请假必须经主持人批准。

第九条　有以下原因，副总裁以上的高层管理人员可提议临时或提前召开公司办公例会：

（1）有重要事项需提交公司办公例会讨论决定。

（2）各部门重要业务管理人员的录用及辞退。

第十条　会议纪要属于公司内部重要文件，具有一定范围的保密性，未经批准不得外传。

第十一条　与会人员应知无不言、集思广益，一经会议决定之事，应按期落实。

第十二条　与会人员必须严格遵守会议纪律，不得随意走动，不得使用手机。

▲会议管理规定

第一条　公司会议主要由办公例会、日常工作会议组成。

第二条　例会中的最高级会议通常情况下每月至少召开一次，就一定时期工作事项进行研究和做出决策。会议由集团副总裁主持，参加人为公司总裁、副总裁、各部门主任等各级领导班子成员。

第三条　公司办公例会由公司行政管理部组织。行政管理部应于会前3天将会议的主要内容书面通知与会的全体人员，并在会后两天之内整理、发布会议纪要。

1. 会议纪要的形成与签发：

（1）公司办公例会会议纪要、决议由行政管理部整理成文。

（2）行政管理部根据会议内容的需要在限定时间内完成纪要和决议的整理工作。

（3）会议纪要和决议形成后，由与会的公司领导班子成员签字确认。

（4）会议纪要发放前应填写会议纪要发放审批单，审批单内容包括纪要编号、发放范围、主管领导（或主持会议的领导）审批意见。

（5）会议纪要应有发文号，发放时应填写文件签收记录表，并由接收人签收。

（6）会议纪要应分类存档，并按重要程度确定保存期限。

2．会议纪要作为公司的重要文件，记录已研究决定的事项，发至参加会议的全体人员，以便对照核查落实。

第四条　日常工作会议由会议召集者填写会议申请单，经主管副总裁批准后召开，会议通知由行政管理部根据申请部门的要求发出。如会议需要撰写会议纪要，由会议召集部门撰写完毕后报有关人员及行政管理部。

▲会议管理要点

第一条　提高会议成效的要点：

1．要严格遵守会议的开始时间。

2．要在开头就议题的要旨做一番简洁的说明。

3．要把会议事项的进行顺序与时间的分配预先告知与会者。

4．在会议进行中要注意如下事项：

（1）发言内容是否偏离了议题？

（2）发言内容是否出于个人的利害？

（3）全体人员是否都专心聆听发言？

（4）发言者是否过于集中于某些人？

（5）是否有从头到尾都没有发言过的人？

（6）某个人的发言是否过于冗长？

（7）发言的内容是否朝着结论推进？

5．应当引导在预定时间内做出结论。

6．在必须延长会议时间时，应取得大家的同意，并决定延长的时间。

7．应当把整理出来的结论交给全体人员表决确认。

8．应当把决议付诸实行的程序理出，加以确认。

第二条　会议禁忌事项：

1．发言时不可长篇大论，滔滔不绝，原则上以3分钟为限。

2．不可从头到尾沉默到底。

3．不可取用不正确的资料。

4．不要尽谈些期待性的预测。

5．不可进行人身攻击。

6．不可打断他人的发言。

7．不可不懂装懂，胡言乱语。

8．发言不要抽象或概念化。

9．不可对发言者吹毛求疵。

10．不要中途离席。

▲会议布置管理规定

第一条 实施会议布置前必须考虑周详，根据布置任务来确定执行人员，并进行明确分工。

第二条 会议现场要做好清洁保护工作，地毯、大理石面应落实好保护措施。

第三条 根据会议通知单，布置工作。

第四条 绿化布置力求整齐、美观，植物干净、无尘、无虫口、无黄叶，花盆机架的主体、台面插花要卫生清洁、色彩鲜艳、造型端庄。

第五条 布置完毕后，应清理好会议现场，使其简洁、大方，以取得最佳效果。

▲会议事务处理规定

第一条 会议计划检查要点：

会议计划表

项 目		审核备注
会议名称		
开会地点		
开会日期		
开会时间		
会议宗旨及议题		
与会单位、人员		
人 数		
主 持 人		
会议召集单位		
会议主要工作人员		
与会者应备资料		
会场标示资料		
召集者拟分发资料		

第二条　会议筹备审核要点：

会议筹备工作审核表

	项　　　目	审核备注
会议目的	本次的会议是否确实需要（是否是一次偏重于形式的例会？有没有其他更好的解决方法）	
	开会的目的是否明确	
会议要领	开会的时机、时间是否妥当	
	开会的地点场所是否合适	
	邀请对象是否恰当	
开会通知	与会人员是否已得到通知	
	开会的主旨、议题是否已通知与会人员	
	与会人员是否已就议题做好准备	
	是否要求与会人员事先备妥有关资料	
会议准备	是否对已拟就议题进行顺序的安排及时间的分配	
	是否应分发参考资料	
	是否已安排好会议记录	
	是否使用投影机或录像机等机器设备	

第三条　会议活动细节审核要点：

1. 活动的主旨。

2. 活动的规范。

3. 活动的预算。

4. 招待对象的层次。

5. 总人数（查邀请回函）。

6. 活动日期及时间（注意是否与其他同业的活动冲突）。

7. 活动天数。

8. 筹备单位。

9. 活动负责人。

10. 活动明细分工表。

11. 会场的预订（主会场、分会场、洽谈室、展示室、来宾休息室，等等）。

12. 制作来宾名册（姓名、职衔、公司名称、电话、地址等的核对）。

13. 邀请函（信封、邀请卡、回函明信片的订制张数、投递日期）。

14. 交通工具（飞机、火车、面包车、轿车）。

15. 劳务费（给司机等）。

16. 会场布置（主席台、会标、灯光、音响效果、录音、座次、台下座位、应急疏散方案、茶水饮料供应）。

17. 工作餐的形式。

18. 看板、标识板类（欢迎看板、大门看板、方向标识、发放座位牌）。

19. 拍照摄影（纪念照片、快照、记录摄影）。

20. 选择桌子（圆桌或方桌）。

21. 座位顺序（桌面标示卡、桌面标识卡的书写）。

22. 胸章、名牌（颜色、大小、种类的选定）。

23. 新闻（新闻稿，文字记者、摄影记者、录像记者及电源准备）。

24. 资料的收发。

25. 住宿安排（安排外来与会人员的住宿，妥善分配房间）。

26. 支付的费用范围（住宿费、餐费等）。

27. 安排用餐事宜。

28. 活动行程方面（司仪开场白、主持人致辞、来宾致辞、宣读贺电、致谢词、活动行程表、播放背景音乐）。

29. 服务柜台的工作（来宾出、缺席之确认、发放胸章、发放活动行程表、引导来宾到休息室、发放纪念品、设置临时电话）。

30. 支付用餐及住宿费用。

▲每周例会制度

第一条　部门管理人员例会每周举行一次，由总经理主持，副总经理及各部门经理级人员参加。

第二条　会议主要内容为：

1. 总经理传达上级业务主管或上级公司有关文件，董事会、总经理办公会议精神。

2. 各部门经理汇报一周工作情况，以及需提请总经理或其他部门协调解决的问题。

3. 由总经理对本周各部门的工作进行讲评，提出下周工作的要点，进行布置和安排。

4. 其他需要解决的问题。

第三条　会议参加者在会上要畅所欲言，各抒己见，允许持有不同观点和保留意见。但会上一旦形成决议，无论个人同意与否，都应认真贯彻执行。

第四条　严守会议纪律，保守会议秘密，在会议决议未正式公布以前，不得私自泄露会议内容，影响决议实施。

▲会议室、接待室使用管理制度

会议室、接待室是公司举行会议、接待客户的场所。为加强管理，规范公司会议室、接待室的使用，给员工营造一个良好的工作环境，特制定如下管理制度：

1. 公司所有员工非接待客人和参加会议，不得随意进入接待室、会议室。

2. 各部门如需使用会议室，要提前到总经理办公室申请，在会议室使用登记簿上签字，由办公室统一安排。

3. 接待室有专人负责引见、招待、接送来宾。

4. 任何员工不得随便移动会议室、接待室的办公家具及物品。

5. 任何员工不得随意使用会议室、接待室的接待用品。

6. 任何员工不能随意拿走接待室的报纸、杂志。

7. 爱护接待室、会议室的设施。

8. 会议结束，要整理会场，保持清洁，并去办公室办理交接手续。

以上规定希望全体员工自觉遵守，损坏公物或违反制度者将给予适当的经济处罚。

第二节　商场超市行政办公室管理表格

▲职务说明书

职务说明书

单位			职称	
职等		主营工作		
项目	工作内容		平均每日 工作时间	备　　注 （偶发性工作需几天）
1.				
2.				
3.				
4.				
5.				
6.				
7.				
8.				
上列职务应具备的基本资格及条件				
个人条件	性别		智能	领导力	□需要□不需要
	年龄	岁以上		应变力	□需要□不需要
	学历			计划力	□需要□不需要
	经历			创造力	□需要□不需要
技能	语言		体能	脑力	□需要□不需要
	专业知识			体力	□需要□不需要
	操作设备		工作环境	工作场所	
	执照	□汽车□摩托车		危险性	

▲行政办公职位规范表

行政办公职位规范表

职称		职位		直接主管	
管辖范围					
直接责任					
主要权力					
职务代理人					
条件要求					

▲秘书职务说明表

秘书职务说明表

职务名称　秘书　　　职务名称编号　××××

职务等级　Ⅲ等　　　通过时期　××年×月×日

部　　门　办公勤务

　　工作概要：秘书职务（Ⅲ等）的从事者为本部门经理办理秘书事务。由于秘书职务（Ⅲ等）的职责涉及减轻部门经理的行政管理负担，因而其相当部分的工作是行政管理性的，包括监督其他办公室人员。

　　工作职责：

　　基本职责（占用工作日的70%以上）：①笔录口授、誊写材料；②安排经理会谈日程；③监督其他办公室人员；④协助制定办公室预算；⑤信函的答复；⑥保管机密材料；⑦接待来访经理、客户和业务伙伴；⑧回电话；⑨分派工作任务。

　　其他的职责（占用工作日的30%以下）：①汇集文书材料；②准备报告；③设计办公室内部表格；④评价下属人员；⑤复制文书材料；⑥保管小额现金。

　　使用的设备和工具：打字机、计算机、复印机、口授器。

　　使用的表格和报告：部门财务报表、工资报表、人事考核表以及其他所需的报表。

　　监督者：　　　　部门经理

　　与其他工作的关系：由于本职务的从事者负有给其他办公室人员分派工作的职责，因此与本职务和本部门所有办公事务均有关。本职务属本部门秘书职务的最高等级，其晋升的可能职务是总公司办公室秘书或行政管理助理。

▲管理人才储备表

管理人才储备表

制表日期：　　年　月　日

姓名		年龄		最高学历	
现职				担任本职年数	
历年考绩					
专长优点					
弱点					
发展性					
可升调职位1				升调时间	
所需训练					
可升调职位2				升调时间	
所需训练					

▲部属不当行为分析表

部属不当行为分析表

○工作态度

□1. 无故缺席、迟到、早退的情形增加		
□2. 上班时间经常脱岗		
□3. 工作的内容不变，业绩却急剧下降		
□4. 有事外出，碰到紧急要事却联络不上		
□5. 热衷于兼职		

○交友、生活态度

□1. 私人的访客变多		
□2. 很多私人的电话		
□3. 突然变得奢侈、挥金如土		
□4. 未经报告上司而接受别人的招待		
□5. 有花边新闻或家庭不和睦的传言		

○金钱、物品的处理

□1. 没写出货单就出货		
□2. 没写退货单就处理退货		
□3. 申请费用时，没有收据的情形很多		
□4. 伪造收据的日期或金额		
□5. 销售的折扣或更改价格的理由很牵强		

○抱怨

□1. 顾客对个人的业务活动抱怨增多		
□2. 怀疑给顾客的积分是否合理		
□3. 应收账款未收回是不正常的状况		
□4. 付款人发牢骚		
□5. 是否挪用收回的款项		

○个人的谈话或传言

□1. 经常散布要辞职的话		
□2. 谈话中透露为借钱而苦恼		
□3. 上班时间经常办私事		
□4. 赌博的情形存在，甚至次数变多		
□5. 有敲诈顾客的传言		

▲部属缺点检查表

部属缺点检查表

职　　称	科	姓名＿＿＿＿		No.
项　　目	负面评价	评　语		指　　导
经　　验	5　4　3　2　1			
执行能力	5　4　3　2　1			
达成能力	5　4　3　2　1			
技术能力	5　4　3　2　1			
分析能力	5　4　3　2　1			
观察能力	5　4　3　2　1			
说服能力	5　4　3　2　1			
指导能力	5　4　3　2　1			
判断能力	5　4　3　2　1			
包容能力	5　4　3　2　1			
忠诚心	5　4　3　2　1			
守秘能力	5　4　3　2　1			
交涉能力	5　4　3　2　1			
决断能力	5　4　3　2　1			
忍耐能力	5　4　3　2　1			
总　　计				

注：分数愈多表示缺点愈多。

▲集体合同报送审核登记表

集体合同报送审核登记表

地区：

合同编号	登记序号	企业名称	所有制性质	职工人数	报送		收到		审核结果	通知企业		备注
					报送人	电话	时间	收件人		时间	通知人	

注：此表全面反映劳动部门收到企业报送的集体合同情况。据此填报集体合同报送审核情况统计表季报表。

▲集体合同审核表

集体合同审核表

审核机构		送件时间		送件人	
合同编号		要求返回时间			
企业名称		实际返回时间			

经审核，提出具体意见如下：

审核人（签字）：_____　　　　单位负责人（签字）：_____

签约日期：_____年___月___日

签约地点：_____

第二章　商场超市人事管理制度与表格

第一节　商场超市人事管理制度

▲人事档案保管制度

建立人事档案保管制度的目的有以下三点：

第一，保守档案机密。现代企业竞争中，情报战是竞争的重要内容，而档案机密便是企业机密的一部分。对人事档案进行妥善保管，能有效地保守机密。

第二，维护人事档案材料完整，防止材料损坏，是档案保管的主要任务。

第三，便于档案材料的使用。保管与使用是紧密相连的，科学有序的保管是使用档案材料的前提和保证。

商场人事档案保管制度的内容：

建立健全人事档案保管制度是对商场人事档案进行有效保管的关键。其基本内容大致包括：材料归档制度；检查核对制度；转递制度；保卫保密制度；统计制度。

1. 材料归档制度。

新形成的档案材料应及时归档，归档的大体程序是：首先对材料进行鉴别，看其是否符合归档的要求；其次，按照材料的属性、内容，确定其归档的具体位置；再次，在目录上补登材料名称及有关内容；最后，将新材料放入档案袋。

2. 检查核对制度。

检查与核对是保证人事档案完整、安全的重要手段。

检查的内容是多方面的，既包括对人事档案材料本身进行检查，如查看有无霉烂、虫蛀等，也包括对人事档案保管的环境进行检查，如查看库房门窗是否完好，有无存放错误，等等。

检查核对一般要定期进行，但在下列情况下，要及时进行检查核对：

——突发事件之后，如被盗、遗失或水灾、火灾之后。

——对有些档案产生疑问之后，如不能确定某份材料是否丢失。

——发现某些损害之后，如发现材料发霉，发现了虫蛀等。

3．转递制度。

转递制度是关于档案转移投递的制度。档案的转递一般是由工作调动等原因引起的，转递的大致有如下程序：

（1）取出应转走的档案；

（2）在档案底账上注销；

（3）填写《转递人事档案材料的通知单》；

（4）按发文要求包装、密封。

在转递中应遵循保密原则，一般通过机要交通转递，不能交本人自带。另外，接收档案单位在收到档案、核对无误后，应在回执上签字盖章并及时返回。

4．保卫保密制度。

档案的保卫保密制度具体要求如下：

（1）对于较大的商场，一般要设专人负责档案的保管，应具备必要的存档设备。

（2）档案库房备有必要的防火、防潮器材。

（3）档案库房、档案柜保持清洁，不准存放无关物品。

（4）任何人不得擅自将商场人事档案材料带到公共场合。

（5）无关人员不得进入商场档案库房，严禁吸烟。

（6）离开时关灯关窗、锁门。

5．统计制度。

商场人事档案统计主要有以下的内容：

（1）人事档案的数量。

（2）人事档案材料收集补充情况。

（3）人事档案整理情况。

（4）人事档案保管情况。

（5）人事档案使用情况。

（6）档案库房设备情况。

（7）人事档案工作人员情况。

6．商场人事档案工作人员队伍建设。

（1）选择政治上可靠、作风正派、责任心强、工作细致、具有中专以上学历的共产党员从事商场人事档案管理工作。

（2）商场人事档案管理人员必须认真学习业务知识，加强组织纪律性，保管好档案材料。

（3）对于为商场人事档案管理工作做出突出贡献的人员，给予表扬或奖励，对于失职者视情节轻重给予批评、教育或纪律处分。

（4）工作人员调出时，必须做好人事档案及业务文件的交接工作，确保移交无误。

7. 未尽事项按国家有关规定办理。

▲人事档案使用制度

建立人事档案使用制度的目的：

第一，建立商场人事档案使用制度是为了高效、有序地使用档案材料。档案在使用过程中，应遵循一定的程序和手续，保证商场人事档案管理秩序。

第二，建立商场人事档案使用制度也是为了给档案管理活动提供规章依据。商场工作人员必须按照这些制度行事，这是对商场工作人员的基本要求。

商场人事档案使用的方式：

（1）设立阅览室以提供查阅人事档案场地。阅览室一般设在人事档案库房内或靠近库房的地方，以便调卷和管理。这种方式具有许多优点，如便于查阅指导，便于监督，利于防止泄密和丢失等。这是人事档案使用的主要方式。

（2）借出使用。借用人事档案必须满足一定的条件，比如，总经理需要查阅人事档案；公安、保卫部门因特殊需要必须借用人事档案等。借出的时间不宜过长，到期未还者应及时催还。

（3）出具证明材料。这也是人事档案部门的功能之一。出具的证明材料可以是人事档案部门按有关文件规定写出的有关情况的证明材料，也可以是人事档案材料的复制件。要求出具材料的原因一般是入党、入团、提升、招工、出国，等等。

第三，人事档案使用的手续。

在通过以上方式使用人事档案时，必须符合一定的手续。这是维护人事档案完整安全的重要保证。

（1）查阅手续。

正规的查阅手续包括以下内容：首先，由申请查阅者写出查档报告，在报告中写明查阅的对象、目的、理由，查阅人的概况等情况；其次，查阅单位（部门）盖章，负责人签字；最后，由人事档案部门审核批准。人事档案部门对申请报告进行审核，若理由充分，手续齐全，则给予批准。

（2）外借手续。

①借档单位（部门）写出借档报告，内容与查档报告相似。

②借档单位（部门）盖章，负责人签字。

③人事档案部门对其进行审核、批准。

④进行借档登记。把借档的时间、材料名称、份数、理由等填清楚，并由借档人员签字。

⑤归还时，及时在外借登记簿上注销。

（3）出具证明材料的手续：单位、部门或个人需要由人事档案部门出具证明材料时，必须履行以下手续：首先，由有关单位（部门）开具介绍信，说明要求出具证明材料的理由，并加盖公章；其次，人事档案部门按照有关规定，结合使用者的要求，提供证明材料；最后，证明材料由人事档案部门有关领导审阅、加盖公章后，登记、发出。

▲员工守则

（一）严于职守

1. 按时上、下班，工作时间内不得擅离职守或早退，班后无事不得在商场内逗留。

2. 上、下班必须走员工通道，乘员工专用电梯。

3. 工作时间不准打私人电话，不准会客。

4. 工作时间不得穿着工作制服外出，不做与工作无关的事。

5. 除指定人员外，其他员工不得使用客用设施。

6. 举止文明，对顾客要热情、礼貌。

7. 各级管理人员不得利用职权给亲友以特殊优惠。

（二）工作态度

1. 做到顾客至上，热情有礼。这是员工对顾客和同事的最基本的态度。要面带笑容，使用敬语，"请"字当头，"谢"字不离口，接电话要先说"您好"。

2. 给顾客以亲切和轻松愉快的感觉。最适当的表示方法是面露微笑，"微笑"是友谊的"大使"，是连接顾客的桥梁。

3. 努力赢得顾客的满意及商场的声誉。为顾客提供高效率的服务，关注工作上的技术细节，急顾客所急，为顾客排忧解难。

4. 给顾客以效率快和良好服务的印象，无论是常规的服务还是正常的管理工作，都应尽职尽责。一切务求得到及时圆满的效果。

5. 各部门之间、员工之间应互相配合、真诚协作，不得互相扯皮，应同心协力解决疑难问题，维护商场声誉。

6. 忠诚老实是商场员工必须具有的品德。有事必报，有错必改，不得提供虚假情况，不得文过饰非，阳奉阴违，诬陷他人。

（三）仪容仪表

员工的仪容仪表直接影响到商场的声誉及格调，全体员工必须充分认识到这一问题的重要性。

1. 员工必须经常保持服装整齐清洁，并按指定位置配戴工号牌（实习生证）或员工证。要爱护商场所发的工作制服、鞋袜等物品。

2. 男员工头发以发梢不盖过耳部及后衣领为适度，不准留小胡子。

3. 女员工不得披头散发，头发不宜过长，以不超过肩部为适度；保持淡妆，不使用味浓的化妆品。

4. 员工不得梳怪异发型，应勤修剪头发、指甲，保持清洁。

（四）服从领导

各部门员工应切实服从领导的工作安排和调度，按时完成任务，不得无故拖延、拒绝或终止工作。倘若遇疑难问题，应从速向直属领导汇报请示解决的办法。

（五）上、下班打卡

1. 本商场员工上、下班时必须按规定打记时卡及签到签退，并应有充分时间更换制服，以准时到达工作岗位。

2. 不得代人打卡或委托他人代打卡。

3. 如因加班、病假、事假、公差、外勤等原因未能打卡，应向所在部门班组报告，以备核查。

（六）证件及名牌

1. 每位员工均由商场按规定发给工作证、工号牌（实习生证）或员工证。员工当班时应佩戴工号牌（实习生证）或员工证，部门主管及保安、稽查人员有权随时检查有关证件的佩戴情况。

2. 工作证、工号牌（实习生证）或员工证如有遗失、被窃，应立即向部门、人事培训部报告，并按规定到人事培训部办理交费补领手续，所引起的一切责任由本人负责。如因时间长久而引起损坏者，可凭旧换新。

3. 员工离职时应将有关证件交回人事培训部，违者按有关规定办理。

（七）工作制服

1. 商场将视员工的岗位及工作的需要与否，按不同规定发给员工不同的制服。所有需穿着工作制服的员工为制服员工，不要求穿着制服的员工为非制服员工。

2. 员工着装必须保持整齐、清洁、端庄、大方，上班时必须按规定穿着工作制服，除因公或批准外，不能穿着或携带制服离开商场，下班后必须将制服存放在本人衣柜内，不得擅自携离商场。

3. 离职时必须将制服交回制服房，如有遗失或损坏，则需按有关规定赔偿。

（八）遗失物品补领手续

1. 员工均应妥善使用及保管商场发给的制服、工作证、工号牌、员工证、衣柜、衣柜钥匙、记时卡等物品。这些物品离职时均需交回，如未能交回者须按规定赔偿。

2. 若有遗失或损坏者，应立即通知部门主管并报人事培训部及有关部门，申请办理赔偿补领手续。

（九）个人资料

1. 员工所填写的各类有关表格，应如实将正确资料填上，做到忠诚老实、不隐瞒、不造假。

2. 为避免有关资料不确实而导致日后员工正当权益受到损害，员工本人及家庭成员有关记录之变化，例如：迁移地址、婚姻状况、学历、分配、调动、晋升、出国、生育及涉及刑事、行政处罚等，均应及时告知人事培训部进行材料的补充。

3. 如有隐瞒、虚报造假，一经发现或由此而产生的一切后果，一律由本人负责，商场将保留追究责任并有作出处理的权力。

（十）处理投诉

顾客是商场的"上帝"，全体员工都必须高度重视顾客的投诉。要细心聆听投诉，让顾客畅所欲言，并把它作为改进商场管理工作的不可多得的珍贵教材。

1. 如果顾客投诉的事项不能立即解决，应用书面记下投诉细节，并表达对顾客的谢意和对所投诉事项的歉意，然后迅速通知或转报有关部门。

2. 事无大小，对顾客投诉的事项，处理如何必须有事后交代。

3. 在投诉的事项中，若有涉及记录者本人的内容，不得涂改、撕毁，更不得造假。

4. 投诉经调查属实可作为处罚的依据。

（十一）讲究卫生，爱护公物

1. 养成讲卫生的美德，不随地吐痰，不丢纸屑、果皮、烟头和杂物。如在公共场所发现有纸屑、杂物等，应随手捡起来，以保持商场内清洁优美的环境。

2. 爱护商场的一切工作器具，注意所有设备的定期维修、保养，节约用水、用电和易耗品，不准乱拿乱用公物，不得把有用的公物扔入垃圾桶。

（十二）严守机密

员工不得向外界传播或提供有关商场的资料，商场的一切有关文件及资料不得交给无关人员，如有查询；可请查询者到商场总经理室或公共关系部。

▲员工服务细则

1. 各部门员工均应遵守本商场的一切规章制度及公告。

2. 员工应接受上级主管的指挥与监督，不得违抗，如有意见应采取积极方式进行沟通。

3. 员工应尊重商场信誉，凡个人意见涉及本商场方面者，非经许可，不得对外发表，除办理本商场指定任务外，不得擅用本商场名义发表意见。

4. 员工不得自己经营或与人合资经营与本商场类似的业务，不得兼任商场以外其他单位的职务，但经董事长核准者不在此限。

5. 员工应尽忠职守，并保守业务上的一切机密。

6. 员工执行职务时，应力求切实，不得畏难规避、互相推诿或无故稽延。

7. 员工处理业务时应有成本观念，对一切公物应加以爱护，非经许可，不得私自携出。

8. 员工对外接洽事项，应态度谦和，不得有高傲自满以及损害本商场名誉的行为。

9. 员工应彼此通力合作，同舟共济，不得妄生意见，不得发生吵闹、斗殴、搬弄是非或其他扰乱秩序、妨碍风纪的事情。

10. 员工出勤管理依员工出勤管理办法的规定办理，员工出勤管理办法另订。

11. 员工因业务需要加班者，应依加班管理办法规定办理，加班管理办法另订。

▲员工考勤管理规定

第一条　为加强商场员工考勤管理，特制定本规定。

第二条　本规定适用于商场总部，各下属全资或控股企业或参照执行或另行规定，各企业自定的考勤管理规定必须由商场规范化管理委员会审核签发。

第三条　员工正常工作时间一般分三班：

早班——7：00～15：00；

中班——15：00～23：00；

大夜班——23：00～次日7：00。

第四条　商场员工一律实行上下班打卡登记制度。

第五条　所有员工上下班均须亲自打卡，任何人不得代理他人或由他人代理打卡，违反此条规定者，代理人和被代理人均给予记过1次的处分。

第六条　商场每天安排人员监督员工上下班打卡，并负责将员工出勤情况报告商场值班领导，由值班领导报至劳资部，劳资部据此核发全勤奖金及填报员工考核表。

第七条　所有人员必须先到公司打卡报到后，方能外出办理各项业务。特殊情况需经主管领导签卡批准，不办理批准手续者，按迟到或旷工处理。

第八条　上班时间开始后5～30分钟内到班者，按迟到论处；超过30分钟以上者，按旷工半日论处。提前30分钟以内下班者按早退论处，超过30分钟者按旷工半日论处。迟到早退3次按旷工半日论。

第九条　员工外出办理业务前必须向本部门负责人（或其授权人）申明外出原因及返回商场时间，否则按外出办私事处理。

第十条　上班时间外出办私事者，一经发现，即扣除当月全勤奖，并给予警告1次的处分。

第十一条　员工无故旷工半日者，扣发当月全勤奖，并给予1次警告处分；每月累计3天旷工者，扣除当月工资，并给予记过1次处分；无故旷工达7天以上者，给予除名处理。

第十二条　员工因公出差，必须事先填写出差登记表，部门副经理以下人员由部门经理批准；各部门经理出差由主管领导批准；高层管理人员出差必须报经总裁或董事长批准，工作紧急无法向总裁或董事长请假时，必须在董事长秘书室备案，到达出差地后应及时与公司取得联系。出差人员应于出差前先办理出差登记手续并交至劳动工资部备案。凡过期或未填写出差登记表者不再补发全勤奖，不予报销出差费用，特殊情况必须报总经理审批。

第十三条 当月全勤者，获得全勤奖金×××元。

▲员工打卡管理办法

第一条 员工上下班打卡，必须依照本办法办理。

第二条 内勤员工上午上下班，下午上下班应打卡；住在市区内的业务人员，上午及下午到商场打进卡，外出工作时打退卡。

第三条 员工下午加班者，正规下班时间不必打卡，待加班完毕才予打卡。

第四条 员工因事早退或出差需要离开商场，且当天不再返回公司者，应打退卡后才能离开商场。

第五条 员工上下班，必须亲自打卡，若替人打卡，打卡者及被打卡者，均给予记过一次处分。

第六条 上班中因事外出者，其出入均不必打卡，但必须向主管领导或指定人员提交外出申请单，经核准后转交人事部，人事部将其出入时间填妥、备查。对于有门卫的商场，员工因事外出者，经直属主管核准外出申请单转交门卫，门卫将出入时间填入，于次日早晨交后勤管理部门转交商场人事部备查。

第七条 若员工上下班忘记打卡，持记录卡请直属主管证明上下班时间并签名后，卡片放回原位。

第八条 为保证商场打卡钟的准确度，由人事部派人对打卡钟进行调整。

第九条 员工于商场内用膳时，中午可免打卡（仅上下班打卡即可），到外面餐馆用膳时，则按规定打4次卡。

第十条 本办法经核准后施行，修改时亦同。

▲员工考勤工作注意事项

1. 为加强员工考勤工作，特依据本商场员工服务手册及有关规定，予以精简归纳，订立本注意事项。

2. 员工考勤注意事项，除员工服务手册及有关办法另有规定外，需依据本注意事项的规定办理。

（1）员工应按规定时间到（退）工，并打考勤卡。漏打者不论其原因如何，均以迟到或早退论。

（2）员工逾规定时间到工时：

①超过5～30分钟为迟到。

②超过30分钟按旷工半日论。

（3）员工未到规定时间提前下工时：

①提前30分钟以内下班者为早退。

②超过30分钟提前下工者按旷工半日论。

附注：

A. 迟到早退3次按旷工半日论。

B. 因偶发事故迟到超过30分钟以上经主管或人事人员查明属实者，可准予补办请假。

（4）常白班员工除因工作特殊需要经各部、处主管事先安排者外，不得任意提早或推迟上下班时间。

法定节假日按国家规定执行。

3. 商场员工请假规定。

（1）事假：

①如因事必须亲自处理，应在前一日下午5时前申请，经主管查实核准后，即为有效，原则上一次不得超过5天。

②全年累计事假超假不得超过20天。

③无故不上班视为旷工，但遇偶发事故，应于2日内出具证明，提出申请经主管或人事人员查明属实后准予补假。

④凡请事假当月累计4小时以内，计扣半天工资，超过4～8小时以内按1天计扣。

（2）病假：

①因病请假1天者，最迟应于请假的翌日提出申请，经主管签核后，将请假卡送交人事科登记（大夜班可延后1天）。

②请病假一天以内者免附医师证明，但当月连续请假一天以上或累计逾一天者必须出具当日就医资料以及证明。

③对需住院治疗、长期休病假的员工，按国家相关规定办理。

④当月请病假1天者，本薪照给。

⑤不按上列规定请假者，均以旷工论。

（3）员工请假核准权限：

①1 天由班长核准（有总领班的单位应由总领班核准）。

②2～3 天由科长核准。

③4～6 天由经理核准。

④7 天以上由副总经理核准。

⑤未设班长的员工或班长、总领班由主管核准。

（4）各单位员工于工作中因故外出：

①公差派遣。

②因病或紧急事故。

以上外出必须在外出前先请假，并依规定填具请假卡由主管核签具出放行条，打卡外出逾 3 分钟～1 小时内，为 1 小时假，依次类推。其上中夜班者或单位主管不在商场内时（加工部需先经总务科批准），则向值班领导请假。

③其他零星事务不予准假，擅自外出者，依公司规定论处。

（5）员工公出或开会，应行经事务处签字后提经主管，在不影响工作的原则下核给公假。

（6）商场内各类会议可由主办单位专案签准，在前条规定原则下酌给公假，至工会、福利会、妇工会等会务接洽，除因时限或临时需要者外，以下午 3 时以后联系协调为原则并应向主管报备，必要时申请出场条打卡外出。

（7）代（调）班：

①代（调）班必须于前一日下午 5 点钟前提出申请，已核准的代（调）班者，不得临时更换，如有任意更换或不到岗者，代理人应作请假论处。

②代（调）班员工必须填具申请卡送由当班班长转请主管核准后有效。

③代（调）班在当月份内 1 人以 3 次为限，1 次为 1 天以内，春节前后 3 个月内以 3 次为限。

④代理人必须与申请人属同一单位，且工作性质相同，经主管审核认为确实可以代理其职务后有效；已申请特殊人员，不得替人代班，如有任意替代者，申请人应作旷工论处。

⑤为保证员工健康，凡任何一方值大夜班者，不准代（调）班。

（8）加班：

①平常白班员工如逢星期例假加班，必须于前一日下午 5 点钟前申请填具加班卡，经由商场主管核签后，送交人事科审核登记。

②平常工作时间以外的加班，其加班卡经主管核签于翌日送商场人事部审核

登记（如逢星期例假可延后一日送交人事部）。

③各单位加班卡不能按前条规定时限报送者不予计给或补发加班费。

④中班加班员工，由商场供给加班饭。

⑤轮班工作单位上班后发现缺员临时找人加班，限半小时内到岗，其半小时按加班计，超过时应扣除。

⑥事先指定时间加班者，应准时到岗，不得援用前项的末段规定，如有延后到岗者，超过 3～30 分钟以内，计扣半小时工资，超过 30 分钟～1 小时以内者，计扣 1 小时工资。如有发生取巧事情，班长应受处罚。

⑦加班审查程序：1 小时以内科长核准，超过 2～3 小时由经理（主任）核准。

⑧加班时间按《中华人民共和国劳动法》的规定执行。一般每日不得超过 1 小时；因特殊原因需要延长工作时间的，在保证员工身体健康的条件下，每日延长工作时间不得超过 3 小时，但每月不得超过 36 小时。

▲员工上下班遵守细则

第一条　本商场员工上下班，必须遵守本细则。

第二条　本商场员工应按作息时间的规定准时上下班。

第三条　上班时间 5 分钟后 30 分钟内到工为迟到，超过 30 分钟按旷工半日论，30 分钟内早退者为早退，超过 30 分钟一律作旷工半日论，不得补请事假、病假抵充。

第四条　迟到早退按下列办理：

1. 迟到次数的计算，以当月为限。

2. 迟到早退 3 次按旷工半日论。

第五条　旷工按下列规定办理：

1. 旷工不发当日薪资。

2. 连续旷工 3 天或 1 个月内累计 7 天者，均予开除。

第六条　上班期间因公外出经过门房时，如门卫人员有所询问或检查，应即接受，不得拒绝。

第七条　上下班打卡及进出行动均应严守秩序，原则如下：

1. 无论何种班次，上班者均应于规定的上班时间前先吃饭后打卡，不得于上班打卡后出外吃饭或办理私事。

2. 下班者应先行打卡后外出。

3. 下班铃声响后方得停止工作，不得未打下班铃，即行等候打卡，如有违反，查实后即按擅离职守处分，主管人员应负连带责任。

4. 下班时，除保修人员外，其他人员在场区内至各单位洽办公务，应一律于下班前回返本部门岗位上，再遵照以上规定打卡后外出。

第八条 上下班时均须本人亲自打卡，不得托人代打，否则除予旷职（工）半日论处外，代人打卡者也受同等处分。

第九条 工作时间内，不论日夜班，凡有睡觉、擅离工作岗位及聊天等，视情予以处罚。

第十条 日夜轮班工作，应按时交班、接班，倘接班者届时未到，应报请主管处理，不得擅自离去。

第十一条 工作时间内因事外出，需有请假单或公出证交门房或控制室，否则门卫或人事人员有权禁止外出（商场人员应将请假单、公出证交人事部门登记，否则按第九条办理；推销营业人员因公外出，不必填写公出证，但应向其主管报备）。月底由各部门主管在工卡上签证。

第十二条 本细则由经理级会议研讨通过并呈总经理核定后施行，修订时亦同。

▲员工轮休办法

1. 本商场根据国家相关规定及配合本商场特殊情况需要，特定本办法。

2. 本办法的实施对象为轮班员工及其他非轮班人员在公休日仍需照常工作者。

3. 轮休由各部门交由班长（未设班长者由单位主管）视实际情形自行排定并提经各主管科长核准后于每月20日前将下月份的轮休表送人事科备查，并凭以制作考勤卡。

4. 轮休天数：

（1）轮班员工每月可轮休的天数即包括当月的休息日及法定节假日。

（2）轮班员工每月预定轮休的天数可自由选择事先申请排定轮休，但每周休息日不少于1日。

（3）轮班员工每月应休未休（预先未选定轮休）的休息日及法定节假日的天数应按国家规定发加班费。

（4）轮班员工不论排定轮休的天数多少，除已排定的轮休日外，其应休未休（即预先未选定轮休）的休息日及法定节假日不得再申请不加班，如因故不能到岗者，应按平时请假办法事先办妥请假手续。

5. 轮班员工已经选定的轮休天数不得增加或减少、不休或与他人调换，也不得借用或保留至下月补休，如有特殊事故需要更改，每月休 2 日者限更改 1 日，每月休 2 日以上者限更改 2 日，须于前 1 日下午 5 点钟前提出申请经主管核准后方可。

6. 轮班人员已经排定的轮休日如因工作需要或特殊事故仍需照常上班者，可经各部经理（主任）核准休息日加班或当月内指定日期给予补休。

7. 本办法经经理核准后，公告实施。

▲员工加班细则

为进一步地满足顾客的多样化需求，寻求更多的利益，现在一般大型商场的部门设置也在随之增多，以适应市场的要求。一些商场设置生产基地专门加工产品，同时还拥有自己的品牌在市场上销售。

1. 加班手续办理：

商场员工除于每日规定工作时间外，如遇急需，应按下列手续办理。

（1）一般员工加班：

①管理人员加班一律由科长级主管报请主任级主管指派后填加班单。

②生产人员加班，先由管理（组）科根据生产工时需要拟定加班部门及人数会生产部门同意后，由领班排班［无管理（组）科者由各科自行决定］报由主任级主管核定，并将加班时间内的生产量由领班记载于工作单上。

③训练计划内必须的加班，需经商场副总经理核准始能加班。

④以上人员的加班费，需于当日下午 4 时前送交人事单位，以备查核。

（2）科长级主管加班：

①各部门于假日或夜间加班，其工作紧急而较为重要者，主管人员应亲自前来督导，夜间督导最迟至 22 时止。

②主管加班不必填加班单，只需打卡即可。

2. 加班考核：

（1）一般员工：

①生产部门于加班的次日，由管理（组）科，按其加班工时，依生产标准

计算其工作是否相符，如有不符现象应通知人事单位照比例扣除其加班工时，至于每日的加班时数，则由所属单位主管填入工卡小计栏内，并予签证。

②管理部门其直属主管对其加班情况亦应切实核查，如有敷衍未达预期效果时，可免除其加班薪资加成。

（2）科长级主管如有应加班而未加班，致使工作积压延误情形者，由主任级主管专案考核，同样情形达两次者应改调其他职务，并取消其职务补贴。

3. 加班工时的计算：

（1）三班或二班制的工作，如系锅炉及机械操作不能停机者，在每餐时间内需酌留1名或2名员工看守，并应在现场进餐，不得远离工作岗位，违者以擅离岗位论，其进餐的时间可将1名或2名视作连续加班计算。

（2）其他工作人员每日均以8小时计算，如需延续加班者，其计算方法应扣除每餐30分钟（夜点亦同），即等于加班时间，不得借任何理由要求进餐时间为加班时间。

（3）凡需日夜班工作者，应由各部门主管每周予以调换一次，务以劳逸均等为原则。

4. 加班薪资：

（1）主管：各科主管因已领有职务补贴，因此，不再另给加班费，但准报车资（有公交车可达者不得报支出租车资）及误餐费。

（2）其他人员：不论月薪或日薪人员凡有加班均发给加班薪资。

①平日加班，其加班薪资按国家相关规定办理。

②用人单位安排劳动者休息日加班的，如果能在其他时间安排补休，则不用支付加班工资；如果不能安排补休，则要向劳动者支付符合国家规定的加班工资。

③劳动者在法定节假日加班，工资按国家规定办理。

5. 注意事项：

（1）加班的操作人员超过3人时，应派领班负责领导，超过15人时应派职员督导。

（2）分派加班，每班连续以不超过11小时，全月不超过36小时为原则。

6. 加班请假：

（1）操作人员如有特别事故不能加班时，应事先向领班声明（必须有具体事实，不得故意推诿），否则一经派定即必须按时到退。

（2）连续加班阶段，如因病因事不能继续工作时，应向领班或值日值夜人员以请假单请假。

（3）休息日及法定节假日加班，于到班前发生特殊情况不能加班者，应以电话向值日人员请假，次日上班后出具证明或叙明具体事实，填单补假（注明加班请假字样），此项请假不予列入考勤。

7. 在加班时间中如因机械故障一时无法修复或其他重大原因不能继续工作时，带班人员可分配其他工作或提前下班。

8. 加班的中间休息时间与平日同。

9. 凡加班人员于加班时不按商场规定工作，做与工作无关的事，经查获后，给予相应处罚。

11. 本细则经经理级会议研讨通过并呈商场总经理核准后实施。

▲聘约人员管理办法

第一条　为使本商场聘约人员的聘任及管理有所遵循，特制定本办法。

第二条　聘用范围。

本商场各部门因工作需要，必须以聘约方式聘用人员时，需由聘用部门详细说明理由，并拟定每月工资（参见下表），呈商场总经理核准以聘任书聘用，并将聘任书副本及聘约人员资料送总管理处总经理室转报董事长。

第三条　工作报酬。

聘约人员概不列入本公司编制，各项津贴、效率奖金分配及其他福利设施的享用均比照本公司从业人员办理。

第四条　管理。

聘约人员的考勤、出差、保险及管理，依约定或比照编制内从业人员办理。

第五条　终止受聘。

聘约人员因重大事由必须于约定期限前终止受聘时，应于1个月前通知聘用部门。办妥离职手续后始得终止受聘。

第六条　解聘。

聘约人员于聘任期间，如有违反本商场人事管理规则或工作上无法胜任的情形者，聘用部门应呈总经理核准后解聘，并送总管理处总经理室转投董事长。

第七条　实施及修改本办法需经经营决策会通过后实施，修改时亦同。

聘约人员核定表

填表日期：　　年　月　日

姓名	性别	出生年月日	学历	专长	拟分派工作部门	担任工作	工作期间	拟支工资	批示

▲员工定期轮调办法

1. 为增进商场员工的工作经验，扩大商场员工的工作领域与视野，以加强员工的团队意识，提高工作效能与促进商场发展，特制定本办法。

2. 担任采购、仓库管理及现金保管人员（出纳助理人员）每 2 年应轮调 1 次。

3. 业务员、业务代表与业务主任，可每 1 年或 2 年实施轮调。

4. 其他工作性质相类似的人员，可每 2 年实施轮调。

5. 各部以下的主管，可每 1 年或 2 年实施轮调。

6. 员工的轮调，依员工本人的意愿或实际需要，由各部门主管签拟"人事异动申请表"。依"共同职务权限表"的规定，呈有权裁决者核准后实施。

7. 本办法经呈准后施行，修改时亦同。

▲值日值夜及餐费给付办法

1. 为统一商场的值日值夜及餐费的给付，特制定本办法。

2. 值日值夜区分为：

（1）上班日的值夜。

（2）休假日的值日及值夜。

3. 值日值夜及餐费的给付，规定如下：

（1）上班日的值夜：值夜费××元；晚餐费××元。

（2）休假日值日及值夜：值日值夜费＝上班日值夜费×2；餐费——早餐×
×元，午餐××元，晚餐××元；但非连续值夜值日者（即值日之前晚未值夜
者）不得报领早餐费。

4. 值日值夜及餐费的申报，规定如下：

（1）值日值夜人员应于每月5日前，填写值日值夜及餐费申请表一式两联，
送交人事室，报领上月的值日值夜及餐费。

（2）值日值夜及餐费1个月报领1次，值日值夜费于发薪时一并付给，餐
费则由会计部另行发给。

5. 休假日的值日人员不得再报领加班费。

6. 商场守卫人员一律不得报领值日值夜及餐费，但其代理人不受此限。

7. 本办法经呈准后施行，修改时亦同。

▲职员出差制度

第一条　经理出差，必须经商场主管领导及有关经理同意；其他人员出差，
必须经主管经理批准。

第二条　出差要填写"出差申请报告表"。出差报告包括：工作任务、往返
时间、到达地点。该表按上述审批权限审查批准后，交办公室留存。凭出差报告
表填写借款单，并经办公室经理签批后到财务部办理借款手续。

第三条　出差应遵守的事项。

1. 必须按计划前往目的地，无特殊原因必须在规定时间内返回。如有变动
必须事先请示并获批准。

2. 乘坐火车必须按正常路线，不得无故绕道。出差途中因私事绕道者，必
须事先由领导批准，其绕道部分的车船费由本人承担。

3. 乘坐飞机人员要从严控制，出差路途较远或出差任务紧急的，经领导特
许方可乘坐飞机。

第四条　其他各项，如住宿标准、出差标准等，按有关规定执行。按照规
定，除经理外，市内不准乘坐出租车，特殊情况（如夜间没有公共汽车等）可
酌情处理。

第五条　出差结束，应写出详细的出差汇报，送有关领导和处室阅。

第六条　出差回来后1周内向财务部办理报销手续。逾期不报者，如无特殊
理由，按动用公款处理，财务部有责任检查。报销前必须由主管经理审核签字。

原借款未报账时，一般不再办新借款。

第七条　出差期间，严禁用公款游山玩水、请客送礼；严禁收受礼品，不得请求代购紧俏商品、土特产、优惠商品。对违反者各级领导有责任给以批评教育，所需费用一律由本人承担。

第八条　出差时间不超过 5 天，不补休；1 周以上不超过 2 周，酌情补休。在国家法定节假日出差者，原则上可补休同等时间。

▲差旅费支付制度

第一条　本制度除适用于本商场正式员工外，还适用于：

1. 顾问（原则上适用于商场高级主管的有关规定）。

2. 特约人员（依具体职位确定）。

3. 试用人员。

4. 退休人员（如为处理遗留业务而出差）。

5. 为公司业务而出差的其他人员。

第二条　车费包括：

1. 认定路线的车费。

2. 特殊认可的汽车费。

第三条　出差的批准。

1. 部门负责人 3 日以上的出差，必须经商场总经理批准，但依照商场指示，参加会议不在此限。

2. 一般员工出差，必须经直属部门主管批准，并上报相关部门。

第四条　私人旅行必须办理以下手续：

1. 事先填报申请，并经直属部门主管批准。

2. 旅行过程中，必须与直属部门主管保持联系。

第五条　乘飞机出差，必须在出差申请书上明确说明。

第六条　乘坐卧铺时，不支付住宿费。

第七条　长距离出差原则上可乘坐快速列车。

第八条　对长期滞留出差的处理：因非必要的原因在同一地区连续滞留 10 日以上时，对超过日数，减付 10% 的出差补贴和住宿费合计额。

第九条　特例出差是指按照出差地单位的习惯，由对方提供住宿条件或提供住宿费。

第十条　差旅费超支是指：

1. 超出差旅费基准的规定。

2. 实际费用超支。

第十一条　出差出发时间为上午，出差归来时间为下午时，支付当日全额差旅费。计算基准为交通工具的票根。

第十二条　预支手续：

1. 从概算额中扣除预付额，预付额不得超出对客户收款额。

2. 超出预付额部分，凭有关凭证报账结算。

3. 在特殊情况下，必须经财务主管批准，凭出差日报领取和结算。

第十三条　出差报告原则上应包括：

1. 出差地、日程和出差单位。

2. 出差处理事项。

3. 出差条件及意见。

第十四条　休息日在外地出差时，公司发给 2 天的休息出差补贴。

第十五条　交通费按审定路线实报实销。

第十六条　经常出差包括以下人员：

1. 推销员。

2. 宣传人员。

3. 其他特殊人员。

第十七条　当出差者在本城市出差，或公司认为没有必要支付时，不向其支付补助。

第十八条　申请赴任补助时，必须通过直属部门主管向总务部门申请。如家属同行时，亦可通过同样手续申请家属补贴和家庭财产转移补贴。后者按实际费用报销。

第十九条　近距离出差的支付办法是区分经常出差者和非经常出差者，然后按实际出差时间长短（分为 4~6 小时、6~8 小时和 8 小时以上）分别支付不同数额的出差费。

▲差旅费开支标准的规定

为了加强商场财务管理，节约开支，特就差旅费开支制定以下规定。

第一条　差旅费

1. 住宿费

（1）公司领导、部门领导和高级职称者、其他人员住宿标准分别为××元、××元、××元（一般地区）或××元、××元、××元（经济特区）。

（2）住宿费按实际住宿天数计算，实际住宿费超过以上限额部分原则上由个人负担，特殊情况下须经商场领导特批方可报销，低于规定的节约部分奖励个人50%。

（3）开会统一安排住宿时，有会议证明者，可实报实销。

（4）住宿费一律凭单据报销。

（5）住宿费已由接待方提供的，一律不再报销。

2. 交通费

（1）出差外地的市内交通费实行包干使用，每人每天×元，不再报销车票；在国内出差一般不准乘出租车，情况特殊时可由部门领导在出租车票据背面签字特批，方可报销，但不再发给市内交通费。

（2）乘火车过夜或时间超过12小时的，可购同席卧铺，未购卧票的，按实际乘坐的火车硬座票价的一定比例发给个人。

按规定能乘飞机而改乘火车的，可将差价的50%发给个人。

（3）陪外宾出差，因工作原因需要与外宾同乘车（船、飞机）、同住饭店的，经总经理批准，可实报实销。

3. 伙食补助费

（1）出差每人每天的伙食补助标准一律为一般地区××元，经济特区××元。参加会议、培训班等，已有伙食补助的不再计发伙食补助费，如没有，可凭证明领取伙食补助。

（2）长期（一个月以上）驻外省市人员，每人每天伙食补助标准为××元。

（3）出差人员一律不发夜餐费、加班费。

4. 其他费用

（1）订票手续费、电话费、电报费等凭单据按实报销，出差期间的游览和非工作需要的参观所开支的一切费用均由个人自理。

（2）工作人员到远郊区、县出差，按到外地出差的规定办理。

▲员工奖励办法

第一章　总　　则

第一条　目的

凡本公司员工长期努力于业务者，或从事有益本公司的发明及改进者，或具有特殊功绩者，均依照本办法授予奖励。

第二条　种类

本办法规定的奖励，分服务年资奖、创造奖、功绩奖、全勤奖 4 种。

第三条　服务年资奖

员工服务年资满 10 年、20 年及 30 年，且其服务成绩及操行均属优良者，分别授予服务 10 年奖、服务 20 年奖及服务 30 年奖。

第四条　创造奖

员工符合下列各项条件之一者，必须经审查合格后授予创造奖。

1. 开拓新业务，对本公司有特殊贡献者。

2. 从事有益业务的发明或改进，对节省经费、提高效率或对经营合理化的其他方面具有贡献者。

3. 屡次接受"其他奖励"或提供了受奖励的提案，其效果显著者。

4. 在独创性方面虽未达发明的程度，但对专业技术等业务上确有特殊的努力，因而对本公司具有重大贡献者。

5. 前列各款至少应观察 6 个月以上的实绩，经判断确具有效果者，方属有效。

第五条　功绩奖

员工符合下列各项之一者，必须经审查后授予功绩奖。

1. 从事对本商场有显著贡献的特殊行为者。

2. 对提高本商场的声誉具有特殊功绩者。

3. 对本公司之损害能防患于未然者。

4. 遇非常事变，如灾害事故等能随机应变，措施得当，具有功绩者。

5. 冒险救难，救护商场财产及人员于危难者。

6. 其他具有足为本商场楷模，有益于商场及员工的善行者。

7. 屡次被授予根据"其他奖励"或其功绩经重新评定应属更高者。

第六条 全勤奖

员工连续一年未请病、事假或迟到早退者，必须经审查后授予全勤奖。其奖励方式系于公司成立纪念日时，颁发奖品。

第二章 奖 励 方 式

第七条 方式

奖励方式分奖金、奖状及奖品 3 种。

第八条 奖金及奖状

对创造奖及功绩奖，按下列等级授予奖金及奖状。

（1）创造奖

一等奖	10 000 元
二等奖	7 000 元
三等奖	5 000 元
四等奖	3 000 元
五等奖	1 000 元

（2）功绩奖

一等奖	3 000 元
二等奖	2 000 元
三等奖	1 000 元

第九条 奖品

对服务年资奖授予奖品及奖状，奖品另订。

第十条 再奖励

员工有下列情形之一者，给予再奖励。

1. 根据第四条接受奖励后，其效果被评定为更高时，或同一人对同一事项再施予改良时。

2. 被授予"其他奖励"后，其效果或功绩被评定为更高时，或同一人对同一事项再施予改进时。

3. 根据第五条接受奖励后，其功绩经重新评定为更高时。

第十一条 由两人以上共同获得奖金的情形

奖励事项如为两人以上共同合作而完成者，其奖金按参加人数平均分配。

第三章　颁　　奖

第十二条　审查手续

应奖励事项，由主管部（室）经理依据有关文件向总务经理申请。

第十三条　员工奖励审查委员会

奖励种类及等级的评定，由员工奖励审查委员会负责办理。审查委员会由副总经理担任主任委员，企划经理、总务经理、业务经理、财务经理、事务经理担任委员。以总务部为主办单位。

第十四条　奖励的核定及颁发

由总经理室决定奖励的核定及颁发。

第十五条　颁奖日期

原则上每年 1 次，于本商场成立纪念日颁发。

第四章　附　　则

第十六条　本办法经董事会通过后公告实施，修改时亦同。

▲员工惩罚规定

对商场员工惩罚的方式有警告、记过、除名 3 种方式。

警告满 3 次以记过 1 次论，记过满 3 次以记大过 1 次论，记大过满 3 次报经主管经理核准即行除名。

商场员工有下列情况之一者予以除名：

1. 利用商场名义在外招摇撞骗者。

2. 携带违禁品入商场者。

3. 违反规定造成火灾等事故者。

4. 在请假期内未经公司同意擅往他处工作者。

5. 一个月内累计无故旷工在 6 天以上或连续无故旷工 3 天以上者。

6. 扰乱安宁秩序或聚众捣乱商场情节严重者。

7. 无故侮辱或殴打同事情节严重者。

8. 在商场内殴人致重伤者。

9. 偷窃场内一切公私财物者。

10. 侮辱商场主管人员事实确凿者。

11. 泄露本商场业务或技术秘密者。

12. 在商场赌博或饮酒者。

13. 在商场内有伤风化者。

14. 受刑事处分者。

▲员工聘用规定

第一条　为加强本商场员工队伍建设，提高商场员工的基本素质，特制定本规定。

第二条　本商场所有员工分为两类：固定期限员工和无固定期限员工。

无固定期限员工是本商场员工队伍的主体，享受商场制度中所规定的各种福利待遇。固定期限员工指具有明确聘用期的员工，其享受待遇在聘用合同书中规定。固定期限聘用员工聘期满后，若愿意继续受聘，经双方同意后可与本商场续签劳动合同。所有员工均应与本商场签订劳动合同。

第三条　本商场各级管理人员不得将自己亲属介绍、安排到本人所分管的商场超市里工作，属特殊情况的，必须由董事长批准。

第四条　本商场各部门和各下属必须制定人员编制，各部门用人应控制在编制范围内。

第五条　本商场需增聘员工时，提倡公开从社会上求职人员中择优录用，也可由内部员工引荐。

第六条　从事管理和业务工作的无固定期限员工一般必须满足下述条件：

1. 不低于中等文化程度。

2. 两年以上相关工作经历。

3. 年龄一般在 35 岁以下，特殊情况不超过 45 岁。

4. 外贸人员至少精通一门外语。

5. 无不良行为记录。

特殊情况人员，经董事长批准后可适当放宽有关条件，应届毕业生及复员转业军人必须经董事长批准后方可考虑聘用。

第七条　所有应聘人员除董事长特批可免予试用或缩短试用期外，一般都必须经过 3~6 个月的试用期后，才可考虑签劳动合同书。

第八条　试用人员必须呈交下述材料：

1. 由商场统一发招聘表格，并按要求填写。

2. 学历、职称证明。

3. 个人简历。

4. 相片 2 张（近期）。

5. 身份证复印件。

6. 体检表。

7. 面试或笔试记录。

8. 导师推荐信。

第九条　试用人员一般不宜担任经济要害部门的工作，也不宜安排具有重要经济责任的工作。

第十条　试用人员在试用期内待遇规定如下：

1. 基本工资待遇：

高中以下毕业：一等

高中或中专毕业：二等

大专毕业：三等

本科毕业：四等

硕士研究生毕业（含获初级技术职称者）：五等

博士研究生毕业（含获中级技术职称者）：六等

2. 试用人员享受一半浮动工资和劳保用品待遇。

第十一条　试用人员经试用考核合格后，可转为正式员工，并根据其工作能力和岗位重新确定职级，享受正式员工的各种待遇；员工转正后，试用期计入工龄。试用不合格者，可延长其试用期或决定不予聘用；对于不予聘用者，不发任何补偿费，试用人员不得提出任何异议。

第十二条　商场正式员工可根据其工作业绩、表现以及年限，由商场给予办理户口调动。

第十三条　商场各类人员的固定期限合同和无固定期限合同的全部材料汇总保存于商场人事部。

▲劳动合同

劳动合同是明确企业与员工之间权利义务的书面文件，是双方建立劳动关系的书面凭证。按照《中华人民共和国劳动法》、《中华人民共和国劳动合同法》的规定，商场超市作为用人单位，与劳动者建立劳动关系，就应该签订劳动合同。

编号：＿＿＿＿＿＿＿

劳 动 合 同 书

（固定期限）

甲　　　方：＿＿＿＿＿＿＿＿＿＿＿＿＿＿＿＿＿＿＿＿

乙　　　方：＿＿＿＿＿＿＿＿＿＿＿＿＿＿＿＿＿＿＿＿

签 订 日 期：＿＿＿＿＿＿年＿＿＿＿月＿＿＿＿日

××市劳动和社会保障局监制

根据《中华人民共和国劳动法》、《中华人民共和国劳动合同法》和有关法律、法规，甲乙双方经平等自愿、协商一致签订本合同，共同遵守本合同所列条款。

一、劳动合同双方当事人基本情况

第一条　甲方＿＿＿＿＿＿＿

法定代表人（主要负责人）或委托代理人＿＿＿＿＿＿＿

注册地址：＿＿＿＿＿＿＿＿＿＿＿＿＿＿＿

经营地址＿＿＿＿＿＿＿＿＿＿＿＿＿＿＿＿

第二条　乙方＿＿＿＿＿＿　　性别＿＿＿

户籍类型（非农业、农业）＿＿＿＿＿＿＿

居民身份证号码＿＿＿＿＿＿＿＿＿＿＿＿＿＿＿＿＿

或者其他有效证件名称＿＿＿＿＿＿　　证件号码＿＿＿＿＿＿＿＿

在甲方工作起始时间＿＿＿＿年＿＿＿月＿＿＿日

家庭住址＿＿＿＿＿＿＿＿＿＿　邮政编码＿＿＿＿＿＿＿

居住地址＿＿＿＿＿＿＿＿＿＿　邮政编码＿＿＿＿＿＿＿

户口所在地＿＿＿＿＿省（市）＿＿＿＿区（县）＿＿＿＿街道（乡镇）

二、劳动合同期限

第三条　本合同为固定期限劳动合同。

本合同于＿＿＿＿年＿＿月＿＿日生效，其中试用期至＿＿＿＿年＿＿月＿＿日止。本合同于＿＿＿＿年＿＿月＿＿日终止。

三、工作内容和工作地点

第四条　乙方同意根据甲方工作需要，担任＿＿＿＿＿＿＿＿＿＿＿岗位（工种）工作。

第五条　根据甲方的岗位（工种）作业特点，乙方的工作区域或工作地点为＿＿＿＿＿＿＿＿＿＿＿。

第六条　乙方工作应达到＿＿＿＿＿＿＿＿＿＿＿标准。

四、工作时间和休息休假

第七条　甲方安排乙方执行＿＿＿＿＿工时制度。

执行标准工时制度的，乙方每天工作时间不超过 8 小时，每周工作不超过 40 小时。每周休息日为＿＿＿＿＿。甲方安排乙方执行综合计算工时工作制度或者不定时工作制度的，应当事先取得劳动行政部门特殊工时制度的行政许可决定。

第八条 甲方对乙方实行的休假制度有_____。

五、劳动报酬

第九条 甲方每月____日前以货币形式支付乙方工资，月工资为_____元或按_____执行。

乙方在试用期期间的工资为_____元。

甲乙双方对工资的其他约定_____

第十条 甲方生产工作任务不足使乙方待工的，甲方支付乙方的月生活费为_____元或按当地最低生活费标准执行。

六、社会保险及其他保险福利待遇

第十一条 甲乙双方按国家和××市的规定参加社会保险。甲方为乙方办理有关社会保险手续，并承担相应社会保险义务。

第十二条 乙方患病或非因工负伤的医疗待遇按国家、××市有关规定执行。甲方按_____支付乙方病假工资。

第十三条 乙方患职业病或因工负伤的待遇按国家和××市的有关规定执行。

第十四条 甲方为乙方提供以下福利待遇_____

七、劳动保护、劳动条件和职业危害防护

第十五条 甲方根据生产岗位的需要，按照国家有关劳动安全、卫生的规定为乙方配备必要的安全防护措施，发放必要的劳动保护用品。

第十六条 甲方根据国家有关法律、法规，建立安全生产制度；乙方应当严格遵守甲方的劳动安全制度，严禁违章作业，防止劳动过程中的事故，减少职业危害。

第十七条 甲方应当建立、健全职业病防治责任制度，加强对职业病防治的管理，提高职业病防治水平。

八、劳动合同的解除、终止和经济补偿

第十八条 甲乙双方解除、终止、续订劳动合同应当依照《中华人民共和国劳动合同法》和国家及××市有关规定执行。

第十九条　甲方应当在解除或者终止本合同时，为乙方出具解除或者终止劳动合同的证明，并在十五日内为乙方办理档案和社会保险关系转移手续。

第二十条　乙方应当按照双方约定，办理工作交接。应当支付经济补偿的，在办结工作交接时支付。

九、当事人约定的其他内容

第二十一条　甲乙双方约定本合同增加以下内容：

_____

十、劳动争议处理及其他

第二十二条　双方因履行本合同发生争议，当事人可以向甲方劳动争议调解委员会申请调解；调解不成的，可以向劳动争议仲裁委员会申请仲裁。

当事人一方也可以直接向劳动争议仲裁委员会申请仲裁。

第二十三条　本合同的附件如下

_____

第二十四条　本合同未尽事宜或与今后国家、××市有关规定相悖的，按有关规定执行。

第二十五条　本合同一式两份，甲乙双方各执一份。

　　　甲方（公　章）　　　　　　乙方（签字或盖章）

法定代表人（主要负责人）或委托代理人（签字或盖章）

　　　　　　　　　　　　　签订日期　　　年　　　月　　　日

劳动合同续订书

本次续订劳动合同期限类型为_____期限合同，续订合同生效日期为_____年_____月_____日，续订合同_____终止。

甲方（公　章）　　　　　　乙方（签字或盖章）

法定代表人（主要负责人）或委托代理人（签字或盖章）

年　　月　　日

本次续订劳动合同期限类型为_____期限合同，续订合同生效日期为_____年_____月_____日，续订合同_____终止。

甲方（公　章）　　　　　　乙方（签字或盖章）

法定代表人（主要负责人）或委托代理人（签字或盖章）

年　　月　　日

劳动合同变更书

经甲乙双方协商一致，对本合同做以下变更：

甲方（公　章）　　　　　　乙方（签字或盖章）

法定代表人（主要负责人）或委托代理人（签字或盖章）

年　　月　　日

使用说明

一、本合同书可作为用人单位与职工签订劳动合同时使用。

二、用人单位与职工使用本合同书签订劳动合同时，凡需要双方协商约定的内容，协商一致后填写在相应的空格内。

签订劳动合同，甲方应加盖公章；法定代表人或主要负责人应本人签字或盖章。

三、经当事人双方协商需要增加的条款，在本合同书中第二十一条中写明。

四、当事人约定的其他内容，劳动合同的变更等内容在本合同内填写不下时，可另附纸。

五、本合同应使钢笔或签字笔填写，字迹清楚，文字简练、准确，不得涂改。

六、本合同一式两份，甲乙双方各持一份，交乙方的不得由甲方代为保管。

年　月　日

编号：＿＿＿＿＿＿＿＿

劳 动 合 同 书

（无固定期限）

甲　　方：＿＿＿＿＿＿＿＿＿＿＿＿＿＿＿＿＿＿＿

乙　　方：＿＿＿＿＿＿＿＿＿＿＿＿＿＿＿＿＿＿＿

签订日期：＿＿＿＿＿＿年＿＿＿＿月＿＿＿＿日

××市劳动和社会保障局监制

根据《中华人民共和国劳动法》、《中华人民共和国劳动合同法》和有关法律、法规，甲乙双方经平等自愿、协商一致签订本合同，共同遵守本合同所列条款。

一、劳动合同双方当事人基本情况

第一条　甲方_____

法定代表人（主要负责人）或委托代理人_____

注册地址：_____

经营地址_____

第二条　乙方_____　性别_____

户籍类型（非农业、农业）_____

居民身份证号码_____

或者其他有效证件名称_____　证件号码_____

在甲方工作起始时间_____年_____月_____日

家庭住址_____邮政编码_____

居住地址_____邮政编码_____

户口所在地_____省（市）_____区（县）_____街道（乡镇）

二、劳动合同期限

第三条　本合同为无固定期限劳动合同。

本合同于_____年___月___日生效，其中试用期至_____年___月___日止。本合同于_____年___月___日终止。

三、工作内容和工作地点

第四条　乙方同意根据甲方工作需要，担任_____岗位（工种）工作。

第五条　根据甲方的岗位（工种）作业特点，乙方的工作区域或工作地点为_____

第六条　乙方工作应达到_____标准。

四、工作时间和休息休假

第七条 甲方安排乙方执行_____工时制度。

执行标准工时制度的，乙方每天工作时间不超过 8 小时，每周工作不超过 40 小时。每周休息日为_____。甲方安排乙方执行综合计算工时工作制度或者不定时工作制度的，应当事先取得劳动行政部门特殊工时制度的行政许可决定。

第八条 甲方对乙方实行的休假制度有_____。

五、劳动报酬

第九条 甲方每月____日前以货币形式支付乙方工资，月工资为_____元或按_____执行。

乙方在试用期期间的工资为_____元。

甲乙双方对工资的其他约定_____

第十条 甲方生产工作任务不足使乙方待工的，甲方支付乙方的月生活费为_____元或按当地最低生活费标准执行。

六、社会保险及其他保险福利待遇

第十一条 甲乙双方按国家和××市的规定参加社会保险。甲方为乙方办理有关社会保险手续，并承担相应社会保险义务。

第十二条 乙方患病或非因工负伤的医疗待遇按国家、××市有关规定执行。甲方按_____支付乙方病假工资。

第十三条 乙方患职业病或因工负伤的待遇按国家和××市的有关规定执行。

第十四条 甲方为乙方提供以下福利待遇_____

七、劳动保护、劳动条件和职业危害防护

第十五条 甲方根据生产岗位的需要，按照国家有关劳动安全、卫生的规定为乙方配备必要的安全防护措施，发放必要的劳动保护用品。

第十六条 甲方根据国家有关法律、法规，建立安全生产制度；乙方应当严格遵守甲方的劳动安全制度，严禁违章作业，防止劳动过程中的事故，减少职业危害。

第十七条　甲方应当建立、健全职业病防治责任制度，加强对职业病防治的管理，提高职业病防治水平。

八、劳动合同的解除、终止和经济补偿

第十八条　甲乙双方解除、终止、续订劳动合同应当依照《中华人民共和国劳动合同法》和国家及××市有关规定执行。

第十九条　甲方应当在解除或者终止本合同时，为乙方出具解除或者终止劳动合同的证明，并在十五日内为乙方办理档案和社会保险关系转移手续。

第二十条　乙方应当按照双方约定，办理工作交接。应当支付经济补偿的，在办结工作交接时支付。

九、当事人约定的其他内容

第二十一条　甲乙双方约定本合同增加以下内容：

十、劳动争议处理及其他

第二十二条　双方因履行本合同发生争议，当事人可以向甲方劳动争议调解委员会申请调解；调解不成的，可以向劳动争议仲裁委员会申请仲裁。

当事人一方也可以直接向劳动争议仲裁委员会申请仲裁。

第二十三条　本合同的附件如下

第二十四条　本合同未尽事宜或与今后国家、××市有关规定相悖的，按有关规定执行。

第二十五条　本合同一式两份，甲乙双方各执一份。

　　　　甲方（公　章）　　　　　　　　乙方（签字或盖章）

法定代表人（主要负责人）或委托代理人（签字或盖章）

　　　　　　　　　　　　　　签订日期　　　年　　月　　日

使用说明

一、本合同书可作为用人单位与职工签订劳动合同时使用。

二、用人单位与职工使用本合同书签订劳动合同时，凡需要双方协商约定的内容，协商一致后填写在相应的空格内。

签订劳动合同，甲方应加盖公章；法定代表人或主要负责人应本人签字或盖章。

三、经当事人双方协商需要增加的条款，在本合同书中第二十一条中写明。

四、当事人约定的其他内容，劳动合同的变更等内容在本合同内填写不下时，可另附纸。

五、本合同应使钢笔或签字笔填写，字迹清楚，文字简练、准确，不得涂改。

六、本合同一式两份，甲乙双方各持一份，交乙方的不得由甲方代为保管。

年　　　月　　　日

▲训练中心管理办法

1. 凡经商场训练中心召训的新进及在职员工均应遵守本管理办法。

2. 本商场员工接获召训通知时，应准时报到。逾时以旷职论。因公而持有证明者除外。

3. 受训期间不得随意请假，如确因公请假，必须出示其单位主管的证明，否则以旷职论。

4. 上课期间迟到、早退依下列规定办理。因公持有证明者除外。

（1）迟到、早退达4次者，以旷职半日论。

（2）迟到、早退达4次以上8次以下者，以旷职1日论。

5. 受训期间以在训练中心膳宿为原则，但因情况特殊经训练中心核准者不在此限。

6. 受训学员晚上10时以前应归宿，未按时归宿者，以旷职半日论。

7. 应随时保持训练中心环境整洁，并由公推的班长指派值日员负责维持。

8. 训练中心寝室内严禁抽烟、饮酒、赌博、喧闹等。

9. 上课时间禁止会客或接听电话，但紧急事故除外。

会客时间定为：

（1）中午：12：00～14：00。

（2）下午：17：00～20：00。

10. 本办法由训练中心依实际需要制定。

▲员工培训制度

1. 员工培训的原则

（1）理论与实际相结合，在搞好职工专业技能等实践方面的培训后，不能忽视对其提高理论水平的培训。

（2）因人而异，因材施教。

（3）近期目标与长远目标相结合。

2. 培训目的

（1）提高员工队伍素质和商场管理水平。

（2）挖掘企业潜力，提高经济效益。

3. 组织领导与任务

在党委、总经理室领导下，劳动人事部负责具体员工培训工作的实施。

培训任务为：

（1）各类专业技术人员业务的培训与考核。

（2）各级行政管理人员的培训与考核。

（3）新员工岗前的培训与考核。

（4）干部任职前的培训与考核。

（5）特殊专业外出学习、取证工作管理。

（6）其他临时性培训任务。

4. 培训内容

（1）政策、法规教育。

（2）专业技术理论、知识技能和本岗实际操作教育。

（3）管理理论知识、工作方法及相关的业务知识教育。

（4）其他专项教育内容。

5. 培训方式

（1）长期脱产培训（3个月以上）。

（2）短期脱产培训。

（3）业余培训。

6. 审批程序

（1）本商场原则上严格控制长期脱产培训人员，若确实因工作需要，必须填写外出培训审批表，经主管经理同意批准，劳动人事部备案。

（2）主要用于上岗前的短期脱产培训，由劳动人事部与主管经理协商后实施。

（3）业余学历培训，企业不负担各项支出。培训人员需在劳动人事部备案。

7. 培训期间的待遇

（1）长期脱产培训人员的学费由商场超市负担，其工资、福利不变。学习期间不享受奖金。

（2）短期脱产培训人员的待遇与在职员工一样。

（3）没有经批准利用工作时间外出学习的人员，一律按旷工处理。

8. 培训档案与合格证书

（1）劳动人事部建立员工培训档案，为员工的晋升、使用提供参考依据。

（2）劳动人事部对参加培训人员，经考核合格者发放证书，不合格按劳动管理的有关制度执行。

▲员工训练方法

不同的训练方法其目的不同，进行的方式也不同。多样性的训练方式有助于训练目标的达到。

为了使员工达到最佳的训练成果，下面就各种训练方法逐一介绍，不妨参考。

1. 分组讨论

分组讨论是指人数较少的讨论方式，小组的人数最好在 5 ~ 10 人。

小组讨论主题的选择方式有两种：

（1）狭窄主题模式：指主题直接与短程学习目标有关，例如"刚才主讲者所说的内容，如何运用在我们自己的工作上？"

（2）主要范围不限制模式：在此模式下，要求参与者自行规定主题的范围，或自行为较大部分的整体学习确立日程表。

2. 填写单项工作检查表

"单项工作检查表"是一种印好的工作说明书，它可以让一位初学者有追寻的轨迹，依样去做，按部就班，可使失误减至最少。

3. 脑力激荡

脑力激荡是一种组织相当松散的讨论形式（有时称为自由讨论），强调创造性思考，而非实际分析。其方式是受训练人员就任何一个设定的主题尽量出点子，而不需考虑这些点子是否符合实际，需把所想的点子全部记录下来。

这是一种高度参与的讨论，每位成员对结论均有所贡献，经常共同讨论比单独思考有更好的成效。

脑力激荡训练方式的秘诀有以下两点：

（1）让所有参与者加入最后解决问题的过程。

（2）需设定人数，人数过多时，应予分组，使其彼此竞争。

4. "临床实验"

临床实验是一种会议，目的在分析若干特殊问题的解决处理方法。此法的重点是：

（1）必须处理参与者认为实际且跟本身工作有关的问题。

（2）准备好参与者投入所需的时间，此段时间应包括精确辨认问题阶段和寻求改善状况所采取的可能行动方案的时间在内。

（3）在确认问题、成因和行动计划三者之间，做有效、均衡的时间分配。

5. 专家讨论

此训练方式是研讨会、自由讨论或研究会议等活动的一部分。本训练方法的重点是：

（1）提供观众向"专家"询问与反映的机会。

（2）维持相当小的团体规模（最多20人）。

（3）指定一位秘书记录发言要点，以便日后有成员要求分析资料时有记录可供参考。

（4）座谈开始后，严禁任何人进入房间。

6. 召开研讨会

研讨会系针对一个主要的问题，规划行动方针，调整差异或上述目的而举行的集会。为达效果应在讨论时分小组，以使每位受训人员均有参与的机会。

7. 个人经验分析

个人经验分析是用来分析造成行为与认知改变的事件。方法是：

（1）学习者必须把精力贯注在这些重要事件上，就较大的经验范例，进行综合归纳。

（2）参加者自行搜集或由他人提供经验，以便假想他们面对的是一样的危机。

（3）这些事件必须切合实际，而且跟他们本身的工作相关。

8. 个案研究

个案研究是利用书或影片，将实际或想象的情况，用相当详细的方式描述出来。个案可能探讨一个完整的活动，但通常都集中在活动中的某个层面，与训练目标是相关的。

个案研究的训练方式及其注意重点：

（1）提供阅读时间，以便对基本问题做出纲要与整体分析。

（2）学员一起研读个案，要求大家一起来为个案的事实予以分类，然后将学员分为几个小组进行分析；在预计的讨论时间结束时，再度集合小组，以便比较各小组的决策与建议。

9. 自由讨论

自由讨论是受训人员之间的对话，目的在于更接近训练目标。它比一般的社交谈话有着更多的限制条件——即主席、团体所需达成的特定目标、时间限制、事先安排好的议程。自由讨论的方式有座谈、代表讨论会和问答会。

自由讨论的优点是：受训人员能够主动提出问题，表达个人的信念与感受，并把目前的看法化为言辞。

自由讨论的训练方式及其重点是：

（1）用问题、评论、讲演或讨论来弥补不足的部分。

（2）在下列情况下，讨论才能达成效果：

①学习目标是由认识领域（情感、兴趣、价值观）中衍生出来时。

②学习目标属于观念性质时。

③学习者在接受或了解观念上可能有困难时。

（3）安排座位时，尽可能提高非言语的沟通。例如：正方形桌子就比狭长的桌子好。

（4）安排主持者坐在容易看见（不必显眼）的位置。

（5）安排座位时，另应考虑下列几点：

①把先前已形成的小集团或利益团体的成员打散。

②如果讨论分成好几次，把成员在室内的位置调动一下。

③注意每个成员的身体限制（听力、视力），把有这类限制的成员安排在主持人附近，此时主持人扮演着"协助者"的角色。

（6）如有"协助者"，这位"协助者"也应接受主持技巧的训练，即：

①如何提出开放式的问题？

②如何提出直接问题？

③如何反应？

④如何决定上述行为的时机？

⑤如何加强沉默参与者的投入，并矫正过于多话的成员？

（7）每次讨论要建立明确的目标，并让每一位参与者了解这些目标。

（8）确立并宣布讨论的时间限制。

（9）宣布附属事项或附属主题的时间限制。

（10）遵守时间限制。

（11）告诉讨论团体时间利用的细节，以便参与者能专注于主题，注意本身投入的适当与否。

（12）在大家看得到的地方，公布议程表（可以看出时间限制），并于每一阶段结束时总结进度。

（13）记录哪些人意见一致，哪些人意见相左。发问时，利用这些资料，使讨论更为活泼、有趣。

10. 现场参观

现场参观就是率领团体到提供实景、声音、设备或作业的环境去观摩。

现场参观训练方式的秘诀是：

（1）参观前，先向受训人员做简单介绍，并拟妥行程表，让他们有所期待。

（2）讲师对于所要参观的东西、参观的地点，应该由谁说明等事项，必须慎重做好计划。

（3）如果由讲师以外的人向团体讲述，他们必须明确了解此行的目的、时间的长短与参观的确切目标。

11. 座谈

座谈是讨论的一种形式，任何参与者随时都可以发言。

座谈训练方式的秘诀是：

（1）参与者均可自由发言。

（2）设一主持人，其角色是维持座谈的主题。

（3）主持人的基本原则是力求任何成员都能畅所欲言地表达他们的观点。

（4）主持人的控制功能在于保护个别成员的权利并在发言偏离主题时，要求发言者针对主题发言。

12. 调查分析

事件调查分析是个案研究的一种变化方式，它利用个人、小组或团体的分析，揭示该案的重要事实。参与者必须提出适当的问题，才能获得重要资料。

13. 竞赛游戏

竞赛游戏通常是一种模拟，但它比模拟增加了以下特点：

（1）几个团队间进行相同的模拟竞争。

（2）个人或团队寻求正确的答案。

（3）兼具上述二项。

竞赛游戏训练秘诀是：

（1）必须有正确的答案，供个人或团队对比其反应。

（2）这些答案必须是参与者认为合理的。

（3）这些答案必须有助于洞察竞赛游戏所预计产生的结果。

14. 角色扮演

角色扮演是一种计时练习，受训人扮演假想角色，并把其当作真实状况来处理。它可应用于：

（1）管理与督导的训练。

（2）沟通训练（特别是强调撰写技巧的沟通训练）。

（3）解决问题的训练计划。

（4）训练开始前的诊断。

角色扮演训练方式的重点是：

（1）宣布练习的时间限制。

（2）强调参与者实际作业。

（3）使每一事项都成为一种不同技巧的练习。

（4）确保每一事项均能代表训练计划中所教导的行为。

15. 单项工作训练

单项工作训练是指完整地教导受训者做事的方式，其目的在于引起学习者的兴趣，使学习者在正确的位置，观察下个步骤。在实际作业的示范时切记要：

（1）叙述、示范与说明。

（2）一次只提示一个步骤。

（3）强调重点。

（4）重复练习并摘要说明整个作业。

在试验操作时：

（1）要求学习者实际操作。

（2）注意观察操作情况，记录重点。

在检查与追踪时：

（1）强化做对的事。

（2）不合格时需反复练习。

单项工作训练法可应用于：

（1）所有操作性的工作。

（2）需要特殊顺序的任务。

（3）训练受训人员适应方法上的变化。

单项工作训练方式的重点是：

（1）鼓励学习者随时反馈。

（2）试验阶段不要干预学习者的行为。

（3）受训人员尽量减少。

16. 讲演

讲演是演讲人对受训人员做出的有组织性的口头陈述，期望这些受训人员能记住讲演中的重要观点与特定知识。

17. 模拟

模拟是利用一种业务状况作为模式进行的训练。此训练方式的重点是：

（1）以适用2组~6组的受训人数为基准。

（2）使每位参与者均能加入小组的决策过程。

（3）需减少决策时间，并增加小组成员。

18. 范例

范例是以一典型或设计过的案例，作为受训人员分析讨论的基础。参与训练者可对讲师所提出的范例加以讨论、评估并提高自己的观念与标准。

19. 工作研讨

工作研讨是一种集会，它强调自由讨论，实际方法、技术以及原则的运用。其要领是：

（1）其重点是在合作与学习的气氛下进行研讨。

（2）参与者期望在研讨中不仅能了解观念，也可以获得实际生活中的经验。

（3）在主管工作研讨会中，参与者可提出适用于面谈的问题，或做出定期评估属下绩效的评估表。

工作研讨训练法可运用于以下几方面：

（1）各种管理技术的发展。

（2）讲师训练。

（3）改善现有技术时。

（4）对在职者提供后续与强化训练时。

（5）为商场新进人员提供密集式教育时。

20. 示范

示范是通过演讲人或影片对实例的演示或解释，以显示某种事物的完成过程。

示范训练的秘诀是：

（1）示范的基础在于口头解释与视觉教具的有效配合。

（2）可利用示范小组的方式实施（若干人示范表演一种程序或事件，让全班学员观看）。

（3）示范可应用于面谈、销售拜访与辅导。

示范训练的重点是：

（1）示范开始前，备好所有的用具并摆放整齐。

（2）受训人员在参加示范前需先检查所有设备的运作状况。

（3）确定每个受训人员能看清楚示范物。

（4）确定受训人员看物品时的位置和工作时看物品的位置相同。

（5）示范完毕后，让每个受训人员试一试。

（6）将整个示范过程分成几个动作，在每个动作完成后，要求受训人员立即试做。

（7）对每个受训人员的试做，立即给予积极的反馈。

第二节　商场超市人事管理表格

▲人事主管（助理）职务细节表

人事主管（助理）职务细节表

姓名：_____性别：_____工作证编号：_____

所在部门及主管工作范围：_____

提任日期：_____

序号	职务细节	具体内容	备注

▲人事职能资格表

人事职能资格表

职层	职位	职能等级
管理职	经理、副经理	V 等
	副经理、科长 股长	IV 等
监督职	科长 股长、主任、组长	III 等
一般职	专员	II 等
	一般	I 等

▲人事纠纷调查表

人事纠纷调查表

_____年___月___日

投诉人姓名		所在部门		职务		主管领导	
被投诉人姓名		所在部门		职务		主管领导	
投诉时间		投诉受理人		调查日期	自 年 月 日至 年 月 日		
投诉理由							
事实原因调查							
处理建议							
领导意见		签章_____					

▲人事考核表（班长级）

人事考核表（班长级）

评定期间　自　年　月　日

　　　　　至　年　月　日

姓名	评　分																					总分	综合评定	最终评估
	问题意识		解决问题		目标管理		组织能力		计划		人才培训		业务知识		合计										
	评定者	本人	调整者	评定者	本人	调整者	评定者	本人	调整者	评定者	本人	调整者	评定者	本人	调整者	评定者	本人	调整者	评定者	本人	调整者			

▲人事考核表（领导级）

人事考核表（领导级）

评定期间　自　年　月　日

　　　　　至　年　月　日

姓名	评　分																					总分	综合评定	最终评估
	问题意识		解决问题		目标管理		组织能力		计划		人才培训		业务知识		合计										
	评定者	本人	调整者	评定者	本人	调整者	评定者	本人	调整者	评定者	本人	调整者	评定者	本人	调整者	评定者	本人	调整者	评定者	本人	调整者			

▲作业层人事考核表

作业层人事考核表

成绩		态度		能力	

	所属	
	职工代码	
	姓名	
	等级	
	考核年月	
成绩考核	工作的质	
	工作的量	
	改革创新	
	模范表率	
态度考核	服从性	
	协作性	
	积极性	
	责任性	
能力考核	基本能力	基础知识	
		实务知识	
		技能	
		体力	
	工作能力	理解力	
		创造力	
		表达力	
		注意力	

▲商场应聘人员考核表

商场应聘人员考核表

姓名		性别		出生年月		婚否	
工作时间		原工作单位					
毕业院校		所学专业		学位			
职称		应聘岗位		联系电话			
资格审查			考核人：　　年　月　日				
第一次面试			考核人：　　年　月　日				
第二次面试			考核人：　　年　月　日				
综合意见			部门经理：　　年　月　日				
特别工资建议			一级部门经理：　　年　月　日				
人力资源管理部意见			总经理：　　年　月　日				
公司意见			总　　裁：　　年　月　日				

　　注：特别工资建议是对优秀人才或特聘人才而言的，必须由一级部门经理签字认可，其余人员由人力资源管理部根据学历及工作经验、能力等（以综合意见为依据）确定，部门不必填写。

第三章　商场超市财务管理制度与表格

第一节　商场超市财务管理制度

▲资金管理规定

第一条　为加强对商场（以下简称公司）系统内资金使用的监督和管理，加速资金周转，提高资金利用率，保证资金安全，特制定本规定。

第二条　管理机构

1. 公司设立资金管理部，在财务总监领导下，办理各二级公司以及公司内部独立单位的结算、贷款、外汇调剂和资金管理工作。

2. 结算中心具有管理和服务的双重职能。与下属公司在资金管理工作中是监督与被监督、管理与接受管理的关系，在结算业务中是服务与被服务的客户关系。

第三条　存款管理

公司内各二级公司除在附近银行保留一个存款户，办理小额零星结算外，还必须在资金管理部开设存款账户，办理各种结算业务，在资金管理部的结算量和旬、月末余额的比例不得低于80％，10万元以上的大额款项支付必须在资金管理部办理，特殊情况需专题报告，经批准同意后，方可保留其他银行结算业务。

第四条　借款和担保业务管理

1. 借款和担保限额。公司内各二级公司应在每年年初根据董事会下达的利润任务编制资金计划，报资金管理部，资金管理部根据公司的年度任务、经营、规划，资金来源以及各二级公司的资金效益状况进行综合评估后，编制总公司及二级公司定额借款、全部借款的最高限额以及为二级公司信用担保的最高限额，报董事会审批后下达执行。

年度中，资金管理部将严格按照限额计划控制各二级公司借款规模，如因经营发展，贷款或担保超限额的，应专题报告说明资金超限额的原因，以及新增资金的投向、投量和使用效益，经资金管理部审查核实后，提出意见，报财务、董事会审批追加。

2. 公司内借款的审批。凡公司内借款金额在 300 万元（含 300 万元，外币按记账汇率折算，下同）以内的，由资金管理部审查同意后，报财务总监审批；借款金额在 300 万元以上的，由资金管理部审查，财务总监加签同意后报董事长审批。

3. 担保的审批。各二级公司向银行借款需要公司担保时，担保额在 300 万元以下的由财务总监审批，担保额在 300 万 ~ 2000 万元的，由财务总监核准，董事长审批。担保额在 2000 万元以上的，一律由财务总监加签后报董事长审批，并经董事长办公会议通过。借款担保审批后，由资金管理部办理具体手续。对外担保，由资金管理部审核，财务总监和总裁加签后报董事长审批。

第五条　其他业务的审批

1. 领用空白支票。在资金部办理结算业务的部门，可以向资金管理部领用空白支票，每次领用张数不超过 5 张，每张空白支票限额不超过 5 万元，由资金管理部办理，领用空白支票时，必须在资金管理部有充足的存款。

2. 外汇调剂。公司内各二级公司的外汇调剂由资金管理部统一办理，特殊情况需自行调剂的，一律报财务审批，审批同意后，方可自行办理。

3. 利息的减免。凡需要减免公司内借款利息，金额在 5000 元以内的，由资金管理部审查同意，报财务审批，金额超过 5000 元，必须落实弥补渠道，并经商场分管副总经理签字后，报财务审批。

第六条　资金管理和检查

资金管理部以资金的安全性、效益性、流动性为中心，定期开展以下资金检查和管理工作，并根据检查情况，定期向财务、总经理、董事长做专题报告。

1. 定期检查各二级公司的现金库存状况。

2. 定期检查各二级公司的资金管理部的结算情况。

3. 定期检查各二级公司在银行存款和在资金管理部存款的对账工作。

4. 对二级公司在资金部汇出的 10 万元以上大额款项进行跟踪检查或抽查。

第七条　统计报表

各二级公司必须在旬后 1 日内向资金管理部报送旬末银行存款、借款、结算业务统计表，资金管理部汇总后于旬后 2 日内报财务、总经理、董事长。

资金管理部要及时掌握银行存款余额，并且每两天向财务总监及副总监报一次存款余额表。

▲资金预算制度

第一条　目的及依据

为提高本商场经营绩效及配合财务部统筹灵活运用资金，以充分发挥其经济效用，除应按年编制年度资金预算外，还应逐月编列资金预算表，达成资金运用的最高效益，特制定本制度。

第二条　资金范围

本制度所称资金，系指库存现金、银行存款及随时可变现的有价证券。为定期编表计算及收支情况方便起见，预算资金仅指现金及银行存款，随时可变现的有价证券则归属于资金调度的行列。

第三条　作业期间

1. 资料提供部门，除应于年度经营计划书编订时提送年度资金预算外，应于每月 24 日前逐月预计次 3 个月份资金收支资料送会计部，以利汇编。

2. 商场会计部应于每月 28 日前编妥次 3 个月份资金来源运用预计表，按月配合修订。并于次月 15 日前，编妥上月份实际与预计比较的资金来源运用比较表一式三份，呈总经理核阅后，一份自存，一份留存总经理室，一份送财务部。

第四条　内销收入

商场营业部门依据各种销售条件及收款期限，预计可收（兑）现数编列。

第五条　劳务收入

商场营业部门收受同业产品代为加工，依公司收款条件及合同规定预计可收（兑）现数编列。

第六条　退税收入

1. 退税部门依据申请退税进度，预计可退现数编列。

2. 预计核退营业税虽非实际退现，但因能抵缴现金支出，视同退现。

第七条　其他收入

凡无法直接归属于上项收入的收入（包括财务收入、增资收入等），其数额在 10 万元以上者，均应加以说明。

第八条　资本支出

1. 土地：依据购地支付计划提供的支付预算数编列。

2. 房屋：依据兴建工程进度，预计所需支付资金编列。

3. 设备分期付款分期缴纳关税等：商场会计部依据分期付款偿付日期予以编列。

4. 机构设备、预付工程定金等：工程部依据工程合同及进度，预定支付预算及商品部依据外购计划，预计支付资金编列。

第九条　材料支出

商品部依请购、采购等作业，分别预计内外购商品支付资金编列。

第十条　薪资

会计部依据产销计划等资料及最近实际发生数，预计支付数编列。

第十一条　经常费用

1. 管理费用：会计部参照以往实际数及管理工作计划编列。

2. 财务费用：会计部依据财务部资金调度情况，核算利息支付编列。

3. 外协费用：外协经办部门应参照外协厂商约定付款条件等资料，斟酌预计支付数编列。

4. 促销费用：营业部依据营业计划，参照以往月份促销费用占营业额的比例推算编列。

第十二条　其他支出

凡不属于上列各项的支出都属于"其他支出"，包括偿还长期（分期）借款、股息、红利等的支付。其数额在 10 万元以上者，均应加以说明。

第十三条　异常说明

各单位应按月编制"资金来源运用比较表"，以了解资金实际运用情况，其因实际数与预计比较每项差异在 10% 以上者，应由资料提供部门填列"资金差异报告表"列明差异原因，于每月 10 日前送会计部汇编。

第十四条　资金调度

1. 各部门经营资金由商场最高主管负责筹划，并由财务部协助筹借调度。

2. 商场财务部应于次月 5 日前按月将有关银行贷款额度，可动用资金，定期存款余额等资料编列"银行短期借款明细表"呈总经理核阅，作为经营决策的参考。

3. 商品部应按月根据国内外购货借款数额编列"购货借款月报表"于当月 24 日送财务部汇总呈核总经理。

第十五条　本准则经总经理核准后实施，修改时亦同。

▲现金管理制度

为了加强商场现金管理，健全现金收付制度，严格执行现金结算纪律，特制定本制度。

1. 财会部门

（1）收付现金必须根据规定的合法凭证办理，不准白条顶款，不准垫支挪用。

（2）库存现金不准超过银行规定的限额，超过限额要当日送存银行。如因特殊原因滞留超额现金（如待发放的奖金等）过夜的，必须经领导批准，并设专人看守。

（3）库存现金必须每日核对清楚，保持账款相符，如发生长短款问题要及时向领导汇报，查明原因按"财产损溢处理办法"进行处理，不得擅自将长短款相互抵补。

（4）因公外出或购买物品，需借用现金时，出纳人员一律凭领导审批的借条方可付款。

（5）外埠出差人员回公司后3日内应主动向财会部门报账，如因手续没有办完，可将所剩现金先行交回，于7日内必须办完。

（6）购买物品所借现金必须当日报账。如因一时购买有困难，次日需向财会部门说明原因，3日内不报账，出纳人员有权收回所借现金。

（7）出纳人员不得擅自将单位现金借给个人或其他单位，不准谎报用途套取现金、不准利用银行账户代其他单位或个人存入或支取现金，不准将单位收入的现金以个人名义存入银行，不准保留账外公款。

（8）商场会计室收到售货员或收款员交来的现金要经双人清点复核后在缴款单上签字盖章，于当日全部送交银行，不得滞留和坐支，送款要用专车，坚持双人送款制度。

（9）外埠客户购货余款，原则上退回原单位，不得支付现金或转入其他单位账户，如有特殊情况报商场财务审计部研究解决。

（10）财会部门收到货场人员交来捡拾的现金，应开收据，转做收溢处理。如顾客找回来后，如数冲回，退还本人。

（11）保管现金的部位要有安全防范措施，门要安装保险锁，存放现金要用保险柜，保险柜钥匙要有专人保管。下班要检查窗户、保险柜，门锁好后，方能离开。

2. 收款台、柜台

（1）现金的管理

①商场收款员、售货员收到顾客现金时要看清面值，按规定放进钱箱，大面额货款（50元以上）要经验钞机验证，以防假币。

②售货员、收款员捡拾的零钱要及时登在备查簿上，单独保管。营业终了后交给商场会计室，不得挪作他用。

③因业务需要换备用款时，必须双人经手，交叉复核，防止丢失、短少或发生其他问题。

④当日销货现金必须经双人交叉复核、填写交款清单签字或盖章，双人送交商场会计室，柜台、收款台不得存放现金过夜，以免发生意外事故。

⑤每日业务终了，业务周转金要经双人清点复核后，进行封包，注明数额，加封盖章或签字，交商场会计室出纳员统一保管。次日启封时，也要经双人清点，相符后，再进行使用。

（2）收受支票

①收受顾客支票要坚持3天后付货的原则。防止收受空头支票或无效支票。

②收到顾客支票时，要审查支票内容有无涂改，是否在有效期内，大小写数字是否相符，印鉴是否清晰。应及时交商场会计室送交银行，待银行收妥入账后再付货，以防发生诈骗或冒领。

③建立收受支票登记本，记清签发单位的电话号码及联系人、收款日期、金额、以便发生退票或者其他问题时进行查找。挂失支票不能收，应追究其来源。

④顾客交现金退现金，交支票退支票，不得以支票换取现金。

⑤商场各职能部室及所属各商店处理废旧物品收入及其他收入的现金，必须送交财会部门转账，经办人员不得长期存放或以个人名义存入银行。严禁私设小金库。

▲现金控制制度

现金，是指企业库存现金以及可以随时用于支付的存款。

对商场财务会计来说，现金的管理与控制主要侧重于在商场内部建立控制制度，即在处理各种业务活动时相互联系、相互制约的管理制度体系，以加强现金收支业务的管理与控制。

1. 商场现金内部控制的主要原则：

①分工负责，相互牵制，实行钱账分离，即记录现金业务的人不能经管现金，不能开具支票或送存款。

②经管现金收支的人不能登记会计记录（除现金日记账）。

③现金收支相互监督。

2. 现金收支的管理和控制手段：

（1）现金收入控制管理

科学地处理和控制现金收纳程序，使有关的商场管理人员及员工对每一收款点的工作要求和程序有明确认识，以确保应收现金能被如数收回、记录和存储。其工作重点有以下几点：

①利用商场的收银机系统，建立稽核功能

收银机固定于卖场的出口，有不可移动的特性，从而使现金管理更有效率。另外，收银机上的销售记录，也设定了人员的现金保管责任。

在商场内，使用收银机也存有管理盲点，例如"无意或蓄意地输入价格不对"等，针对"无意的错误"，此缺点可运用训练加以克服；针对"蓄意的错误"，宜实施全面性的商品条码，另再配合主管的不定时稽查收银台的作业状况。

②每笔商品交易均应逐笔开立"交易发票"

收银机有"一般收银机"与"发票收银机"两种，使用"发票收银机"，等于每笔交易开立发票，商场对交易都进行逐笔的控制。

③信用卡刷卡销售，要谨防员工舞弊

信用卡刷卡销售方式已经非常普通，但是商场销售人员以自己的信用卡来替顾客付款，却将现金放入自己的口袋，是一种严重的现金挪用舞弊行为。虽然信用卡发卡银行会将款项汇入商场户头，对销货额没有影响，但是商场会受到现金延后收到而造成的银行利息损失，但是对此行为没有妥当的处理，可能会产生更多的弊端。

为确定现金收入金额与信用卡收入金额的合计数等于发票总额，除了每日核对会计记录与银行账户资料外，还可与顾客联络以确定其所付款项与发票金额，以及付款方式是否相符。如找出异常现象，要立即查出原因，对有疏失的员工加以处理。

④收银台的现金回收管理

收银台由于现金累积速度快，尤其是在大卖场或旺季时，在管理上，单店作业要定时或定量回收现金，以防止意外发生。而多店式作业，总店会在某一时段，对各店的现金另做回收管理，以防止损失。

⑤收银台人员的教育训练

商场的财物管理，收银台为重点，因此，应针对收银台人员实施教育训练，确保工作流程的正确性；守法的坚定观念，在平时要加以教导。此外，人员交班的现金结账、主管的稽查、盘点等，都是教育训练的重点。

⑥在商场用扫描商品条码方式来控制

于收银台处，使用扫描"商品条码方式"来结账，可以达到避免"短收现金"的管理；以条码方式结账，更有助于收银台的工作改善。

⑦每日账务核对

商场的收入包括有现金、信用卡、礼券、提货券、支票、各国的通行货币等。必须将商场每日的现金收入金额，与电脑上的账务资料相核对。

⑧现金存入银行

营业所收的现金，每日必须存入银行，以避免违反国家现金管理规定，减少保管风险；至于大卖场现金更多，则有必要协调银行到商场收款。

⑨定期或不定期的盘点货品

为了防止现金销货记录产生不当或重大错误，可在每天、每周、每月，或业务终了时，实地盘存，掌握当期每样物品的销售数量，计算销货额，与当期的现金收取额核对。即，依据所谓的盘存法，掌握销货数量，核对现金收取额，以确认销货全部加以记录。盘存法适用于物品数少、物品规范化或者销售单价高的企业，并不是所有的企业都能够实施。

（2）现金支出控制管理

①建立严格的开支审核制度，依据《现金管理暂行条例》及其他各种规定，在规定范围内使用现金，所有超限额的支出必须以支票或其他转账结算方式进行结算。

②在健全以上的现金收支管理制度后，商场内部稽核人员应该对库存现金和银行存款实施经常性的检查和突击性抽查。

▲资产管理办法

第一条　商场资产的保管与账簿的记载，应由不同人员分别负责。

第二条　商场资产的保管，应明确指派人员负责，以免责任混淆。

第三条　对商场有形资产应加防护，以免不当使用。

第四条　应每日下班前核对商场备用金，并维持最少额度。

第五条　各项支出的核决与支付，应分责办理。

第六条　应尽可能以支票支付，并且应严密地控制商场支票的签发与保管。

第七条　不得由支票签章人或核准人领取或寄交已签章的付款支票。

第八条　有关商场现金、存货或其他流动资产收发的单据，应事先印妥连续编号。

第九条　负责商场现金、有价证券及其他贵重资产处理责任的人员，必须要有充分保证。

第十条　商场资产控制人员应采用轮休制度。

第十一条　商场付款凭据一经支付，应即加盖支付印戳销案，避免重复付款。

第十二条　存于商场内部保险箱或银行保管箱的有价证券等贵重物品，应由两人以上共同保管。

第十三条　倘人员编制许可，可对商场各财务管理职责岗位予以分立。如财务主管与会计主管，采购与验收，销货与仓储，薪工计算与支付，装运与仓储，订货与仓储，等等。

第十四条　严格管理商场财务收支工作。如信用接与、折让折扣、客户赠品、招待等。

第十五条　定期举行商场资产的全面盘点，包括原物料、在制品、成品、用品、固定资产等（每年 1 次为宜）。

第十六条　开具单据尽可能一次填写，避免涂改。

第十七条　订立各项工作的书面手册，以避免误会，促进效率。

▲备用金管理细则

第一条　有关备用金的设置划分如下：

1. 由商场财务部负责本商场零星支付。

2. 总务组负责设置备用金管理人员，尽可能由原总务人员兼办，必要时再行研讨，设置专人办理。

第二条　商场每月备用金要经常保持固定数目，将来视实际状况或减或增，可另作规定。

第三条　商场备用金借支程序：

1. 商场零星费用开支，如需预备现金，应填具备用金借（还）款通知单，交备用金管理人员，凭单支给现金。

2. 备用金的暂支，不得超过规定数目，特别情况应由财务部经理核准。

3. 备用金的借支，经手人应于7天内取得正式发票或收据加盖经手人与主管之费用章后，交备用金管理人冲转借支，如超过7天尚未办理冲转手续时需将该款转入经手人私人借支户，并于当月发薪时一次扣还。

第四条　商场备用金保管及作业程序：

1. 备用金的收支应设立备用金账户，并编制收支日报送呈经理核阅。

2. 备用金每星期应将收到的发票或收据，编制备用支出凭证结报一次，然后送交商场财务部。

3. 商场财务部收到备用金支出凭证后，应于当天即行付款，以期保持备用金总额与周转正常。

4. 商场财务部收到备用金支出凭证，补足备用金后，如发现所附单据有疑问，可直接通知各部经手人办理更正手续，如经手人延迟不办按照商场有关规定办理。

5. 备用金账户应逐月清结。

第五条　备用金应由保管人出具保管收据，存商场财务部，如有短少由保管人员负责赔偿。

第六条　本细则经财务部主管及总经理批准后实施。

▲现金收支管理办法

1. "现金收支旬报表"上的收入金额，是指由商场财务部汇入各部门银行账户内的金额，支出金额则仅指各部门的费用。各部门应支付的一切费用，包括可控制费用与不可控制费用，均应自财务部汇入的金额中支付。

2. 各单位的可控制费用，统一于每月月底前由财务部就下月份各单位的费用概算一次（必要时分次），汇入各部门的银行账户内备支。

3. 各部门的收入款项除财务部汇入的款项外，一律不得自行挪用。商场内收回的应收账款（包括现金及支票）、其他部门收回的应收账款，应依账款管理办法的规定，悉数送回商场财务部。

4. 现金收支旬报表的填写应一式两联，第一联于每旬第1日（即每月1日、

11 日、21 日）中午以前就上旬收支逐项编制妥，连同费用科目的正式收据或凭单呈部门主管签核后限时转送、寄送财务部；第二联由各单位自行汇订成册作为费用明细账资料，并于月底当天填制"费用预算分析表"。

5. 现金收支旬报表上的序号系指费用的发生顺序而言，采用每月一次连续编号方式，月内的每月编号应相互衔接并连续编至当月月底止，次月一日再行重新编号。

6. 现金收支旬报表上科目栏中类别的填写，系指依所发生的各项费用按其分属类别，分别以"营"或"管"等字表示，其性质的区分如下：

（1）销售费用：凡属营业人员（包括营业主任及外务人员）所发生的费用。

（2）管理费用：凡营业费用外所发生的一切费用。

7. 现金收支旬报表上科目栏中的"名称"系指各项费用的科目名称，其明细如下：

（1）销售费用：即销售人员（包括销售主任及外务员）所发生的下列费用。

①司机人员需要的汽油、机油、过桥费等。

②销售人员计程车费及销售员因业务之需所付的差旅费。

③销售人员因业务上应酬所需支付费用。

④销售人员薪资。其包括本薪、各种津贴、销售提成及值班费等。

⑤因账款尾数无法收回而导致公司损失的金额。

⑥销售人员所印名片费。

（2）管理费用：销售费用外所发生的费用，包括以下内容：

①凡管理人员所支付的汽油、机油费。

②凡管理人员所支付的计程车资或出差旅费。

③装载办公设备所支付的运费。

④因日常所用的文具纸张费。

⑤因清洁公司打蜡所支的费用。

⑥因邮寄函件及包裹的邮资。

⑦因业务上的长途电话及市区电话费。

⑧因业务上的需要而拍的电报费。

⑨因用电所支付的费用。

⑩因用自来水所支付的费用。

⑪因汽车修理及保养费。

⑫因刊登招聘启事费。

⑬因订阅报纸杂志所支付的费用。

⑭管理人员的薪资。

⑮管理人员所支付的交际费。

⑯房屋的租金。

⑰支付印花税等。

⑱未能列入该分类科目的费用。

8. 上述所列费用项目，会计员应按其性质区分，即销售费用、管理费用给予分类报支，不得相互混淆。

9. 各部门员工的因公借支总额在 1000 元以内者，需经商场主管核准后由现金中先行借支，按规定期限还款，严禁公款私用。

10. 每月月底当天，商场会计员应凭当月"现金收支旬报表"依费用类别分别统计当月各项费用的总额，详填于"费用预算分析表"中呈部门主管，并详细分析可控制费用中的各项费用实际与预算的差异。

11. 各部门应于每月 3 日前将"费用预算分析表"一式两联连同"直线单位经营绩效评核表"一并寄送商场营业部，由营业部据以查核与"直线单位绩效评核表"所填的费用数字准确后，即转送商场财务部复核并呈主管财务的副总经理填写总评，第一联由财务部留存，据以分析全场费用差异，第二联退回各部门存查。

12. 本办法由财务部呈总经理核准公布后实施，修订时同。

▲固定资产管理制度

为加强对商场固定资产的管理与核算，保证固定资产安全与合理使用，防止丢失损坏，充分发挥其使用效能，特制定本规定。

1. 固定资产的标准与分类

（1）固定资产是指同时具有下列特征的有形资产：一是为生产商品提供劳务、出租或经营管理而持有的；二是使用寿命超过一个会计年度。

（2）企业的固定资产分为两类：经营用和非经营用。

①经营用固定资产：包括用于经营方面的仓库、机器、各种机动车辆，营业用房，其他建筑物设备等。

②非经营用固定资产：如宿舍等。

2. 固定资产的购置和管理

（1）商场固定资产实行分级归口管理，行政部负责全场房屋宿舍；工程部负责机器设备；储运部负责机动车辆和外库的管理。使用单位应设财产管理员。

（2）商场各职能部门购置固定资产应在年初向商场财产管理部门报计划，审查汇总后，上报商场财务审计部进行平衡，经主管经理审批后下达执行。对不可预见的特需购量可临时追加计划，经商场主管经理审批同意后方可购置。

（3）商场财产管理部门按计划购置的固定资产发票由部门领导和经办人员签字后，做一式两联"固定资产购进单"，第1联购进部门入财产明细账，第2联连同发票转财务审计部报销入财产账。

（4）商场全部固定资产购置均由财务审计部统一列支，设固定资产金额账及固定资产卡片进行管理。具体财产由行政部、工程部、储运部建立品种数量明细账，并安排使用和管理。商店等使用单位也要建立相应的品种卡片，落实到班组、个人，明确责任，加强管理。

▲不动产管理规定

（一）通　则

第一条　性质

本规定为商场不动产管理事务处理的准则。

第二条　目的

本规定在于加强不动产保护、改善、利用和不动产权利（指所有权、处置权和收益权等）的得失等方面的管理，以提高不动产管理的科学性和规范性。

第三条　合同

当发生不动产权利的得失或变更时，必须签订合同，以使其权利关系明晰，但经过法定手续处理的，不包括在内。

第四条　管理人

对于远离商场且无法实行直接管理的不动产，应指定专门管理人。管理人应由总务部总务科长提名，并经公司主管批准。

第五条　纳税

根据国家有关规定，由财务部门进行不动产纳税申报。

第六条　资料保管

不动产及其转移资料应由专人负责整理与保管。

（二）权利转移

第七条　不动产文书

当发生不动产所有权转移时，有关部门必须将下列文书提交给总务科：

1. 契约：包括各类合同和证明文件。

2. 说明书：说明有关事由、影响、效果、对方与本商场的关系等。

第八条　文书盖章

上列文书如属总务科权限范围内的，由总务科在查实审核后盖章；如超出其权限范围，必须经商场总经理裁定后盖章。

第九条　登记申请

总务科持盖章后的文书，与对方办理有关手续，然后到有关机构办理不动产登记申请。

（三）不动产借贷、租赁契约的签订与变更

第十条　土地、房屋的借贷

各部门在签订或变更土地、房屋的借贷与租赁契约时，必须提供契约和有关报告。后者包括事由、期限、支付方法、对方基本情况及不动产账面价值与现值等内容。

（四）土地或房屋转移

第十一条　账面价值变更

当伴随着土地或房屋的转移，而发生的其账面价值与实际价值不等时，应进行账面调整。

第十二条　转移说明书

各部门如发生不动产转移时，应填写账面变更书。所列事项，并附说明书，提交给总务部总务科。

第十三条　实施

不动产的转移、变更及登记事项，由总务部负责。

（五）不动产管理台账

第十四条　不动产管理台账

总务科应建立全商场的不动产管理台账，以全面把握全商场的不动产状况。不动产管理台账应包括下列账票与图表。

1. 公司所有土地

（1）地籍表。

（2）土地台账。

（3）土地纳税台账。

（4）土地综合图。

（5）土地实测图。

（6）借出土地台账。

2. 借入土地

（1）借入土地台账。

（2）借入土地图。

（3）借入土地综合图。

3. 公司所有房产

（1）房产台账。

（2）借出房产台账。

（3）房产名册。

（4）建筑物分布图。

4. 借入房产

（1）借入房产台账。

（2）借入房产图。

（六）附　则

第十五条　本规定自××年×月×日起实施。

▲支票管理制度

（一）支票的使用

1. 商场采购人员外出采购商品如需用支票，领用时应事先将支票登记好，填写收款单位、支票用途、支票号码、预计用款金额等，由经手人在支票领用簿上签字或盖章。其他人员因工作需要购买物品或支付有关费用需使用支票时，要逐项登记日期，支票号码、款项用途、用款限额，并由使用人签字。财会人员在签发支票时，必须填写好日期、抬头、用途、金额大小写，遇有特殊情况，也必须填写日期、抬头、用途。

2. 领用支票时，财会人员应根据商场采购人员提出的进货品种、数量，按照采购权限，确定资金使用限额，采购人员必须在规定的资金限额内严格掌握使用。遇到特殊情况需要超过使用限额时，要事先与财会人员联系，经财会人员同意后才能使用。否则造成银行"空额",影响用款或发生银行罚款时,由使用人负责。

3. 采购人员采购完商品回到商场后,应持供货单位发货票,按核算组填制支票领用单(支票领用单必须按规定的内容填写),并于当日进行清理,由于客观原因当日不能清理时,应及时向财会人员报告实际使用数额,以便掌握资金。

4. "使用限额"当日有效。如当日未能使用而次日需继续使用时,必须与财会人员重新研究确定限额。

5. 支票开好后,商场采购人员必须将存根数字和支票票面数字核对相符。支票存根必须按规定填写单位名称、金额、款项用途。

6. 商店财会人员要及时清理,督促营业部门及时转账(本市不得超过7天,外埠不得超过20天),发现逾期要及时查询,发现问题及时上报。

7. 为防止支票丢失或被盗,对未用完的支票,必须于当日交回商场财会部门注销。

(二) 支票的管理

1. 空白支票和支票印鉴,必须设专人负责并分开保管。支票必须随签发、随盖章,不得事先盖章备用,严防支票遗失和被盗。

2. 财会部门要建立严格的支票管理制度。必须指定专人负责支票的购买及使用,并建立支票登记本,按照支票号码逐一进行登记。对已签发的支票,要及时催报注销,并定期核对,做到心中有数,发现丢失短少,必须及时查找,同时向领导汇报。

3. 商场采购人员及有关人员每次领用支票一般不应超过两张,特殊情况最多不得超过5张,已用的支票应于当日将支票存根和原始凭证一并交回财会部门。遇特殊情况当日报账有困难的,最多不得超过3天。财会部门接到交回的支票存根时,要核对号码及时注销。财会部门对领用的支票有权随时督促报账。

4. 领用支票人员必须对所领支票予以妥善保管,不得随意乱放。保管和签发支票要按规定办理,否则容易发生支票丢失。造成财产遭受损失的,要追究当事人的责任,并根据情况赔偿部分或全部经济损失。

5. 领用支票人员一旦发现支票丢失、被盗,应立即查找,及时向商场领导汇报,并向财会、保卫部门反映,迅速到开户银行办理挂失手续,并向公安部门报案。

6. 签发支票时,支票用途项内容要填写真实,齐全,字迹要清晰,不得更改大小写金额,为避免签发空头支票,财会人员应准确地控制银行存款余额,及时正确地记载账务，定期与银行对账单进行核对，发现问题及时解决。

7．严格结算办法，必须做到：

（1）不准签发空头支票。

（2）不准签发远期或空期支票。

（3）不准将支票出租、出借或转让给其他单位和个人使用。

（4）不准将支票做抵押。

（5）不准签发印鉴不全、印鉴不符的支票。

8．支票使用要求

（1）支票金额起点为 100 元。

（2）支票有效期 10 天；背书转让地区的转账支票，付款期为 10 天（自签发的次日算起，到期日遇假日顺延）。

（3）签发支票应使用碳素笔填写，没有按规定填写，被涂改冒领的，由签发人负责。

（4）不得更改支票大小写金额和收款人姓名，其他内容如有更改，必须由签发人加盖预留银行印鉴。

（5）根据相关法律规定，因签发空头支票或故意签发与其预留的本名签名式样或者印鉴不符的支票，骗取财物的，依法追究刑事责任。

9．过期作废支票要按号订在原始凭证序号中，妥善保管，不准将支票乱扔乱放。

▲发票管理制度

1．对本商场购领的增值税专有发票，应视同现金管理一样，建立账簿，严格领、发、存手续。

2．销售给其他单位和个人均不得开具专用发票。一般纳税人到商店购买商品，如需开具专用发票，必须出示盖有一般纳税人认定专章的税务登记证副本，由商店会计室负责办理。

3．填开给购货方的发票注意事项。

（1）要填列单位名称，购销双方的税务登记号。

（2）交易价格与税款分别填列。

（3）金额栏与税额栏合计必须与价税合计栏（大写）相等。

（4）按照规定专用发票的开户银行及账号栏和购销双方的电话号码也要填

写清楚。

4. 厂家开具的专用发票有以下情形之一者不得入账。

（1）没有填列销货方或购货方增值税纳税人登记号码。

（2）填列的纳税登记号与购货方或销货方的真实号码不相符。

（3）单联填写或上下联金额，增值税额等内容不一致。

（4）交易价格与税款计算有差错。

（5）适用税率与税款计算有差错。

（6）抵扣联没有加盖规定的印章。

以上规定在采购、合同、物价、财会各个环节都要认真执行，严格把关，避免疏漏。

▲内部稽核制度

（一）总则

（1）本商场各部门及各下属营业单位的稽核工作，由商场管理部指定适当人员执行。

（2）本商场稽核业务范围，定为账务、业务、财务、总务、监验五项，除另有规定外，需按本规定办理。

（3）稽核人员对于所审核的事项，应负责任，必要时应在有关账册簿籍上签章。

（4）稽核人员，除依照规定审核各财务部门所送凭证账表外，并应分赴各部门实地稽查，每年稽核次数视实际需要而定。

（5）稽核人员前往稽核之前，应先准备及收集有关资料，拟定计划及进度表，并事前应将各财务部门已往审核及检查报告详细研究以做参考。

（6）稽核人员有保守秘密的责任，除呈报外，不得将有关情况泄露或预先透露予检查单位。

（7）稽核事务如涉及其他部门时，应会同有关部门办理，且应作会同报告。如意见不一致时需单独提出，与书面报告，一并呈核。

（8）稽核人员对本商场各财务部门执行稽核事务时，如有疑问，可随时向有关单位详尽查询，并调阅账册、表格及有关档案，必要时出具书面说明。

（9）稽核人员执行工作时，除将稽核凭证（或公文）交由受稽核部门主管验明外，工作态度应力求公正。

（10）稽核人员于稽核事务完妥后，应据实填写检查报告书呈核。

（二）账务稽核

1. 在对商场记账凭证进行审核或检查时，应注意：

（1）每一交易行为发生，是否按规定填制传票，如有积压或事后补制者，应查明其原因。

（2）会计科目、子目、细目是否用错，摘要是否适当，有没有遗漏、错误以及各项数字的计算是不是正确。

（3）转账是不是合理，借贷方数字是不是相符。

（4）应加盖的戳记、编号等手续是不是完备，有关人员的签章是不是齐全。

（5）传票所附原始凭证是否合乎规定、齐全、确实及手续是不是完备。

（6）传票编号是否连贯，有无重编、缺号现象，装订是不是完整。

（7）传票的保存方法及放置地点是不是妥善，是不是已登录日记簿。

（8）传票的调阅及拆阅是否依照商场规定手续办理。

2. 在对商场账簿进行检查时，应注意：

（1）各种账簿的记载是不是与库存表相符，应复核者是不是已复核，每日应记的账，是否当日记载完毕。

（2）现金收付日记账收付总额，是不是与库存表当日收付金额相符。

（3）各科目明细分类账各户或子目之和或未销讫各笔之和是不是与总分类账各该科目之余额相等，是不是按日或定期核对。相对科目之余额是不是相符，有没有漏转现象。

（4）各种账簿记载错误的纠正画线、结转、过页等手续，是否依照规定办理，误漏的空白账页，有否画"×"形红线注销，并由记账员及主办会计人员在"×"处盖章证明。

（5）各种账簿启用、移交及编制明细账目等，是否完备。

（6）各种账簿有没有经核准后而自行改订者。

（7）活页账页的编号及保管，是不是依照规定手续办理，订本式账簿有没有缺号码缺页的地方。

（8）旧账簿内未用空白账页，有无加画线或加盖"空白作废"戳记注销。

（9）各种账簿的保存方法及放置地点，是不是妥善，是不是已登记备忘簿，账簿的销毁，是不是依照规定期限及手续办理。

（三）现金及信托资金稽核

1. 对商场库存进行检查时，应注意：

（1）检查库存现金应随到随查，如在营业时间之前，应根据前一日库存、今日库存数目查点，如在营业时间之后应根据现金簿中今日库存数目现款、银行存款查点，如在营业时间之内应根据前一日现金簿中今日库存数目加减本日收支数目检点。支票签发数额与银行存款账卡是不是相符，空白未使用支票是不是齐全，作废部分有没有办理注销。

（2）现金是不是存放库内，如有另存他处者，应立即查明原因。

（3）库存现金有没有以单据抵充现象。

（4）托收未到期票据等有关库存财物，应同时检查，并需对有关账表、凭证单据进行核对。

（5）检查库存除查点数目核对账目外，并应注意其处理方法及放置区域是不是妥善，币券种类是不是已分清。

（6）金库钥匙及暗锁、密码表的掌握及库门的启用与库内的安全是否合乎要求，金库放置位置是不是适当。

（7）汇出汇款寄回的收据，有没有妥为保存，有无汇出多日尚未解讫的汇款。

（8）商场内部往来账，有没有按月填制往来账目明细表，查对账单有没有依序保管。

（9）是否经常对商场内部往来或外单位往来账进行核对。

（10）营业日报表的记载是否与银行存款相符。

（11）检查商场各部门周转金及准备金时，应注意其限额是否适当。有无零星付款的记录，所存现款与未转账的单据合计数，是否与周转金、准备金相符，有无不当的垫款或已付款而久未交货的零星支付或请购案件。

2. 检查商场各种信托资金账时，应注意：

（1）利率是否依照规定计算信托资金积数及利息计算是否经过复核。

（2）信托资金支付时，是否与各明细分户账结余单据核对并依照规定结算利息。

（3）委托户的印鉴卡、账卡有无登记户籍资料身份证、统一编号，并经主管人签章证明。

（4）信托资金付清时，应注意其收回单据及账卡，有没有盖结清或付讫戳记。

（5）各种信托资金之委托中途取本结清及满期续存等手续及计息标准（包括逾期计息）是否依照规定办理。

（6）信托单及账卡有没有编号及经过复核，账卡是否记载付息之记录，已付清的信托单有无注销，其存根联有无注销，作废存单是否注明及连同存根联妥为保管。

（7）根据信托单存根核对账卡是不是齐全相符无误。

（8）信托单之库存，是不是与登记账卡相符，其保管或开发情形是不是合乎规定。

（9）核对各项信托资金余额及转借金额是不是与账表相符。

（10）各种信托资金是否按日收取，并将收金卡整理完妥，拖延缴纳者，有没有按规定计收利息，支票缴纳者是不是已填写完整，有无漏填。

（11）各种信托资金之收金是不是经常与客户核对次数并相符。未收部分是不是经常抽查并办理催收工作。

3. 对商场各项财务报表进行检查，应注意：

（1）各种报表是否按规定期限及份数编送，有没有缺漏处。

（2）各种报表内容是不是与账簿上的记载相符。

（3）数字计算是不是准确，签章是不是齐全。

（4）报表编号、装订是不是完整及符合规定。

（5）表报保存方法及放置地点是不是妥善。

4. 检查各种证券交易账时，应注意：

（1）当日交易的证券，是不是翌日收足价款或缴足证券，约期交割者具有现品提缴清单。

（2）各笔交易是不是有场内成交单，成交时是不是按时填制成交单日报表及传票。

（3）各种交易是不是与账册所载相符。

（4）承销各种证券，应具有的文件是不是齐全，有没有记账登账。

（5）承销各种证券价款的收付与申请单是不是相符。

（四）财务稽核

1. 检查有价证券时，应与有关账表核对，并注意：

（1）购入及出售有没有核准，手续是不是完备。

（2）证券种类、面值及号码，是不是与账簿记载相符。

（3）债券附带的息票是不是齐全，并与账册相符。

（4）本息票有无到期或是不是齐全，并与账册相符。

2．检查商场中各种质押品、寄存品及其他有价值的凭证单据时，应注意其是不是存放库内，并应根据开出收据的存根副本及有关账册查核与库存是不是相符，有无漏记，如有另存其他地点者，应查询原因并检阅其有关单据。

3．各种房地产契约书及其收租情况表是不是保管妥善。

（五）总务人事稽核

1．检查各项费用时，应注意：

（1）商场各部门，各项费用支付与物品领用是不是已依规定核准。

（2）商场各部门费用，是不是在预算范围内，或经核准的范围内开支，有没有浪费或业务上无需要的开支，各项费用的列支是不是照商场规定办理。

（3）各种单据是不是齐全及手续是不是完备。

2．检查商场储藏物品，应注意：

（1）储藏物品的种类、数量、价格是不是与账簿（册、卡）记载相符，有无遗漏或短少现象。

（2）储藏物品的保管是不是妥善。

（3）储藏物品的质量、规格是不是与购案相符。

（4）领物凭证，是不是均经有关人员签章核发。

（5）已领物品未转账者，与储藏物品合计表，是不是与账面存量相符。

（6）有无损坏待废物品，账簿是不是已注明，所存应报废物品，数量是不是与账簿记载相符。

3．检查交通运输及设备登记卡附项设备登记卡时，应注意：

（1）各种登记卡的设置登记及排列，是不是依照规定随到随办。

（2）各种登记卡的记载是不是正确详细。

（3）核对财物有关的登记簿、备查簿，是不是有未设登记卡或漏编号、漏记账的财物。

（4）登记卡是不是登记有关折旧、修理、添建及转移事项。

（5）检查人员如认为必要时，需依据登记卡或财务登记有关账簿，实地盘点或抽查盘点，相互核对。

4．人事检查，应注意：

（1）商场全体人员每日是否按照规定时间办公，并在签到簿上签到及有无迟到早退现象。

（2）商场办事人员对于顾客是否竭诚招待，有无怠慢现象。

（3）商场目前业务繁简与现有人员的工作分配是不是相符，有没有应增、应减现象。

（4）商场办事人员对本身所担任的职务是不是胜任适当，有没有能力、表现特优者，或办事颓废及品性不佳，且染有不良嗜好者。

（5）商场各部门人员于上班时间中，其仪表、态度、谈吐是不是符合规定。本办法呈董事长核准后施行，修正时亦同。

▲经济合同管理规定

为保证商场在国家的政策、法律允许的范围内合法经营，保护本商场的合法权益，提高经济效益，加强商场内部的合同管理，减少经济纠纷，特制定本规定。

1. 合同的内容要求

（1）订立经济合同，必须遵守国家的法律、法令，必须符合国家政策和计划的要求，任何部门和个人不得利用合同进行违法活动，损害商场的利益。

（2）订立经济合同，必须贯彻平等互利，协商一致，等价有偿的原则，为商场创造经济效益。

（3）为保证经济合同内容的合法性，禁止随便携带已盖合同专用章或公章的空白合同或空白便条，如确有需要，需经主管业务的副总经理批准并办理领用手续，使用完毕经审查无误后，办理注销手续。

2. 合同的签订要求

（1）所有经济合同必须采用书面形式订立。

（2）为便于管理，经济合同实行统一编号制和一式五份制。合同签订后，除交付对方必要的份数外，负责该项业务的业务员应存底，同时送合同监察员、业务主管部门及财务部门各一份存查。

（3）所有经济合同原则上应采用统一的格式合同。业务人员对于格式合同的条款须有全面、正确的理解，对于采用的条款和不采用的条款应明确标注，以免产生误解。

（4）在订立经济合同前，应对对方当事人的工商营业执照、经营范围、法定代表人身份证明书、法人授权委托及资信状况进行认真审查，并应将上述情况形成书面资料存查。

（5）合同的关键用语应力求准确，表述应规范、明确，文字书写要工整。

（6）合同应具备下列主要条款：

①合同标的（如货物、劳务等）。

②标的物数量和质量（质量应写明执行何种质量标准或由双方议定）。

③价款或酬金，除写明数额外，还应明确支付地点、计算标准、支付方式等。

④履行的期限、地点和方式。

⑤违约责任。

⑥数额较大的经济合同，有条件的应要求对方当事人提供保证（可采用担保、抵押、保证金、留置等方式）。在合同中注意违约责任及处理方式。

（7）合同订立后，如经双方协商对合同进行变更或解除，应以书面形式作出并由双方签字盖章。

3. 合同审批权限

（1）本规定范围内的所有经济合同都必须严格地按照下列权限审批。

（2）合同中涉及支付货款，依据货款数额按照以下权限审批：

①货款总额在 2000 万元以上的，由业务部门、财务部、主管副总经理、财务总监、总经理报董事长审批，并经董事长办公会通过。

②货款总额在 500 万 ~ 2000 万元的，由业务部门、财务部、主管副总经理，报董事长审批，经财务总监核准。

③货款总额在 100 万 ~ 500 万元的，由业务部门、财务部、主管副总经理审核，报总经理审批，经财务总监核准。

④货款总额在 100 万元以下的，由业务部门、财务部审核，主管副总经理审批，经财务总监核准。

（3）合同条款中如有涉及定金预付内容的，依据定金数额，按下列权限审批：

①定金数额在 50 万元以上的，由业务部门、财务部、主管副总经理、总经理审核，经财务总监核准，报董事长审批。

②定金数额在 10 万 ~ 50 万元的，由业务部门、财务部、主管副总经理审批，报总经理审批，经财务总监核准。

③定金数额在 10 万元以下的，由业务部门、财务部审核，主管副总经理审批，报财务总监核准。

（4）各下属公司一律不得擅自对外担保贷款。

（5）各业务部门只能在各自经营范围内对外签订购销合同及进出口代理合

同，其他合同（如借款、担保、承包、合资、联营等），必须经公司法人代表特别授权方可签订。

（6）以上审批权限应严格遵守，严禁隐瞒不报，不准逾级逾时上报。

4. 合同的审批程序

（1）合同的审批应按照主办业务员、部门经理、合同监察员、总公司领导这一顺序严格执行审批程序。

（2）各级审批人员应对合同进行全面审核，并写明具体意见。业务人员、部门经理应着重审查合同的真实性和经济效益；合同监察人员应主要从合同的规范性、合法性等方面进行审核；总公司领导对合同负责全面审核。以上人员要明确分工，各司其职。

（3）具体每一经济合同的审批应填写合同审核表，审批表格样式见下表：

合同审批表

合同名称	合同签订单 位	主办业务员	部门经理	合同监察员	总公司领导	

日期： 年 月 日

（4）已订立的经济合同经双方协商，确有必要变更或撤销的，按照合同原审批程序重新报批。

（5）合同审批表和双方的往来信件、传真、函电、票据、单证等，均应作为合同的有效组成部分与合同一起存档备查。

5. 合同的履行及管理

（1）经济合同签订后，即具有法律约束力，各业务部门应积极自觉履行合同约定的义务，同时督促对方当事人履行合同。

（2）对方当事人不能履行合同，且我方已掌握其确切资料，可为维护商场的利益暂时中止履行合同，并立即以书面形式通知对方。

（3）为了对合同签订后的履行情况进行管理和监督，执行合同的业务员、合同监察员在审查合同时，应根据双方约定的履行期限和方式制作合同履行进度表。

（4）合同监察员应根据合同履行进度表，监督合同的履行情况，并由具体业务主办人员同合同监察员共同视履行进度填写进度表。

（5）合同对方如不履行合同或出现违约，业务人员应立即将具体情况向合同监察员和部门负责人通报，共同制定对策。

6. 合同出现问题后的处理

（1）经济合同在订立或履行过程中发生问题和纠纷的，业务部门应及时向主管机构和领导逐级汇报，汇报应采用书面形式，情况特别紧急的，应先行采取紧急措施，保证财产不受损失。

（2）对方当事人不履行合同或违约的，我方应暂时中止履行合同，并以书面形式通知对方尽快履行合同，要求其承担因违约给我方造成的经济损失。

（3）如通过协商方式不能解决纠纷，业务部门应及时采用法律手段，以维护合法权益。

（4）各业务部门及有关人员应严格遵守本制度，对于违反上述规定，导致商场经济利益受到损失的，根据商场奖惩制度的有关规定严肃处理。

▲商场财物盘点制度

第一条　目的

为加强商场财物管理，特制定本准则。

第二条　范围

财物盘点范围包括现金、票据、有价证券、各类商品、办公用品及固定资产等。

固定资产的盘点应依据"固定资产管理规则"办理，其余各项，须依本准则办理。

第三条　方式

1. 不定期抽点。

2. 会计部门每月抽点，抽点百分比以一年一周转为度。

3. 液体及特定项目采用按月盘点。

4. 年终全面盘点。

第四条　人员及职责

为办理盘点，应设置盘点人、会点人、协点人及监点人。

1. 盘点人由财物经管部门担任，负责点计工作。

2. 会点人由会计部门或指派人员担任，负责盘点记录。

3. 协点人由仓储保管部门担任，负责盘点时的商品等搬运工作。

4. 监点人由商场（总）经理室，总管理处总经理室视需要派员担任，负责盘点监督。

5. 各经理室、总经理室应指定专人负责盘点筹划、联络等事宜。

第五条　准备工作

1. 经管部门将应行盘点的商品、财物准备妥当，备妥盘点用具，并由会计部门准备盘点表格。

2. 现金及有价证券应按类分别整理并列清单。

3. 商品的堆置，要求整齐集中，并置"标示牌"。

4. 各项财物账册应于盘点前登载完毕，如因特殊原因无法完成时，应由会计部门将尚未入账的有关单据，利用"结存调整表"一式两份，将账面数调整至正确的账面结存数。

第六条　年终全面盘点

1. 商场（总）经理室应于签呈（总）经理核准后，签发"盘点通知"，通知各有关部门准备盘点，并于盘点前5天将盘点计划寄送总管理处总经理室，"盘点通知"应包含盘点日期，人员配置及注意事项。

2. 盘点日期由商场视存量及现场情况自定。

3. 年终盘点，原则上应采用全面盘点方式进行，如确因条件所限无法采行时，应签呈总管理处总经理核准后改变方式进行。

4. 应尽量采用精确的计量器进行盘点，避免用主观的目测方法，每项财物数量由双方确定后，再继续进行下一项，盘点后不得提出遗漏的异议。

5. 盘点时由会点人依实际盘点翔实记录"盘点统计表"一式两份，以黑色圆珠笔复写，并于盘点工作进行时编列流水号码，由会点人与盘点人共同签注姓名、时间，如有更改，应经双方共同签认。

6. 经管部门应依据盘点所得的结存量汇编"盘存单"，一式两份，一份自存，一份送会点部门，核算盘点盈亏金额。

第七条　每月会计部门抽点

1. 每月抽点由会计部门主办，于签呈（总）经理核准后办理。

2. 抽点日期及项目，以不预先通知经管部门为原则。

3. 抽点时应会同经管部门共同办理。

4. 存货记录采用电脑报表控制的，应以收发存月（旬）报表为调整依据，如月（旬）报表来不及附送者，应填列"结存调整表"的调整栏，由抽点人员与经管人员共同签章。

5. 每月抽点仍应填列"盘点统计表"及"盘存单"。

6. 液体及特定项目的范围由商场自定。

第八条　不定期抽点

1. 由商场（总）经理室或总管理处总经理室视实际需要，随时指派人员抽点。

2. 抽点时应会同经管部门及会计部门共同办理。

3. 抽点程序与每月抽点相同，但"盘点统计表"及"盘存单"应再复写一份，然后交抽点人员。

第九条　盘点报告

1. 会计部门应将"盘存单"的盈亏项目加计金额填列于"盘点盈亏汇总表"一式四份，送经管部门填列差异原因的"说明"及"对策"后呈核，其中一份经由最高主管签注后转送总管理处总经理室。

每月抽点及不定期抽点，应于盘点后 7 天内，将"盘点盈亏汇总表"一份送总管理处总经理室。

2. 会计部门应将盘点结果及发现的异常事项及建议，编制"盘点报告"一式三份，经呈核后，一份连同"盘点盈亏汇总表"于年终盘点后 1 个月内送总管理处总经理室备查。

3. 盘点盈亏金额按规定进行核算。

第十条　现金票据及有价证券

1. 商场（总）经理室或会计部门，对现金、票据及其他出纳项目至少每月抽点 1 次。

2. 现金及票据的盘点，应于盘点当日上班未行收支前，或当日下午结账后进行。

3. 盘点前应先将现金柜封锁，并核对账册后开启，由会点人员与经管人员共同盘点。

4. 会点人依实际盘点数翔实填列"现金盘点报告表"一项四份，经双方签认后核准，一份寄送总管理处总经理，寄送期限依前述规定。

第十一条　商品

1. 商品的盘点以当月最末 1 日及次月 1 日举行为原则。

2. 商品原则上应采用全面盘点，如因成本计算方式无须全面盘点或实施上有困难者，应签呈经理核准后改变方式进行。

第十二条　其他项目

1. 销货退回的成品，应于盘点前办理退货手续，验收及列账。

2. 营业借出的成品，应于盘点前全部收回，借条一概不予承认，如有特殊情况，应签呈商场总经理核准。

第十三条　本准则经总管理处总经理核准后实施，修改时亦同。

▲借款和各项费用开支标准及审批程序

第一条　为进一步完善商场财务管理，严格执行财务制度，特制定本标准及程序。

第二条　借款审批及标准

1. 出差人员借款，必须先到商场财务部领取"借款凭证"，填写好该凭证后，先经部门经理同意，再由各级主管领导批准，最后经财务经理审核后，方予借支，前次借支出差返回时间超过 3 天无故未报销者，不得再借款。

2. 其他临时借款，如业务费、周转金等，必须先到商场财务部领取"借款凭证"，填写好该凭证后，先经部门经理同意，再由各级主管领导批准，最后经财务经理审核后，方予借支。

3. 各项借款金额 3000 元以内按上述程序办理，超过 3000 元的须报请财务总监审批。

4. 借款出差人员回公司后，3 天内应按规定到财务部报账，报账后结欠部分金额或 3 天内不办理报销手续的人员欠款，财务部门有权在当月工资中扣回。

第三条　出差开支标准及报销审批

1. 住宿

公司部门副经理以上人员，平均每天不能超过 120 元，主办业务不能超过 100 元，业务员不能超过 70 元。因工作需要住宿费超过规定标准经财务总监批准后可予报销。

2. 出差补助

按出差起止时间每天补助××元。

3. 市内短途交通费

控制在人均每天××元以内，凭票据报销。

4. 其他杂费

如存包裹费、电话费、杂项费用控制在人均每天××元内，凭单据报销。

5．车船票

按出差规定的往返地点、里程，凭票据核准报销。

6．根据出差人员事先理好的报销单据，先由主管会计对单据全面审核，同时按出差天数填上出差补贴，然后由部门经理签认报有关各级主管领导批准，财务经理审核后，方能报销。

7．出差坐飞机，需由部门经理批准，连续 3 个月亏损单位人员出差，一律不准乘坐飞机（特殊情况报上一级领导批准）。

第四条　业务招待费标准及审批

1．商场业务部的业务招待费，控制在各部门完成的营业收入的 2.5‰之内，由部门经理掌握，商场的各行政职能部门，按商场分配下达指标使用，由财务部经理掌握，下属部门根据完成的营业收入，控制在 4‰内，由商场经理掌握开支，不能超过 5‰。

2．属商场指标内的业务招待费，报销单据必须有税务部门的正式发票，数字分明，先由经手人签名，注明用途，部门经理加签证实，再报财务经理审核，然后由各级主管领导审批，方能付款报销。

3．超指标的业务招待费，一般不予开支，如有特殊情况，须经商场总经理审核加签，方能报销。

第五条　其他费用开支标准及审批

1．属生产经营性的各项费用，2000 元以内的，凭税务部门的正式发票，先由经办人和部门经理签名后，报分管领导批准，然后送财务经理审核报销；超过 2000 元以上的需报财务总监批准。

2．属非生产经营性的各项费用，2000 元以内的，凭税务部门的正式发票，先由经办人和部门经理签名后，报分管领导批准，然后送财务经理审核报销；2000 元～5000 元的，报财务总监批准；超过 5000 元的报董事长批准。

第七条　补充说明

如经费开支审批人出差在外，则应由审批人签署指定代理人，交财务部备案，指定代理人可在指定期间行使相应的审批权力。

▲ 费用开支标准

第一条　为便于掌握商场费用开支，根据有关规定，结合本商场实际情况，特制定本开支标准。

第二条　差旅费

1. 商场职工出差乘坐车、船、飞机和住宿、伙食、市内交通费，按规定执行。各部门负责人应严格控制外出人员，并考虑完成任务的期限，确定出差日期。对因公外出人员均按标准办理应报销费用。如出差人员投亲靠友自行解决住宿问题，则按标准的50%计发给个人；如不足标准住宿的，按节约额的50%计发给个人；如超标准住宿的，超支部分一律由个人自己负担。

2. 工作人员出差的交通费一律按标准执行。具体情况均以有关规定执行如下：

（1）乘坐火车，从晚上8时至次日晨7时之间，在车上过夜6小时以上的，或连续乘车时间超过12小时的，可购卧铺票。

（2）乘坐火车符合第（1）条规定而不买卧铺票的，节省下的卧铺票费，可发给个人，但为了计算方便，规定按本人实际乘坐的火车硬座票价折算成一定比例发给。

①乘坐火车慢车和直快列车的，节省车费按特快列车硬席票价的50%发给。

②符合乘坐火车软席卧铺条件的，如果改乘硬座，也按规定的硬座票价比例发给；但改乘硬卧的，需执行本条（1）款的规定，否则，不发给软卧和硬卧票价的差额。

（3）工作人员趁出差或调动工作之便，事先经领导批准就近回家省亲办事的，其绕道车、船费，扣除出差直线单程车、船费（按出差人应享受标准），多开支的部分由个人自理。如果绕道车、船费少于直线单程车、船费时，应凭车船票价按实支报，不发绕道和在家期间的出差伙食补助费、住宿和交通费。

（4）出差期间乘坐直达特别快车暂按乘坐一般特别快车不坐卧铺补助的规定执行，即按硬座票价的45%计发补助费。

（5）工作人员调动工作，核发差旅费以其调入地区执行标准计发。调入人员的交通、住宿、伙食补助除照商场规定执行外，其他开支参照有关规定执行。

（6）出差人员在出差地因病住院期间，按标准发给伙食补助费，不发交通费和住宿费。住院超过一个月的停发伙食补助费。

（7）商场工作人员参加在外地召开的各类会议，除有会议主办单位出具的食宿费自理的证明，可回商场按出差标准领取伙食费补助；住宿费凭住宿处发票按商场规定标准执行外，其余情况一概不另发有关费用。

（8）员工赴外地学习培训超过30天以上的部分，按职位标准的50%发给交通费。

第三条　市内交通费规定

1. 市内工作交通费

（1）员工在市内联系业务，商场无配给自行车、摩托车，又不能安排商场车辆者，凭乘坐的公共汽车票列明去向、公干事由经主管领导审核，成本中心负责人签字凭据报销。

（2）员工因在市内联系业务由商场配置自行车者，每月按 10 元标准将修理费包干到人，每辆车从购买之日起包干 5 年。5 年内丢失、损坏一律自理，不另发交通费及报销市内车票，由此影响工作，责任自负。

2. 员工上下班交通费

（1）员工居住地方距上班地点 2 公里以上，无商场交通车接送上下班，商场又无配给自行车（或摩托车）每月交通费××元。

（2）员工居住地方距上班地点 2 公里以上，用私人自行车上下班者，每月发交通费××元。

（3）上述两类补助由商场各部门在员工报到上班后即将申请报告报行政部审批备案，每年终了后 7 天内，由各部门造册申报，行政部按备案记录结合考勤核批发放。

（4）对于不享受交通费补助的职工，经常因公骑私人自行车外出的，经商场各部门成本中心负责人批准，每月发给××元自行车修理费。

第四条　夜班、加班、值班和误餐费的规定

1. 夜班费规定，员工在每日 22 时至次日 6 时之间上班工作，不能睡觉，夜班费每人每夜 8 元。

2. 加班费按国家规定发放。

（1）员工加班要从严控制，事前报商场部门经理批准。加班只限于工程抢修，节假日值班和完成其他紧急生产任务等，但月累计不得超过 36 小时，超过 36 小时报总经理批准。

（2）员工加班后，可以补休而不领加班费，但需办理补休的登记手续。

（3）员工出差期间，如遇法定节假日和超过工作时间不计加班费。

（4）加班费经商场人事部审核后，由财务部发放。

3. 值班费，市内员工到特定范围工作（或反向途径）、不能在公司或家里吃午餐者，由各成本中心负责人签字报误餐费 8 元。报告列明时间、地点、工作内容，由商场人事部审核，财务部发放。

第五条　商场外勤津贴规定

1. 工作人员从事工作按出勤天数，每人每天津贴×元。当天出工在 2 小时至 4 小时者，按半天计发，不足 2 小时者不发津贴。

2. 管理人员和工程技术人员跟班作业，可以按外勤人员标准领取外勤津贴。

3. 汽车司机的各类补贴按商场相关规定办理。

第六条　其他福利待遇

本商场员工，每人每月发放洗理费、书刊费、政策性补贴等。

第七条　冷饮费规定（发放时间每年×～×月）。

1. 发放范围按商场规定办理。

2. 发放标准由商场人事部和行政部按批准预算确定，人数由人事部提供，具体由行政部安排报销。

第八条　员工服装补贴和发放，凡是商场员工每两年发放夏装、冬装各 1 套。此外管理人员每年发领带 1 条。根据工作需要发放劳保防护用品。

第十条　对于临时出境人员费用开支标准和管理办法按有关规定执行。对于临时出国人员费用开支标准和管理办法按有关规定执行。

▲财务分析撰写规定

（一）总　则

1. 为了规范商场的财务分析内容和格式，全面揭示经济活动及其效果，切实发挥财务分析在企业管理中的作用，特制定本规定。

2. 本规定适用于商场各部门的所有核算单位，包括独立核算单位和单独核算单位。

（二）完成主要经济指标情况

（1）各指标的计算口径和格式按企业财务分析表进行。

（2）表中的计划数指商场各部门每年度的承包指标数。

（3）投资收益率指标只限于年度分析填列。

（三）财务状况分析

从质量及销售等方面对商场本期的经营活动做一简单评价，并与上年同期水平做一对比说明。

成本费用分析

（1）管理费用与销售费用的增减变化情况（与上期对比）并分析变化的原

因，对业务费、销售佣金单列分析。

（2）以本期各商品销量大小为依据确定本商场主要商品，分析其销售毛利，并根据具体情况分析降低商品单位成本的可行途径。

利润分析

（1）分析主要业务利润占利润总额的比例。

（2）对各项投资收益、汇总损益及其他营业收入作出说明。

（3）分析利润完成情况及其原因。

资金的筹集与运用状况分析

（1）存货分析

①根据商品销售率分析本商场存货销货平衡情况。

②分析存货积压的形成原因及库存商品完好程度。

③本期处理库存积压商品的分析，包括处理的数量、金额及导致的损失。

（2）应收账款分析

①分析金额较大的应收账款形成原因及处理情况，包括催收或诉讼的进度情况。

②本期未取得货款的收入占总销售收入的比例，如比例较大的应说明原因。

③应收账款中非应收货款部分的数量，包括预付货款、定金及借给外单位的款项等，对于借给外单位和其他用途而挂应收账款科目的款项，应单独列出并作出说明。

④季度、年度分析应对应收账款进行账龄分析，予以分类说明。

负债分析

（1）根据负债比率、流动比率及速动比率分析商场的偿债能力及财务风险的大小。

（2）分析本期增加借款的去向。

（3）季度分析和年度分析应根据各项借款的利息率与资金利润率的对比，分析各项借款的经济性，以作为调整借款渠道和计划的依据之一。

其他事项分析

（1）对发生重大变化的有关资产和负债项目做出分析说明（如长期投资等）。

（2）对数额较大的待摊费用、超过限度的现金余额做出分析。

（3）对其他影响企业效益和财务状况较大的项目和重大事件做出分析说明。

（四）措施与建议

1. 对所存在的问题进行分析，提出解决措施和途径，包括：

（1）根据分析结合具体情况，对商场销售、经营提出合理化建议。

（2）对现行财务管理制度提出建议。

（3）总结前期工作中的成功经验。

2. 财务分析应有商场负责人和填表人签名，并在第一页表上的右上盖上单位公章，如栏目或纸张不够，应另加附页，但要保持整齐、美观。

3. 商场月度财务分析应在每月月底前报财务管理部，一式两份。

各项财务指标计算公式如下：

（1）应收账款周转天数 $= \dfrac{\text{平均应收账款} \times 360}{\text{销售收入}}$

（2）流动资产周转天数 $= \dfrac{360}{\text{流动资产周转率}}$

（3）存货周转天数 $= \dfrac{\text{计算期天数}}{\text{存货周转率}}$

（4）销售利润率 $= \dfrac{\text{销售利润}}{\text{销售收入}} \times 100\%$

（5）负债比率 $= \dfrac{\text{负债总额}}{\text{资产总额}} \times 100\%$

（6）投资收益率 $= \dfrac{\text{投资收益}}{\text{平均投资额}} \times 100\%$

式中，平均投资额 =（期初长、短期投资 + 期末长、短期投资）/ 2。

年度财务分析为 360 天，销售收入以全年累计数计算。

▲会计核算基础工作规定

1. 为适应公司发展，充分体现会计信息的可检验性，特制定本规定。

2. 会计科目的运用及账户的设置，按《企业会计准则》执行，不得任意更改或自行设置会计科目。

3. 商场采用记账凭证。

4. 会计核算组织程序：采用记账凭证核算组织程序。

（1）根据审核后的原始凭证填制记账凭证。

（2）根据记账凭证汇总编制记账凭证汇总表。

（3）根据记账凭证汇总登记总分类账。

（4）根据原始收付款凭证登记现金日记账和银行日记账。

（5）根据记账凭证及所附的原始凭证登记各明细分类账。

（6）月终，根据总分类账和各明细分类账编制会计报表。

记账凭证汇总表核算组织程序的特点是：先定期（5 天或 10 天）将所有记账凭证汇总编制成汇总表，然后再根据记账凭证汇总表登记总分类账。

记账凭证汇总表的编制方法是：根据一定时期的全部记账凭证，按照相同科目归类，定期（5 天或 10 天）汇总每一会计科目的借方本期发生额和贷方本期发生额，填写在记账凭证汇总表的相关栏内，以反映全部会计科目的借方本期发生额和贷方本期发生额。

5. 记账规则。

（1）记账需根据审核过的会计凭证。除按照会计核算要求进行转账时，用记账员写的转账说明及附件作记账依据外，其他记账凭证都必须以合法的原始凭证为依据。没有合法的凭证，不能登记账簿，且每张记账凭证必须由制单、复核、记账、会计主管分别签名，不得省略。

（2）登记账簿时用钢笔写（除了复写的以外，不得使用铅笔和圆珠笔）。

（3）记账凭证和账簿上的会计科目以及子、细目用全称，不得随意简化或使用代号。

（4）会计分录的科目对应关系，原则上一种经济事项分别或汇总编一套分录，不得将不同内容的多种经济事项合并编制一套分录。

（5）应随时登记明细账，定期登记总账，一般不超过 10 天。

（6）每一笔账必须记明日期、凭证号码和摘要，经济事项的摘要不能过分简略，以保证第三者能看清楚。每笔账记完后，在记账凭证上画"√"号。

（7）记账的文字和数字应端正、清楚，严禁刮擦、挖补或涂改，不得跳行隔页。应将空行或空画斜红线注销。

（8）记账发生错误，更正方法有：

①记账前发现记账凭证有错误，应先更正或重制记账凭证。记账凭证或账簿上的数字差错，应在错误的全部数字正中画红线，表示注销，并由经办人员加盖小图章后，将正确的数字写在应记的栏或行内。

②记账后发现记账凭证中会计科目、借贷方式或金额错误时，先用红字填制一套与原用科目、借贷方向和金额一样的记账凭证，以冲销原来的记录，然后重新填制正确的记账凭证，一并登记入账。如果会计科目和借贷方向正确，只是金额错误，也可另行填制记账凭证，增加或冲减相差的金额。更正后应在摘要中注明原记账凭证的日期和号码、注明更正的理由和依据。

③报出会计报表后发现记账差错时，如不需要变更原来报表的，可以填制正确的记账凭证，一并登记入账。如果会计科目和借贷方向正确，只是金额错误，更正程序同上。

（9）红字冲账除了用于更正的错误外，还可用于以下事项：

①经济业务完成后，发生退回或退出。

②经济业务计算错误而发生多付或多收。

③账户的借方或贷方发生额需要保持一个方向。

④其他必须冲销原记数字的事项。

（10）各账户在一张账页记满后接记次页时，需要加计发生额的账户，应将加计的借贷发生总额和结出的余额记在次页的第一行内，并在摘要栏注明"承前页"字样。

（11）月末、季末、年末，记完账后应办理结账，为了便于结转成本和编制会计报表，需要统计发生额的账户，应分别结出月份、季度和年度发生额，在摘要栏注明"本月合计"、"本季合计"和"本年合计"的字样，在月结、季结数字上端和下端均画单红线，在年结数字下端画双红线。合计的数字均不得用红字书写。也可对发生笔数不多的账户不作合计。应随时对不需要加计发生额的账户，结出余额，并在月份、季度余额下端画单红线，在年度余额下端画双红线。

（12）必须把总账和明细账于编制会计报表前记载齐全，试算平衡，每个科目的明细账里，各账户的数额相加总和同该科目的总账数额相符。不准先出报表，后补记账簿。

（13）年度更换新账时，需要结转上年度的余额，可直接过到新账各账户的第一行，并在摘要栏内注明"上年结转"字样。必要时，详细注明余额组成内容，在旧账的最后一行数字下面注明"结转下年"字样。结转以后的空白行格包括不结转余额的账户，画一条斜线注销或盖戳注销。

6. 对账

对账是为了保证账证相符，账账相符，账实相符。具体内容如下：

（1）账证核对：是指各种账簿（总账、明细分类账以及现金日记账和银行存款日记账等）的记录与会计凭证（记账凭证及其所附的原始凭证）的核对，这种核对主要是在日常编制凭证和记账过程中进行。月终如果发现账证不符，就应对账簿记录与会计凭证进行重新核对，以保证账证相符。

（2）账账核对每月一次，主要是总分类账各账户期末余额与各明细分类账账面余额相核对，现金、银行存款二级账与出纳的现金日记账、银行存款日记账相核对，会计部门各种财产物资明细类账期末余额与财产物资管理部门和使用部门的保管账相核对等。

（3）账实核对分两类：第一类现金日记账账面余额与现金实际库存数额相核对，银行存款日记账账面余额与开户银行对账单进行调节后相符，要求每月核对一次；第二类各种财产物资明细分类账账面余额与财产物资实有数额相核对。

7. 结账

结账是把一定时期内所发生的全部经济业务登记入账的基础上，计算并记录本期发生额和期末余额具体内容如下：

（1）在结账时，首先应将本期内所发生的经济业务记入有关账簿。

（2）本期内所有的转账业务，应编成记账凭证记入有关账簿，以调整账簿记录。

（3）在全部业务登记入账的基础上，应计算所有的科目本期发生额及期末余额，并且记录。

▲会计档案管理制度

第一条　为加强商场会计管理，特制定本管理办法。

第二条　会计档案包括：会计凭证、会计账簿、会计报告、查账报告、验资报告、财务会计制度以及与经营管理和投资者权益有关的其他重要文件，如合同、章程、董事会议等各种会计资料。

第三条　会计档案的保存。

财务部应有专人负责保存会计档案，定期将财务部归档的会计资料，按顺序立卷登记并有效保存。

会计档案的保管期限为两类：永久保存和定期保存。

会计档案保管期满需要销毁时，由会计档案管理人员提出销毁意见，经部门经理审查，总经理批准，报上级有关部门批准后执行。由会计档案管理人员编制会计档案销毁清册，销毁时应由审计部和财务部有关人员共同参加，并在销毁单上签名或盖章。

第四条　会计档案的借用。

财务人员因工作需要查阅会计档案时，必须按规定及时归还原处，若要查阅入库档案，必须办理相关借用手续。

商场各部门因公需要查阅会计档案时，必须经本部门领导批准证明，经财务经理同意，方能由档案管理人员接待查阅。

外单位人员因公需要查阅会计档案时，应持有单位介绍信，经财务经理同意后，方能由档案管理人员接待查阅，并由档案管理人员详细登记查阅人的工作单位、查阅日期、会计档案名称及查阅理由。

会计档案一般不得带出室外，如有特殊情况，需带出室外复制时，必须经财务部经理批准，并限期归还。

第五条　由于会计人员的变动或会计机构的改变等，会计档案需要转交时，必须办理交接手续，并由监交人、移交人、接收人签字或盖章。

▲表报管理办法

1. 本商场为求表报作业合乎时效，借以加速内部联系，特制定本办法。凡本商场的各项表报作业管理悉依本办法规定办理。

2. 本办法所称的表报系指为应管理上的需要所设置的表报，经总经理核准，并予正式编号后列入"表报目录"内。

3. 本商场的所有管理用的表报，除依使用单位别及作业程序依序编号外，并另依表报之内容性质划分为管制表报、应复表单、一般表单（不包括各单位自用之统计表格）三类。

4. 各类表报的区分如下：

（1）凡表报的右上角，加盖有"管"字的，属第一类的管制表报，即列入管制的表报。

（2）凡表报的右上角，加盖有"复"字者，属第二类的应复表单，即由收发单位列入追踪并待收文单位答复的表单。

（3）凡表报的右上角未加盖字样者，属第三类的一般表单，即第一、二类外并经正式编号列入"表报目录"的表单。

5. 各类表报的收发，统由总务部负责分别设置专册分类登记、追踪和管理。

6. 管制表报的收发一律限用本公司印制的"黄色信封"交专人登记统计

分发。

7. 管制表报依其应提报时区分为年报表、半年报表、月报表、旬报表、周报表、日报表。

8. 各部门对于管制表报的提报时间，除表上已载明应提报时间的之外，应按下列规定时间以挂号（或限时）邮寄总务部或派员送投总务部专设的收件箱，并由总务部负责登载其实际收文时间。

（1）年报表：依指定日期当天下午下班前，没有指定日期者则为每年年底当天下午下班前。

（2）半年报表：依指定日期当天下午下班前，没有指定日期者则为每年六月月底当天下午下班前。

（3）月报表：依指定日期当天下午下班前，没有指定日期者则为每月月底当天下午下班前。

（4）旬报表：每月的一、十一、二十一日下午下班前。

（5）周报表：除另有规定的指定日期外，均应于每周末下午下班前。

（6）日报表：除另有规定的指定日期外，均应于每日下午下班前。

9. 各直线单位每月应呈报的管制表报明细由总务部于月底前负责列表通知，并就其呈报情形列入评核。

10. 各直线单位其应呈报的管制表报，凡依规定时间提报者（分公司以寄发的当地邮戳时间为凭）各项表报分别依下列的得分规定按月由总务部根据其当月份的收文时间记录，分别核计月份单位表报提报的总得分，并依得分情形，分别编列名次呈报总经理核定后于每月 10 日前公布；凡连续两个月均列属最优的前三名者，则单位主管连同业务员均分别予以奖励，反之连续两个月均列属最差的后三名者，则单位主管连同业务员均应接受惩处。

（1）半年报、年报：每件 5 分，逾时 1 日不予给分，逾时 2 日扣 1 分、3 日扣 2 分、4 日扣 3 分、5 日扣 4 分、6 日扣 5 分。

（2）月报表：每件 3 分，逾时 1 日不予给分，逾时 2 日扣 1 分、3 日扣 2 分、4 日扣 3 分。

（3）旬报表：每件 2 分，逾时 1 日不予给分，逾时 2 日扣 1 分、3 日扣 2 分。

（4）周报表：每件 1 分，逾时 1 日不予给分，逾时 2 日扣 1 分。

（5）日报表：每件 0.5 分，逾时 1 日不予给分，逾时 2 日扣 0.5 分。

11. 管制表报的设置或印制一律应事先会签经营会议经理后始得印制；如遇

新增或内容有所修改时，应呈总经理核准后始得印制。

12. 凡遇表报新增或废除或内容修改时，各单位应自行参照公布或通知事项更替手存的表报目录，务使表报目录中的各表样张正确。

13. 各单位使用的表报如有告缺时，应以"表报请领单"向总务部请领补足。

14. 本办法由总务部呈总经理核准公布后实施，修订时同。

▲呆账管理办法

第一条　本商场为处理呆账，确保各项权益，特制定本办法。

第二条　本商场应对所有客户建立"客户信用卡"，并由业务代表依照过去半年内的销售实绩及信用的判断，拟定其信用限额（若有设立抵押的客户，以其抵押标的担保值为信用限额），经主管核准后，应转交会计人员善加保管，并填记于该客户的应收账款明细账中。

第三条　信用限额系指商场可赊销某客户的最高限额，即指客户的未到期票据及应收账款总和的最高极限。任何客户的未到期票款，不得超过信用限额，否则应由业务代表及业务主管、会计人员负责，并负所发生呆账的赔偿责任。

第四条　为适应市场，并配合客户的营业消长，每年分两次，可由业务代表呈请调整客户的信用限额，第一次为 6 月 30 日，第二次为 12 月 21 日，均经主管核准后，转交会计人员善加保管，并填记于该客户的应收账款明细账中。

视客户的临时变化，要求业务代表随时调整各客户的信用限额，但若因主管要求业务代表提高某客户信用限额所招致的呆账，其较原来核定为高的部分全数由主管负责赔偿。

第五条　业务代表所收受支票的发票人非客户本人时，应交客户以店章及签名背书，经下属单位主管核阅后交出纳，若因疏忽所招致的损失，则应由业务代表及下属单位主管各负 1/2 的赔偿责任。

第六条　各种票据应按记载日期提示，不得因客户的要求不予或迟延提示。

过期换票时，原票尽可能留待新票兑现后始返还票主。

第九条　下属单位收到退票资料后，倘退票支票为客户本人属发票人时，则下属单位主管应即督促业务代表于一周内收回票款。倘退票支票有背书人时，应即填写支票退票通知单，一联送背书人，一联存查，并进行催讨工作，若因违误所造成的损失，概由下属单位主管及业务代表共同负责。

第八条 各下属单位对催收票款的处理，在一个月内经催告仍无法达到催收目的，其金额在 20000 元以上者，应即将该案移送法务室依法追诉。

第九条 催收或经诉讼案件，有部分或全部票款未能收回者，应取具警察机关证明、邮局存证信函及债权凭证、法院和解笔录、申请调解的裁决凭证、破产宣告裁定等，其中的任何一种证件，送财务部做冲账准备。

第十条 没有核定信用限额或超过信用限额的销售而招致呆账，其无信用限额的交易金额，由业务代表负全数赔偿责任。而超过信用限额部分，若经会计或主管阻止者，全数由业务代表负责赔偿，若会计或主管未加阻止者，则业务代表赔偿 80%，会计及主管各赔偿 10%。

若超过信用限额达 20% 以上的呆账，除由业务代表负责赔偿外，下属单位主管则视情节轻重予以惩处。

第十一条 业务代表知情而未防止或有勾结行为者，以及开发没有合法营业场所或虚设行号的客户，不论信用限额多少，全数由业务代表负赔偿责任。

第十二条 设立未满半年的客户，其信用限额不得超过人民币 20000 元，如违反规定而发生呆账，由业务代表负责赔偿全额。

第十三条 下属单位业务主管，业务代表于其所负责的销售区域内，容许呆账率（即实际发生呆账金额除以全年销售净额的比率）设定为全年的 5‰。

第十四条 下属单位业务主管，业务代表其每年发生的呆账率超过容许呆账率的惩处如下：

1. 超过 15‰ 以上，即行调职，不发年终奖金。
2. 超过 12‰，未满 15‰，大过一次，减发年终奖金 50%。
3. 超过 10‰，未满 12‰，小过二次，减发年终奖金 40%。
4. 超过 8‰，未满 10‰，小过一次，减发年终奖金 30%。
5. 超过 6‰，未满 8‰，申诫一次，减发年终奖金 20%。
6. 超过 5‰，未满 6‰者，警告一次，减发年终奖金 10%。

若中途离职，于其任期中的呆账率达到上列的各项程度时，减发奖金的比例，以离职金计算。

第十五条 下属单位业务主管，业务代表其每年发生的呆账率低于 5‰时的奖励如下：

1. 低于 1‰，大功一次，加发年终奖金 50%。
2. 低于 2‰，高于 1‰，小功二次，加发年终奖金 40%。
3. 低于 3‰，高于 2‰，小功一次，加发年终奖金 30%。

4. 低于4‰，高于3‰，嘉奖二次，加发年终奖金20%。

5. 低于5‰（不包括5‰），高于4‰（包括4‰），嘉奖一次，加发年终奖金10%。

若中途离职，不予计算奖金。

第十六条　下属单位业务主管，业务代表以外人员的奖励，以该下属单位每年所发生的呆账率，低于容许呆账率时实行。内容如下：

1. 低于1‰，每人加发年终奖金25%。

2. 低于2‰，高于1‰，每人加发年终奖金20%。

3. 低于3‰，高于2‰，每人加发年终奖金15%。

4. 低于4‰，高于3‰，每人加发年终奖金10%。

5. 低于5‰（不包括5‰），高于4‰（包括4‰），每人加发年终奖金5%。

第十七条　下属单位因呆账催讨回收的票款，可作为其发生呆账金额的减项。

第十八条　法务室依第八条接受办理的呆账，依法催讨收回的票款减除诉讼过程的一切费用的余额，其承办人员可获得如下的奖金：

1. 在受理后6个月内催讨收回者，得20%的奖金。

2. 在受理后5年内催讨收回者，得10%的奖金。

第十九条　依第十条已提列坏账损失或已从呆账准备冲转的呆账，业务人员及稽核人员仍应视其必要性继续催收，收回的票款，由催收回者获得30%奖金。

第二十条　本办法的呆账赔偿款项，均在该负责人员的薪资中，自确定月份开始，逐月扣赔，每月的扣赔金额，由其主管签呈核准的金额为准。

▲账单的移交及对账制度

1. 账单移交时，应填写"账款移交清表"一式四份，移交人、接收人及核对人均应签名以示负责，其中两份寄交征信科及账款组，接收人接交时，除核对账单金额外，还应注意是否经过客户签认，千万不可私下移交。

2. 商场财务部随时对客户办理通信或实地对账，以确定业务人员手中账单的真实性。

3. 商场财务部定期3个月1次核对业务人员手中的账单，或不定期，抽查业务人员手中账单。

4. 商场业务部主管及主任随时核对业务人员手中的账单，并负督促收款工作及催收的责任。

▲问题账款管理办法

第一条 为妥善处理"问题账款",争取时效,维护本商场与营业人员的权益,特制定本办法。

第二条 本办法所称的"问题账款",系指本商场营业人员于销货过程中所发生被骗、收回票据无法如期兑现或部分货款未能如期收回等情况的案件。

第三条 因销货而发生的应收账款,自发票开立之日起,逾两个月尚未收回,亦未按商场规定办理销货退回者,视同"问题账款",但情况特殊经呈报总经理特准者除外。

第四条 "问题账款"发生后,该单位应于两日内,据实填妥"问题账款报告书"(见下表),并附有关证据、资料等,依顺序呈请单位主管查证并签注意见后,转请法务室协助处理。

问题账款报告书

年　月　日

基本资料栏	客户名称			
	地址		电话	
	负责人		洽办人	
	开始往来日期		交易项目	
	平均每月交易额		授信额度	
	问题账金额			
	(1) 发生原因: □客户倒闭 □拖延付款 □质量不良 □数量不符 □客户要求延后付款 □其他( ) (2) 经过情况: (3) 处理意见: (4) 附件名称:			

第五条 由单位会计人员填写"问题账款报告书"(以下简称报告书)上的基本资料栏,由营业人员填写经过情况、处理意见及附件明细等栏。

第六条 法务室应于收到报告书后两日内,与经办人及单位主管会商,了解情况后拟定处理办法,呈请总经理批示,并即协助经办人处理。

第七条 经指示后的报告书,法务室应即复印一份通知财务部备案,尚未开立发票的"问题账款"，则应另复印一份通知财务部备案。

第八条　经办人填写报告书，应注意：

1. 务必亲自据实填写，不得遗漏。

2. 发生原因栏如填"其他"时，应在括弧内简略注明原因。

3. 经过情况栏应按与客户接洽的时间先后，逐一载明至填报日期止的所有经过情况。

本栏空白若不能填写完整，可另加粘白纸填写。

4. 处理意见栏供经办人自己拟具赔偿意见用，如有需公司协助者，也请在本栏内填明。

第九条　没按第八条要求填写报告书者，法务室退回经办人，经办人应于收到原报告书两天内重新填写提出。

第十条　"问题账款"发生后，经办人没有按规定期限提出报告书，请求协助处理者，法务室不予受理。逾15天仍未提出者，该"问题账款"应由经办人负全额赔偿责任。

第十一条　商场会计人员未主动填写报告书的基本资料，或单位主管疏于督促经办人于规定期限内填妥并提出报告书，致经办人应负全额赔偿责任时，本商场主管或会计人员应连带受行政处分。

第十二条　"问题账款"处理期间，经办人及其部门主管应与法务室充分合作，必要时，法务室得借阅有关部门的账册、资料，并得请求有关部门主管或人员配合查证，该部门主管或人员不得拒绝或借故推脱。

第十三条　法务室协助营业部门处理的"问题账款"，自该"问题账款"发生之日起40天内，尚未能处理完毕，除情况特殊经报请总经理核准外，财务部应依第十四条的规定，签拟经办人应赔偿的金额及偿付方式，呈请总经理核定。

第十四条　营业员销售时，应负责收回全部货款，遇到收回票据未能如期兑现时，经办人应负责赔偿售价或损失的50%（所售对象为私人时，经办人员应负赔偿售价或损失的100%），但收回的票据，若非统一发票抬头客户正式背书而不能如期兑现或交货尚未收回货款，或不按商场规定、手续不全者，其经办人应负责赔偿售价或损失的80%。产品遗失时，经办人应负责赔偿底价100%（以上所称的售价如高于底价时，以底价计算）。上述赔偿应于发生后即行签报，若经办人于事后追回产品或货款时，应悉数缴回公司，再由公司就其原先赔偿的金额按比例发还。

第十五条　本办法各条文中所称"问题账款发生之日"如为票据未能兑现，

系指第一次收回票据的到期日，如为受骗则为受骗的当日，此外的原因，则为该笔交易发票开立之日起算第 60 天。

第十六条　经核定由经办人先行赔偿的"问题账款"，法务室仍应寻求一切可能的途径继续处理。若事后追回产品或货款时，应通知财务部于追回之日起 4 天内，按比率一次退还原经办人。

第十七条　法务室对"问题账款"的受理，以报告书的收受为依据，如情况紧急时，应由经办人先以口头提请法务室处理，但经办人应将报告书于次日补具。

第十八条　经办人没有据实填写报告书，以致妨碍"问题账款"的处理者，除应负全额赔偿责任外，法务室视情节轻重签请惩处。

第十九条　本办法经总经理核准后公布实施，修订时亦同。

▲商场账款管理办法

第一条　凡属商场销货或服务收入均应开立正式发票，并依序填入当天的"销货报告"或"服务收入报告"中，同时过入"人名别应收账款明细卡"中，不得漏开、短开或多开。

第二条　销货退回或重开发票时，均应将原开统一发票的收执联收回作废，并填制"销货退回通知单"，以赤字填入当天的"销货报告"或"服务收入报告"中列为减项，同时在备注栏中注明原开发票日期，并过入"人名别应收账款明细卡"中。

第三条　销货退回按国税局相关规定办理。

第四条　销货当天若未能收回账款时，交货人（送达发票者）应与客户约定收款日并将填妥的"发票签收单"交由商场会计员妥善保管，"发票签收单"应具备下列各要点：

1. 交货人（送达发票者）于"发票签收单"上签名。

2. 经办人（业绩归属者）于发票副联签名。

3. 填明约定收款日期及约定付款条件。

4. 客户正式盖章后由签收人签名。

第五条　每笔未收款均应附有"发票签收单"。若有销货当天未交出该签收单或缺少规定要件的记载等情况，商场会计人员应于次日上班早会前报由单位主管纠正，务必按规定办理，否则应由单位主管签名负责。

第六条　商场会计人员收回"发票签收单"后，应即将其"约定收款日"及"付款条件"逐笔登载于"人名别应收账款明细卡"的有关各栏中备查。

第七条　会计人员应将"发票签收单"按"约定收款日"的先后次序排列妥为保管。

第八条　凡账款约定收款日到达者，商场会计人员应主动转告账款归属人或请单位主管派员前往收取。如有客户要求延期付款的情况发生时，前往收款人应将重新更改约定收款日填明于"发票签收单"中，并将该单交回会计人员注销登记，及更改"人名别应收账款明细卡"上的记载。

第九条　凡应收账款其约定收款日不得超过1个月，若有超过此期限者，商场会计人员应报单位主管在签单上签字同意。

第十条　账款收回时，商场会计人员应即将其填入当天"出纳日报表"的"本日收款明细表"栏中，并过入"人名别应收账款明细卡"中，凭此销账及备查。

第十一条　收回现金者，应于当日或翌日上班时如数交会计人员入账，若有延迟缴回或调换票据缴回者，均依挪用公款论处；收回票据的开票人若非与发票抬头相同者，应经同一抬头客户正式背书，否则应责由收款人亲自在票据上背书，并注明客户名称备查，若经查明该票据非客户所交付者，即视同挪用公款论处。

第十二条　票据到期日距发票开立日期不得超过30天，超过30天以上者应由经办人填具"交货通知（请示）单"并依权责划分办法处理。凡账款以分期付款方式收回时应由经办人提出与客户所立的合同书，经单位主管呈报执行副总经理核准。

第十三条　凡销货退回或前开发票作废，又未取回原开发票收执联作废者，不得重开发票，唯经书面呈报总经理特准者除外。

第十四条　每月3日应详填"各员未收款明细表"（净额）两份，由经办人逐笔亲自签名承认未收，其约定收款日据发票开立日期，超过1个月以上者并应注明原因，填妥后一份寄总公司财务部查核，一份呈报单位主管加强催收。

第十五条　"营业员未收款明细表"总合计的金额应与月底当天的收款明细表的本日未收款余额的数字相符，逾期1个月及2个月以上，需将未收款明细表随同"营业员未收款明细表"一并呈报。

第十六条　凡遇客户恶性倒闭，或收回票据无法兑现，或未事先说明，而于收款时尾款不付等情况，均视同坏账处理。坏账的发生，除按外务人员待遇办法等规定的赔偿办法办理外，该笔交易的成交奖金不准发给，已发给者则应予追回。

第十七条　本办法由财务部呈总经理核准公布后实施，修订时亦同。

▲商场收银工作管理规程

商场销售服务管理的一个关键点就是收银工作。收银台是商场商品、现金的"闸门"，商品流出，现金流入都要经过收银台；收银台在短暂的收银结账服务中，集中体现了整个商场的服务形象，是商场服务的一个重要组成部分。因此，要加强对商场收银工作管理。

1. 商场收银工作流程

收银工作可针对每天、每周、每月来安排流程。

（1）每日工作流程

每日工作流程可分为营业前、营业中和营业结束后三个阶段作出安排。

营业前要做好营业准备工作，清洁、整理收银工作区；整理补充必备的物品，准备好零钱以备找零；检验收银机；了解当日促销品及促销活动事项；整理仪容、仪表，进行上岗仪式（或班前会）。

营业中收银员要招呼顾客；为顾客结账及商品装袋；配合促销活动的收银处理；顾客抱怨处理；对顾客适当引导；营业款缴纳；进行交接班。

营业结束后收银员还有工作要做。如整理各类发票及促销券；结算营业额；整理收银工作区卫生；关闭收银机并盖好防尘套；清洁、整理各类备用品；协助现场人员做好结束后的其他工作。

（2）每周工作流程

收银工作每周工作流程包括收银工作必备物品申领；更换特价宣传单；确定本周收银员轮班班次；兑换零钱；整理传送收银报表。

（3）每月工作流程

收银工作每月工作要做好安排。包括准备必备用品；整理汇总传送收银报表；收银机定期维修。

2. 商场收银员班次安排

收银人员班次要根据商场的营业时间、营业高峰、营业低峰、节假日，以及促销活动等作出安排，各种不同的业态商场营业时间不一样，班次安排也不一样。

（1）超市

超市一般营业时间为 7：30 ~ 22：00，可安排早班 7：30 ~ 15：30，晚班 15：30 ~ 22：30。

（2）便利店

便利店一般 24 小时营业，分为早中晚三班，早班 6：00 ~ 14：00，中班 14：00 ~ 22：00，晚班 22：00 ~ 6：00。

（3）收银人员排班表

确定了基本班次以后，还要根据营业情况确定每一班次的人数、具体人员、上班及休假日期等具体内容，然后按月或按周编制收银人员排班表。

3. 收银工作规定

（1）收银员作业守则

收银员不可随身携带现金；收银台不许放置私人物品；收银员当班时不可擅自离岗；收银员不许给亲戚朋友结账；收银员要注意周围动态，发生异常及时通知主管；收银员应熟知商场营业活动，以回答顾客咨询；收银员应使用规范的服务用语；收银员当班时不能做与工作无关的事。

（2）结账程序

收银员结账要准确、迅速、礼貌。

结账步骤是：欢迎顾客，商品登录，结算商品总金额并告知顾客，收取顾客现金，找钱给顾客，商品入袋，诚心感谢。

（3）装袋服务

根据政府限塑令的规定，任何商场对手提塑料袋均要有偿提供，因此，装袋服务需根据顾客意愿和塑料袋提供情况，尽量做到细心周到。

（4）购物折扣

收银员要明确购买优惠折扣商品的对象，供应优惠折扣商品的种类，要能识别优惠卡、证的种类。购物折扣作业要按照规定做好登记工作，以便核对。

（5）离开收银台

收银员需要离开收银台时，要先将"暂停结账"提示牌放置在明显位置，将现金锁进抽屉，计算机关闭，钥匙应随身携带，不可留在收银台，并向邻近收银员、营业员言明去向及回来时间，如还有顾客等候结账，不可立即离开收银台。

（6）收银工作支援

营业高峰时，为了让顾客以最短时间完成结账付款程序，可以加开收银机、增加收银员，也可以请其他店员支援，协助收银员招呼顾客，帮助装袋等，以缩短顾客等候时间。

（7）营业后整理

营业结束后，应将收银机关闭清洁，将抽屉里现金、购物券、单据上交，按规定办理。

（8）顾客要求兑换现金的原则

为了免于影响正常收银及欺诈，对于顾客以纸钞兑换纸钞的要求，应给予婉言拒绝，请顾客至服务台兑换零钱。

（9）退调商品的处理

退调商品的处理在服务台进行。顾客提出退调商品要求时，应先由特定人员依据商场的退调政策做合理的判断，并在特定地点进行，以免影响正常的结账服务。

（10）商场员工购物

商场员工不可在上班时间购物；员工购物时间需有统一的规定；在规定时间员工所购买的商品，其购物发票应加上收银员的签署，并请店内主管加签；员工退调商品必须按正常手续进行，不可私下自行调换。

（11）商品管理

凡是通过收银区的物品，都必须经过付款结账；收银员应有效控制商品的出入，防止厂商人员和商场内人员擅自将商品带出商场外；在卖场出入的厂商人员必须佩挂使用商场发给的证件。

（12）收银员每日收银工作评核

收银员结账服务的准确度，不仅关系到顾客的权益，还会影响商场的收入，所以每天要对收银误差进行评核，并定期对其工作表现进行考核。

4. 收银员待客要领

收银员待客应着重掌握仪容和态度两个方面。

（1）仪态要领

礼仪要领包括：整齐清洁的发型；适度的化妆；清洁的指甲和干净的双手；统一的制服及服务证佩挂；保持鞋子整洁光亮。女店员及男店员的仪容要求范例。

女店员仪容管理：

①头发：

染色是否自然？

是不是一般发型？

②眼睛：

眼部化妆是否太刺眼？

眼睫毛是否整齐？

③脸：

是不是浓妆或庸俗？

④耳朵：

是否将耳环拿下？

是否保持清洁？

⑤口：

口红是不是太浓艳？

有没有刷牙？

有无口臭？

⑥颈：

颈部四周是不是清洁？

⑦肩膀：

有无掉落的头发和头皮屑？

⑧手：

指甲有没有剪短？

有没有把手环拿下？

是不是保持清洁？

⑨衬衫：

是否洗烫过？

⑩口袋：

有无携带便条、文具和手帕？

⑪裤子：

是否洗烫过？

裤线是不是笔挺？

⑫围裙：

有没有洗烫？

有没有佩挂服务证？

有无脱线或破绽？

⑬鞋子：

是否干净光亮？

后跟是否太高？

有无污垢？

男店员仪容管理：

①头发：

有无头皮屑？

有没有梳整齐？

②耳朵：

是否清洗干净？

③口：

有没有刷牙？

有无口臭？

④手：

指甲有没有剪？

指甲里有没有污垢？

有没有洗手？

⑤衬衫：

是否保持干净？

颜色是否太刺眼？

⑥围裙：

是否清洁烫过？

有没有佩挂服务证？

⑦口袋：

有无便条、文具用品？

有没有手帕？

⑧裤子：

是否清洁？

裤线是否保持笔挺？

⑨鞋子：

是否完好光亮？

后跟是否太高？

（2）避免引起纠纷的状态用语及应对之道

由于顾客需求的多样性和复杂性，难免会有难以满足的情况出现，使顾客产生抱怨，而这种抱怨又常会在付账时向收银员发出。因此，收银员应熟练掌握一些应对的策略。

①当询问顾客时，应说："您是什么意思呢？"

②要希望顾客接纳自己的意见时，应说："实在是很抱歉，请问您……"

③暂时离开收银台时，应说："请您稍等一下。"

④重新回到收银台时，应说："真对不起，让您久等了。"

⑤提供意见让顾客决定时，应说："若是您喜欢的话，请您……"

⑥自己疏忽或没有解决办法时，应说："真抱歉。"

⑦不知如何回答顾客询问时，不可以说"不知道"，应回答"对不起，请您等一下，我请店长来为您解说。"

⑧有多位顾客等待结账，而最后一位表示只买一样东西且有急事待办时，对第一位顾客应有礼貌地说："对不起，能不能先让这位只买一件商品的先生（小姐）先结账，他好像很急的样子。"

⑨遇到顾客抱怨时，仔细聆听顾客的意见并予以记录，如果问题严重，不要立即下结论，而应请主管出面向顾客解释，其用语为："是的，我明白您的意思，我会将您的建议呈报店长并尽快改善。"

⑩当顾客询问特价商品情况时，先应口述数种特价品，同时拿宣传单给顾客，并告诉顾客："这里有详细的内容，请您慢慢参考选购。"

⑪当顾客买不到商品时，应向顾客致歉，并给予建议，其用语为："对不起，现在刚好缺货，为了避免让您白跑一趟，您要不要先买别的牌子试一试？"或"您要不要留下电话和名字，等新货到时立刻通知您？"

⑫顾客询问商品是否新鲜时，应以肯定、确认的态度告诉顾客："一定新鲜，如果买回去不满意，欢迎您拿来退钱或换货。"

⑬顾客要求包装礼品时，应告诉顾客（微笑）："请您先在收银台结账，再麻烦您到前面的服务台（同时打手势，手心朝上），有专人为您包装。"

⑭在店门口遇到购买了本店商品的顾客时，应礼貌地说"谢谢您，欢迎再次光临。"（面对顾客点头示意）。

⑮收银空闲而顾客又不知要到何处结账时，应该说："欢迎光临，请您到这里来结账好吗？"（以手势指示结账台，并轻轻点头示意）。

（3）收银员怠慢顾客的种种表现

①收银员互相聊天、嬉笑，当顾客走近时也不加理会。

②埋头操作收银机，不说一句话，脸上没有任何表情。

③为顾客做装袋服务时，将属性不同的各类商品混放在同一购物袋内，或者将商品丢入袋中。

④未用双手将零钱及发票交给顾客，而且直接放在收银台上。

⑤当顾客询问时，只告诉对方"等一下"，即离开不知去向。

⑥当顾客在收银台等候结账时，收银员突然告诉顾客："这台收银机不结账了，请到别的收银台去"，即关机离开，让顾客重新排队等候结账。

⑦在顾客面前批评或取笑其他顾客。

⑧当顾客有疑虑或提出询问时，讲不该讲的话，如"不知道"，"不知道，你去问别人"，"卖光了"，"没有了"，"货架上看不到就没有了嘛"，"你自己再去找找看"，"那你想怎么样"等。

5. 现金管理作业及应注意事项

商场的现金管理按区域来划分，包括前台的收银过程现金管理以及后台的金库管理。收银过程现金管理的目标是保持现金日报表上的短溢值为"零"，但在实际操作中很难做到短溢值为零，所以通常可以确定一个控制标准，收银差错率一般可控制在万分之四以内。其管理重点是：备用金管理、现金收付管理、交接班管理、营业收入管理。

（1）备用金管理

为应付找零及零星兑换之需，每天开始营业前，各台收银机必须在开机前将备用金准备妥当，并铺在收银机的现金盘内。应注意的问题是：

①备用金应包括各种面值的纸钞及硬币，其数额可根据营业状况来决定，每台收银机每日的备用金数额应相同。

②收银员应随时检查备用金是否足够，以便及时兑换。

③备用金不足时，切勿大声喊叫，也不能与其他的收银台互换，可利用铃钟或广播的方式请相关主管进行兑换。

④执行备用金兑换工作时，应填写"兑换表"，并由指定人员进行。

（2）现金收付管理

收银员既负责售货收款，也负责找钱，所以收银员负有现金收付管理的职责。应注意的问题是：

①收受顾客现金时，需口述"收您××元，找您××元，请您点收，

谢谢。"

②要注意辨识钞票的真伪。

③当顾客使用非现金的支付工具（如礼券、提货券、现金抵用券、中奖券等，可称为准现金）时，应确认是否有效及使用方式（如是否可找零、是否可分次使用、是否需开立发票等）。

④收受准现金之后，应立即使其作废，例如，签上收银员的姓名，或盖上标识作废的印章，并放入收银机收银柜台的指定位置。

（3）交接班现金管理

为了分清各班次收银员的现金管理的责任，交接班时应注意以下三点：

①交班前应将备用钱备妥，并将有关报表填妥。

②交接班时应相互清点现金，清点完毕后由接班人员按收银机责任键。

③交班人员清点当班实收现金，超过规定限额部分应填写投库记录表，并将现金上交。

（4）营业收入管理

①每天除了在收银员交接班、打烊时做时段营业收入结算外，还必须选择一个固定时间做单日营业总结算。总结算时间的选择应避开营业高峰，并配合金融机构的营业时间，例如，每日下午3点，从收银机结出单日营业总结算的账条，此账条代表昨日3点至今日3点的单日营业总金额。3点以后再重新累计营业收入。

②单日营业结算后，应填写"每日营业结算明细表"。

③所得营业收入应在固定时间存入银行。存款事务应由指定人员负责，并妥善安排好存款日期、时间及路线等，以免途中发生意外事故。

6. 收银工作错误处理

收银员在作业过程中难免会有错误发生，对此，一是要及时发现，二是要及时更正，三是要做好事后的检查工作。

（1）收银错误发生的原因

收银发生错误，既有收银员方面的原因，如多打或少打价钱，导致结账发生错误，以及现金收付发生错误；也有顾客方面的原因，如顾客携带现金不足，顾客临时退货等。

（2）结账发生错误时的处理

结账发生错误时，不论顾客对错，都必须预先致歉，并立即更正；如商品价格多打，且购物小条尚未打出，可询问顾客是否还要购买其他商品，如顾客不需要添购其他商品，则应将购物小条作废重新打单；如购物小条已经打出，应该将错打的购物小条收回，并重新打单；礼貌地请顾客在作废购物小条上签字，填妥作废购物小条记录本，并及时通知相关主管签名作证；如顾客携带现金不足，可建议顾客放弃部分商品，已打印出的购物小条应收回作废，并重新打印；如顾客决定不买要求退货时，仍须保持热情的工作态度。

（3）现金收付发生错误时的处理

收银员下班之前必须先核对收银机内的现金、准现金和当日中间收款（营业过程解缴金库的款项）的数量与收银机结出的应收数额是否一致。若发生收付差错，应分析原因，并由收银员写出报告书。当收付差错超过规定限额时，无论亏损还是盈余，收银员都应承担相应的经济责任。

（4）作废单据处理

作废单据应及时登记在作废单据记录本上，其格式应为一式两联，其中一联随同作废单据转入会计部门或其他相关部门，另一联由收银部门自己留存。

若作废的单据遗失，即不能办理单据作废，应视同收银短缺，由收银员自行负责；所有作废单据应在营业总结账之前办理妥当，不可在结账后才补办；若同一笔交易有多张单据，只有其中一张发生错误时，也应将所有单据一并收回，再重新打单。

7. 检查收银工作

为了做好收银工作，一是建立规范标准及制度，二是提高收银员的素质，三是加强检查工作。收银检查工作的内容主要有以下几点：

（1）收银台的抽查

为了检查收银员的工作表现，有关人员（专业检查人员、店长或值班长等）每天应不固定时间随机抽查收银台，内容包括：

①实收金额与应收金额是否相符。

②折扣总金额与折扣记录单的记录金额是否相符。

③检查收银机内各项密码及程序的设定是否有更动。

④检查每个收银台的必备物品是否齐全。

⑤收银员的礼仪服务是否良好。

⑥是否遵守收银员工作规则。

（2）清点金库现金

清点金库内所有现金及准现金的总金额与金库现金收支登录的总金额是否相等。

（3）检查每日营业结算明细表的正确性

每日营业结算明细表是各项财务资料计算以及日后营业方向确定的重要依据，这份表必须定时、连续、正确地登记。

（4）加强检查

检核前台"中间收款"与后台"金库收支"是不是相符，以及每次执行中间收款工作时是否如实填入表中，检查相关主管对现金收支的处理是否诚实。

▲收取票据须知

1. 支票应有以下记载：确定的金额、出票人签章、出票日期、付款人名称，均应齐全。大写金额绝对不可更改，否则盖章仍属无效，其他有更改的地方，务必加盖负责人印章。

2. 在支票的抬头请写上"××商场"全称。

3. 跨年度时，日期易生笔误，应特别注意。

4. 字迹模糊不清时，应予退回重新开立。

5. 收取客票时，应请客户背书，并且写上"背书人××商场"，千万不可代客户签名背书。

6. "禁止背书转让"字样的客票，一律不予收取。

7. 收取客户客票大于应收账款时，不以现金或其他客户的款项找钱。

▲问题客户的处理制度

1. 业务人员在访问客户或退票洽收时，如发现客户有异常现象时，应填写"问题客户报告单"，并建议采取措施，或视情况填写"坏账申请书"呈请批准，由征信科追踪处理。

2. 业务人员因疏于访问，未能明了客户的情况变化，未填写"问题客户报告单"通知商场，致商场蒙受损失时，业务人员应负责赔偿该项损失25%以上的金额。

（注：疏于访问指未依商场规定的次数，按期访问客户者。）

3. 为掌握商场全体客户的信用状况及来往情况，业务人员对于所有的逾期应收账款，均应将未收款的理由详细陈述于账龄分析表的备注栏上，以供商场参考，否则此类账款将来因故无法收回形成呆账时，业务人员应负责赔偿25%以上的金额。

第二节　商场超市财务管理表格

▲工资标准表

工资标准表

职　称	职位等级	基本工资	职务补贴	技术补贴	特殊补贴
总经理					
副总经理					
经理 总经济师					
副经理 总经理助理					
科长 主任 经理助理					
副科长 副主任					
组长 管理员					
办事员 副组长 班长					
助理员 代理班长					

▲职员工资级别表

职员工资级别表

职位等级	等差	薪　给									级　差		
		第1级	第2级	第3级	第4级	第5级	第6级	第7级	第8级	第9级	1～3级	4～6级	7～9级

注：本表按职位不同将工资分为9级，对员工的工资能一目了然。9级工资能更有效地激励员工努力地工作。设置每级之间工资额的差距是本表能否达到其效果的关键。

▲新员工工资核定表

新员工工资核定表

年　月　日　　　　　　编号

工作部门		职别		
姓名		进商场日期	年　月　日	
学历				
工作经验				
能力说明				
要求待遇		商场标准		
核定工资		生效日期		
批示		部门主管		人事经办	

注：本表由商场主管部门按照新员工的学历和工作经验核定其工资。

▲员工薪金计算表

员工薪金计算表

单位：　　　　　　　　　　　　　　　　　　　　　年　　月　　日

	职等								小计
	职位								
	姓名								
应发金额	本薪								
	主管补贴								
	交通补贴								
	外调补贴								
	全勤奖金								
	绩效奖金								
	应付薪资								
	劳保费								
	伙食补贴								
扣项金额	养老保险								
	失业保险								
	医疗保险								
	住房公积金								
	个人所得税								
	实发金额								
	签　章								

核准：　　　　　　　　主管：　　　　　　　　制表：

第四章　商场超市商品、采购管理制度与表格

第一节　商场超市商品、采购管理制度

▲商场采购部门的职能

1. 负责分析商品市场品质、价格等行情。
2. 寻找商品供应来源，对每项商品的供货渠道加以调查和掌握。
3. 与供应商洽谈，建立供应商的资料。
4. 要求报价，进行议价，有能力可进行估价，并做出比较。
5. 采购所需的商品。
6. 查证进场商品的数量与品质。
7. 依采购合同或协议控制协调交货期。
8. 对供应商的商品价格、品质、交期、交量等做出评估。
9. 掌握商场主要商品的市场价格起伏状况，了解市场走势，加以分析并控制成本。

▲商场采购员管理制度

1. 采购人员的职业道德及行为规范。

采购人员必须具备良好的商业道德和个人品质；具有良好的个人心智素质；有一定的专业理论知识和实际经验；熟识商品采购管理的程序、规章制度及有关法规；具有较强的鉴别商品的能力。

采购人员的职业道德及行为规范应包括以下几个方面：

（1）要以商场利益为上，不泄露商场秘密，不断努力充实自己，不做违法、

违规的事情。

（2）对供货商不存偏见，应一视同仁；处理采购业务时应对事不对人；在可能范围内协助供货商及获得供货商的配合与信任（助人助己）；不接受供货商的礼物；设法取得供货商的敬重。

（3）与商场内有关部门建立良好的关系，保持与同事之间的良好关系；不受权力胁迫而影响公正判断。

（4）与他人保持对等地位，不亢不卑；尽力而为，以求心安；非必要不与他人做无谓的争辩。

（5）遵守国家法规。

（6）遵守行业规则。

（7）树立"采购为销售服务"的观念，主动了解商品的销售状况。

2. 采购员应具备的条件。

采购员应具备三个方面的条件：

（1）需要有强烈的责任感，事业心；良好的职业道德；遵纪守法，廉洁奉公。

（2）需要机敏、多谋、善于交际，富有想象力和说服能力，有进取精神、自我推动力、直觉判断力等特征。

（3）需要有较深厚的商品知识，同类产品不同品牌、产地、质量和价格的特征，与本商场目标市场的适应性；有经济核算知识，熟悉商品成本构成，采购数量、时间、结算方式等对利润的影响；有政策法规知识，熟知合同签订的知识与技巧，防止签约失误造成损失；有市场预测知识与能力，掌握商品的产销规律；有谈判知识与能力。

3. 采购员培训。

对采购员的培训应包括以下内容：

（1）商店的发展历史，战略目标；

（2）商店的目标市场；

（3）商店经营的商品范围；

（4）商品采购与销售的关系；

（5）各种商品的货源渠道；

（6）商品鉴别的知识与技术；

（7）与供应商谈判的知识与技巧；

（8）有关的政策法律知识等。

对采购人员的培训，需要拟订培训计划，制定训练目标和训练方法。

4. 采购员绩效评估。

评估标准应包括以下几点：

（1）采购商品的数量或进货额；

（2）采购商品的适销状况；

（3）采购费用节省和创造利润状况；

（4）与供应商关系保持程度；

（5）新开辟的货源渠道及状况等。

考核可以通过横向和纵向比较以及定量分析等方法，确认采购员一段时间内的工作完成状况。

▲商品采购合同的管理

一、商场采购合同的内容

商场采购合同的条款构成了采购合同的内容，应当在力求具体明确，便于执行，避免不必要纠纷的前提下，具备以下主要条款：

1. 商品的品种、规格和数量

商品的品种应具体，避免使用综合品名；商品的规格应具体规定颜色、式样、尺码和牌号等；商品的数量应按国家统一的计量单位标出，并附上商品品种、规格、数量明细表。

2. 商品的质量和包装

合同中应规定商品所应符合的质量标准，注明是国家或部颁标准；无国家和部颁标准的应由双方协商凭样订（交）货；对于副、次品应规定出一定的比例，并注明其标准；对实行保换、保修、保退办法的商品，应写明具体条款；对商品包装的办法，使用的包装材料，包装式样、规格、体积、重量、标志及包装物的处理等，均应有详细规定。

3. 商品的价格和结算方式

合同中对商品的价格要做具体的规定，规定作价的办法和变价处理等，以及规定对副品、次品的扣价办法；规定结算方式和结算程序。

4. 交货期限、地点和发送方式。

交（提）货期限（日期）要按照有关规定，并考虑双方的实际情况、商品特点和交通运输条件等确定。同时，应明确商品的发送方式是送货、代运，还是自提。

5. 商品验收办法

合同中要具体规定在数量上验收和在质量上验收商品的办法、期限和地点。

6. 违约责任

签约一方不履行合同，必将影响另一方经济活动的进行，因此违约方应负物质责任，赔偿对方遭受的损失。在签订合同时，应明确规定，供应者有以下三种情况时应付违约金或赔偿金。

（1）不按合同规定的商品数量、品种、规格供应商品；

（2）不按合同中规定的商品质量标准交货；

（3）逾期发送商品。购买者有逾期结算货款或提货，临时更改到货地点等，应付违约金或赔偿金。

7. 合同的变更和解除条件

合同中应规定，在什么情况下可变更或解除合同，什么情况下不可变更或解除合同，通过什么手续来变更或解除合同等。

此外，采购合同应视实际情况，增加若干具体的补充规定，使签订的合同更切实际，行之有效。

二、采购合同的签订

1. 签订采购合同的原则

（1）合同的当事人必须具备法人资格。这里所指的法人，是有一定的组织机构和独立支配财产，能够独立从事商品流通活动或其他经济活动，享有权利和承担义务，依照法定程序成立的企业。

（2）合同必须合法。也就是必须遵照国家的法律、法令、方针和政策签订合同，其内容和手续应符合有关合同管理的具体条例和实施细则的规定。

（3）签订合同必须坚持平等互利，充分协商的原则。

（4）签订合同必须坚持等价有偿的原则。

（5）当事人应当以自己的名义签订经济合同。委托别人代签，必须要有委托证明。

（6）采购合同应当采用书面形式。

2. 签订采购合同的程序

签订合同的程序是指合同当事人对合同的内容进行协商，取得一致意见，并签署书面协议的过程。一般有以下五个步骤：

（1）订约提议。

订约提议是指当事人一方向对方提出的订立合同的要求或建议，也称要约。

订约提议应提出订立合同所必须具备的主要条款和希望对方答复的期限等，以供对方考虑是否订立合同。提议人在答复期限内不得拒绝承诺，即提议人在答复期限内受自己提议的约束。

（2）接受提议。

接受提议是指提议被对方接受，双方对合同的主要内容表示同意，经过双方签署书面契约，合同即可成立，也叫承诺。承诺不能附带任何条件，如果附带其他条件，应认为是拒绝要约，而提出新的要约。新的要约提出后，原要约人变成接受新的要约的人，而原承诺人成了新的要约人。实践中签订合同的双方当事人，就合同的内容反复协商的过程，就是要约—新的要约—再要约……直到承诺的过程。

（3）填写合同文本。

（4）履行签约手续。

（5）报请签证机关签证，或报请公证机关公证。

有的经济合同，法律规定还应获得主管部门的批准或工商行政管理部门的签证。对没有法律规定必须签证的合同，双方可以协商决定，是否签证或公证。

三、商场采购合同的管理

采购合同的管理应当做好以下几方面的工作：

1. 加强商场采购合同签订的管理

加强对采购合同签订的管理，一是要对签订合同的准备工作加强管理，在签订合同之前，应当认真研究市场需要和货源情况，掌握商场的经营情况、库存情况和合同对方单位的情况，依据商场的购销任务收集各方面的信息，为签订合同、确定合同条款提供信息依据。二是要对签订合同过程加强管理，在签订合同时，要按照有关的合同法规规定的要求，严格审查，使签订的合同合理合法。

2. 建立合同管理机构和管理制度，以保证合同的履行

商场应当设置专门机构或专职人员，建立合同登记、汇报检查制度，以统一保管合同、统一监督和检查合同的执行情况，及时发现问题，采取措施，处理违约，提出索赔，解决纠纷，保证合同的履行。同时，可以加强与合同对方的联系，密切双方的协作，以利于合同的实现。

3. 处理好合同纠纷

当商场的经济合同发生纠纷时，双方当事人可协商解决。协商不成时，商场可以向法院起诉。

4. 信守合同，树立商场良好形象

合同的履行情况好坏，不仅关系到商场经营活动的顺利进行，而且也关系到商场的声誉和形象。因此，加强合同管理，有利于树立良好的商场形象。

▲商品保管的基本要求

1. 严格验收入库商品

首先要严格验收入库商品，弄清商品及其包装的质量状况，防止商品在储存期间发生各种不应有的变化。对吸湿性商品要检测其含水量是否超过安全标准，对其他有异常情况的商品要查清原因，针对具体情况进行处理和采取救治措施，做到防微杜渐。

2. 适当安排储存场所

由于不同商品性能不同，对保管条件的要求也不同。性能相互抵触或易串味的商品不能在同一库房混存，以免相互产生不良影响。尤其对于化学危险物品，要严格按照有关部门的规定，分区分类安排储存地点。

3. 妥善进行堆码苫垫

地面潮气对商品质量影响很大，要切实做好货垛下垫隔潮工作，存放在货场的商品，货区四周要有排水沟，以防积水流入垛下；货垛周围要遮盖严密，以防雨淋日晒。应根据各种商品的性能和包装材料，确定货垛的垛形与高度，并结合季节气候等情况妥善堆码。含水率较高的易霉商品，热天应码通风垛；容易渗漏的商品，应码间隔式的行列垛。

除此之外，库内商品堆码留出适当的距离。

顶距，平顶楼库顶距为 50 厘米以上，人字形屋顶以不超过横梁为准；灯距，照明灯要安装防爆灯，灯头与商品的平行距离不少于 50 厘米；墙距，外墙 50 厘米，内墙 30 厘米；柱距，一般留 10～20 厘米；垛距，通常留 10 厘米。对易燃商品还应留出适当的防火距离。

4. 控制好仓库温湿度

仓库的温湿度，对商品质量变化的影响极大。各种商品由于其本身特性，对温湿度一般都有一定的适应范围，超过规定的范围，商品质量就会发生不同程度的变化。因此，应根据库存商品的性能要求，适时采取密封、通风、吸潮和其他控制与调节温湿度的办法，力求把仓库温湿度保持在适应商品储存的范围内，以维护商品质量安全。

5. 认真对商品进行在库检查

做好商品在库检查，对维护商品安全具有重要作用。库存商品质量发生变化，如不能及时发现并采取措施进行救治，就会造成或扩大损失。因此，对库存商品的质量情况，应进行定期或不定期的检查。

6. 保持好仓库清洁卫生

储存环境不清洁，易引起微生物、虫类滋生繁殖，危害商品。因此，对仓库内外环境应经常清扫，彻底铲除仓库周围的杂草、垃圾等，必要时使用药剂杀灭微生物和潜伏的害虫。对容易遭受虫蛀、鼠咬的商品，要根据商品性能和虫、鼠生活习性及危害途径，及时采取有效的防治措施。

▲商品在库保管制度

商品进入仓库后，都要经过或长或短的保管期。保管期间，要求做到储存安全、质量完好、数量准确、管理井然有序。

1. 贯彻"安全、方便、节约"原则

安全，是指确保商品的安全，使商品在保管期间不变质、不破损、不丢失。方便，是指方便商品的进出库工作，提高劳动效率。节约，即尽可能节约保管费用。

2. 科学堆码、合理利用仓容

科学堆码、合理利用仓容就是在贯彻"安全、方便、节约"原则的基础上，根据商品性能、数量和包装形状，以及仓库条件、季节变化的要求，采取适当的方式方法，将商品堆放得稳固、整齐，留出适当的墙距、垛距、顶距、灯距和通道，充分利用仓库的空间。根据商品的包装条件和包装形状，商场在库商品的堆码方法通常有三种，即散堆法、垛堆法和货架堆码法。

3. 分区分类、货位编号

分区分类、货位编号就是根据商品的自然属性和仓库设备条件，将商品分为类，仓库分区，按货区分列货位，并进行顺序编号，再按号固定商品的存放地点。对在库商品分区分类管理时，要注意不要把危险品和一般商品、有毒商品和食品、互相易串味的商品、理化性能互相抵触的商品放在一起，以防影响商品质量。

4. 定期盘点核对

商品盘点是财产清查的一项重要内容，也是进行商品管理的重要手段。通过商品盘点，可以掌握库存商品的具体品种和数量；可以保证账实相符；可以检查商品库存结构是否合理；还可以检查商品库存定额以及商品保本保利储存期的执行情况。为了方便商品的盘点，必须对库存商品建立保管账卡，并对商品出入库及库存情况做好记录。商品盘点除按规定于每月末定期进行外，还可根据商品的堆垛，采取售完一批清理一批的办法，并在必要时突击抽查有关柜组。商品盘点前，应注意做好必要的准备工作。将未验收、代管、代购、代销的商品与自有商品分开；将已验收的商品全部记入保管账；校正度量衡器；对商品分别归类。商品的实地盘点，一般先清点现金和票证，后清点商品。清点商品时，为防止出现重盘或漏盘现象，应采取移位盘点法，划清已盘商品和未盘商品的界限，并认真填制"商品盘点表"，做好商品盘点记录。商品清点结束后，除做好商品整理外，还要及时计算实存金额，核实库存，上报处理长短商品及发现的有关问题。

5．加强商品养护

商品养护，是指商品在储存过程中的保养维护工作。加强商品养护，可以维护商品的使用价值，保持商品质量的完好。商品质量是由商品质的自然属性决定的，而这些自然属性，又往往在日光、温湿度等外界因素的作用下发生变化。因此，商品养护工作应在"以防为主，防治结合"方针的指导下，在充分了解商品特性，研究影响商品质量变化的因素，掌握商品质量变化规律的基础上来进行。

▲商品价格管理制度

1．定价策略

（1）商场的定价权限

①对实行国家指导价的商品和收费项目，应按照有关规定制定商品价格和收费标准。

②制定实行市场调节的商品价格的标准。

③对经济部门鉴定确认，物价部门批准实行优质加价的商品，在规定的加价幅度内制定商品价格，按照规定权限确定残、损、废、次商品的处理价格。

④在国家规定期限内制定新产品的试销价格。

在定价过程中，要考虑下列因素：

A．国家的方针政策。

B．商品价值大小。

C. 市场供求变化。

D. 货币价值变化等。

（2）商品价格管理

根据国家规定，商场在价格方面应履行如下义务：

①严格遵照执行国家的价格方针、政策和法规，执行国家定价、国家指导价。

②如实上报实行国家定价、国家指导价的商品和收费项目的有关定价资料。

③服从物价部门的价格管理，接受价格监督检查，如实提供价格检查所必需的成本、账簿等有关资料。

④严格执行物价部门规定的商品价格和收费标准的申报、备案制度。

⑤商场必须按照规定明码标价。

（3）物价管理的基本制度

①明码标价制度。

实行明码标价制度，便于顾客挑选商品。明码标价，要做到一货一签，标签美观，字迹清楚。标签的内容要完整，标签的颜色要醒目有别。对标签要加强管理，标签的填写、更换、销毁都应由专职或兼职物价员负责，标签上没有物价员名章无效。对于失落、错放、看不清的标签要及时纠正、更换。

②价格通知制度。

价格通知是商场物价管理的重要环节，要认真抓好。

价格通知制度就是将主管部门批准的价格用通知单的形式，通知各个执行价格的单位，包括新经营商品的价格通知、价格调整通知和错价更正通知。价格通知单是传达各种商品价格信息的工具，直接关系到价格的准确性，也关系到价格的机密性。

③物价工作联系制度。

物价工作联系制度就是制定和调整商品价格时，同有关单位和地区互通情况、交流经验、加强协作、及时交换价格资料的制度。

④价格登记制度。

价格登记就是把本商场经营的全部商品的价格进行系统的记录，建立价格登记簿和物价卡片。价格登记，是检查物价的依据，所以要及时、准确、完整，便于长期保存。在登记簿和卡片上应写明下列内容：商品编号、商品名称、产地、规格、牌号、计价单位、进货价格、批发价格、批零差率、地区差率、定价和调价日期、批准单位等。

⑤物价监督和检查制度。

物价监督包括国家监督、社会监督和单位内部监督三种基本形式。

国家监督，是指通过各级物价机构、银行、财政、工商行政和税务部门从各个侧面对物价进行监督。社会监督就是群众团体、人民代表、消费者以社会舆论对物价进行监督。单位内部监督就是商场内部在价格联系中互相监督。

物价检查，一般是指物价检查部门或物价专业人员定期或不定期地开展审价和调价工作。

2. 物价管理权限

（1）严格贯彻执行党和国家有关物价的方针、政策，负责组织学习培训、加强物价纪律教育，不断提高员工的政策观念、业务水平和依法经商的自觉性。

（2）认真正确执行商品价格，按照物价管理权限，制定审批商品或服务收费的价格，检查、监督基层物价管理工作的执行情况，发现价格差错，及时纠正，情节严重的予以经济处罚。

（3）认真做好物价统计工作，搞好重点商品价格信息的积累，建立商品价格信息资料，分析市场价格变化情况，开展调查研究。

（4）对重点商品和招商（引厂进场、店）商品的价格，实行宏观控制，限定综合差率，审批价格。

（5）凡新上岗的物价员，审批价格由市场经营部负责。半年后视工作情况，下放审批价格权。

（6）按照权限审批处理价格：

凡处理残损商品，损失金额不超过 500 元的（一种商品），由各专业商场主管经理审批，交市场经营部备案。

凡处理残损商品，损失金额在 500 元~3000 元之间的（一种商品），由市场经营部主管部长审批。

凡处理残损商品，损失金额超过 3000 元的（一种商品）由商场主管副总经理审批。

处理商品。对超过保本保利期，确属需要削价处理的商品，每月月底，由物价员会同有关人员提出处理价格，处理价格不低于商品进价的，由各商场主管业务经理负责审批，交市场经营部备案；处理价格低于商品进价的，上报市场经营部，由市场经营部主管部长视全商场经营情况酌情审批；对一种商品降低金额超过 5000 元的必须上报商场总经理审批。

3. 物价管理的基本要求

（1）商场所经营的商品（包括代销，展销商品）都要使用商品编号。

（2）凡商品定价要按有关规定执行。

（3）制作物价台账。

（4）商品的价格调整，必须以上级供货单位下达的调价通知单为依据。

（5）凡柜台出售的商品和服务收费标准都必须实行明码标价制度，并使用统一商品标价签。在商品同部位设置商品标价签，要做到"一货一签"、"货签对位"。

（6）价格检查：商品的零售价格，以及服务收费标准（包括生产配件、加工费率、毛利率、产品质量等）是否正确。

（7）价格信息反馈和物价纪律分工管理权限。

▲商品陈列管理办法

为保持商场内商品陈列的美观、庄重，方便顾客选购，特制定此管理办法。

1. 柜台、货架定位

（1）营业大厅内各商场柜组的分布位置，由商场经营部会同有关部门进行统一规划，标位安排。商场的营业面积一经确立，应保持相对稳定不变。

（2）由于季节变化或销售原因，商场需调整货位，必须向经营部及保卫部门提出申请。报经营部备案，会同保卫部门进行。

（3）柜台、货架、陈列架，实行定位、定量管理。商场要按设计方案及经营布局的要求摆放。未经商场经营部同意，任何人不得随意增减、移动柜台、货架。开架销售商品的摆放要保持 2.35 米的通道距离。不得随意侵占、阻塞各主次通道及消防安全通道。

（4）柜台、货架、陈列架需要维修或更换时，由商场向商店经营部提交报告，商场经营部负责与有关部门协调解决。

（5）要注意爱护柜台、货架、陈列架所用玻璃板、玻璃拉门，出现破损，需及时向商场行政部申请更换，不得用其他材料代替，防止伤害顾客。

（6）经过维修或更换的柜台、货架、陈列架，按原样摆放在原处，更换下来的柜台、货架、陈列架、灯具、玻璃等，放到指定地点，不得挪作私用。否则，由责任人负责赔偿。

2．商品陈列

（1）柜台内、陈列架内的商品要分层次陈列，全方位展示，开架售货商品要有小外包装（销售的成品），整大箱及整大包商品不准陈列在柜台和架内。

（2）陈列商品要保持整洁、丰满、分门别类紧放，要求货价对位，销售后要随时整理、上货。不得将商品拴绑陈列，陈列模特要保持形象的美观、庄重，不得裸体。

（3）封闭柜台内，货架与柜台要保持一定通道，原则上不能码放商品。如遇特殊情况需码放商品则要整齐，应以不超过柜台高度为宜。

（4）不得将有破损、污垢、残损的商品陈列或摆放在柜台及陈列架内，应及时收在隐蔽处或返库。

3．架顶美化

架顶美化，要以突出商品特点为原则。

（1）除用于陈列的商品外，架顶上不得随意堆放其他商品及杂物。

（2）顶架广告灯箱，由公关广告公司负责策划、制作，发现故障脱落及时报公关广告公司修补。灯箱到期由广告公司负责更换。

▲商品查询制度

1．商品查询的范围与期限

（1）凡实际收货与供货单位提供凭证中的品种、数量、规格、花色等不一致时，必须向供货单位做商品查询。

（2）外埠进货发生整件短少或原包装长、短、残、损及质量问题，必须当天履行查询手续，最迟不得超过 5 天。

（3）对有损耗率规定的商品，应查询超耗部分。

（4）必须严格履行购销合同，接收进口商品和外贸库存内销商品，查询不超 5 天。

（5）本市进货、收货时发生整件不符，应于当天履行查询手续，最迟不超过 3 天。

2．查询手续及责任划分

（1）凡与商品查询有关的各环节人员，必须注意将进行商品查询的装箱单、原箱、原货保存完好，以提供商品查询的物证依据。

（2）对外查询一律填制查询单。哪一环节发生问题，就由哪一环节经手人负责填报。

（3）本市进货查询需填制"催查单"，按要求传递。

（4）外埠进货查询，由商场保管员填制查询单交储运业务部。由收单人按程序传递。

（5）凡在30天内未收到供货单位查询答复，储运部必须与商场采购员协商，做第二次复询。

▲商品索赔制度

商品发送、到站（港）、接货运输中发生问题的各个环节都要详细查清，实事求是地反映和处理。

1. 事故责任与索赔手续

（1）商场运输员按运输单据核对开箱后的商品短缺、残损、水渍、油渍、污损等问题，属发货方责任。

（2）储运部协助商场采购员办理各种索赔证明材料，商场采购员负责与发货方联系办理索赔具体事宜。

2. 承运方责任与索赔

（1）运输员按运单核对时发现的集装箱号、零担托盘的铅封、施封损坏或改换异地铅封和施封，属承运方责任。

（2）及时与承运方联系，会同站、港发货员当面查验货物损失情况，做好记录。追办索赔证明材料。

（3）业务索赔员负责与有关采购员共同验得商品短少、损坏的品名、规格、数量、金额、托运单、进货发票的复印件及有关证件，协助办理运输商品保险，填制索赔单据，3日内到保险公司办理索赔。

3. 储运方责任及处理办法

（1）提货运输中的商品出现残损、缺少情况，由储运方负责。

（2）运输员交货时，接货员发现问题要在运单及票据上注明差损情况，交调度员。调度员转交储运业务索赔员。

（3）没有办理商品公路运输保险的货品，经收货、验收查出的短少、残损问题由商店会同接货员查实情况，在运单上做好记录。调度员转交储运业务部门，并按储运处罚规定中的有关条款进行处理。

4. 属托运方责任的，储运方不负责赔偿

（1）外包装完好，集装箱铅封完好，施封有效。托盘包装带牢固，内装细数短少、变质或残损，且未在运单上注明。

（2）包装不符合质量要求。

（3）货物运单与实物品名不相符。

（4）投保不足等。

5. 其他

（1）储运业务部门要做好索赔差错过程的各项记录，装订成册存档备查。

（2）经多方协商未能解决的索赔，需向商场经理说明原因和理由，并在季度内上报市场经营部。经营部视损失程度予以解决。

（3）造成商品损失 1000 元以上的（含 1000 元），报商场总经理室指示后，再行处理。

（4）办理索赔时间不得超过 3 天。

▲商品批发业务管理制度

1. 商场开展的批发业务，要实行由主管经理严把价格关、质量关的经理负责制。

2. 商场的批发业务要专人负责，单独立账并及时登统明细账，能独立核算的单位要独立核算。

3. 商场的批发工作，要严格执行国家有关政策，对开展业务活动的下属单位要验证其营业执照专营证和税务登记号码，认定其符合要求后方可开展工作，并建立客户档案，随时联系。

4. 商场及下属商店要在经营范围内开展业务，不得超范围经营。确因客户需要超出商场营业执照范围的，必须上报市场经营部办理一次性经营手续，方可经营。

5. 各商场及下属商店批发业务要严格采用无收款台（一手钱一手货）的结算办法，不拖不欠，严禁采用代销方式批发商品。用支票结算的，要按商场财会制度要求，三天后付货。

6. 确因市场变化需与批发单位发生代销业务的，必须符合下列要求：

（1）对方必须是多年合作的业务单位。

（2）对方必须是有一定经济实力的、有债务偿还能力经济实体。

（3）必须与对方签订购销合同。

（4）必须上报商场总经理审批。

7. 凡私自向批发单位代销商品的，要严格追究经理及承办人的责任，造成损失的责任自负。

8. 商场的批发毛利率不得低于本商场的综合费用率，凡低于综合费用的，要上报商场总经理批准，否则冲减已实现的批发额，并追究相关经理的责任。

9. 批发人员要严守本商场经济秘密，严禁向其他业务单位泄密。

10. 非质量问题批发商品一律不退换。

▲商品退换管理制度

1. 商品退换要求严格执行《中华人民共和国产品质量法》中的有关规定，坚持商场利益和消费者利益相一致的原则。在商场利益和消费者利益发生冲突时，要在维护消费者利益的基础上，尽量减少商场损失。

2. 凡能证明是本场出售的正常商品，只要不脏、不残、不影响出售的，10天之内凭销售小票给予退换；对顾客造成脏残商品，可视其程度与顾客协商折价退换。

3. 凡能证明是本场出售的三包商品，售出后7日内按正常商品退换。7日后如退换，顾客需出示商品保修部门的"商品质量鉴定书"，售货人员开箱验机确认后给予退换并合理扣除磨损费。因质量问题给顾客造成损失的要填制"购物损失一次性赔偿单"给予顾客赔偿。

4. 赔偿的标准

一般赔偿的标准可从间接损失和直接损失来确定。

间接损失，是指因解决购物中存在的问题而带来的经济损失。

直接损失，是指由商品本身质量问题而给顾客造成的损失。赔偿标准可以通过双方协商或向仲裁机构申请仲裁以及向法院起诉的方式给予解决。

5. 凡因质量问题需要退货的商品，必须本着先行负责的原则无条件给予退货。办理退货手续时，需双人复核实物并开具退货凭证，其退款金额要以原发票或销货凭证的金额为准，不得任意退款。

6. 顾客的退换货问题，应在商场内自行解决。如确属严重纠纷，商场服务台无力解决的，应主动与售后服务部联系。凡经售后服务部已裁定解决了的退换货问题，要无条件给予退换。

7. 凡推诿顾客、激化矛盾、影响商场声誉的营业员，且无正当理由的，商场要追究其责任，并按商场有关规定予以处罚。

8. 凡遇商场商品已经变价而顾客又要求退货时，对国家明文规定的三包家电产品、化妆品、食品、药品等要按国家规定执行，国家没有明文规定的，上调商品按原价退货，下调商品按现价退货。

▲商品返厂管理制度

1. 返厂商品的账务处理，要严格执行国家的有关财会制度，要真实体现、全面反映返厂商品的应收应付关系，不得遗漏。

2. 凡需做返厂处理的购进商品，采购员必须征得厂方同意，并与厂方达成文字处理意见后，通知保管员做好返厂的具体工作，否则不得盲目返厂。凡因盲目返厂造成的拖欠债务，由当事人追回。

3. 凡需做返厂处理的代销商品（包括厂方借、调的商品），采购员提前 15 天与厂方联系，15 天内收不到厂方答复，可留信函为凭，凡厂方无故拖延，不予返厂的商品，要向厂方征收保管费。

4. 商品返厂工作由采购员协调与厂方的关系，由保管员统一办理各种手续，负责具体工作。

5. 已出库的商品返厂，必须先退库再由保管员做返厂工作；任何人不得随意将已出库、未退库的商品和柜台内的商品返厂，否则按丢失商品追究当事人责任。

6. 商品返厂时，商场保管员要填制商品返厂单并随货同行，及时通告厂方凭单验收。

7. 商场必须认真对待商品返厂工作，保管员要点细数、清件数，分规格、包装要捆扎牢固，铁路运单和运输凭证要详细填写，并及时做好保管账卡的记录。

8. 凡是厂方采取以货换货直接调换商品方式解决商品返厂的，商场采购员、保管员必须坚持"同种商品一次性调清不拖不欠"的原则，坚决不允许异货相抵。

▲商品特卖业务管理制度

开展商品特卖业务是商场营销活动中的重要措施之一。

为使商场商品特卖业务有条不紊地顺利进行，达到促进商品销售、提高企业经济效益的目的，特制定本制度。

1. 商品特卖业务的管理方式

（1）商品特卖业务由市场经营部统一管理，统一确定特卖商品品种、价格（优惠幅度）及特卖时间。

（2）要严格按财务制度办理商场商品特卖业务，商品出售数量由收银台和业务部核对无误后做统一账务处理。

（3）商场因开展特卖业务所造成的损失金额，由商场与供货方洽谈、协商，可以采取降低商品进价或补足毛利的办法，也可以供需双方共同承担。

（4）特卖商品的具体品种和优惠幅度。由商场在每月 25 日前拟定好下一个月特卖商品方案报市场经营部审批，市场经营部根据特卖方案负责与公关广告公司联系，做好特卖业务的广告宣传工作。

2. 商品特卖业务的时间规定

（1）商品特卖业务分为不定期特卖周和定期特卖日两种形式。特卖周由市场经营部根据市场情况和商场销售指标完成情况确定；特卖日定为星期六、星期日。

（2）凡由商场确定的特卖周、日内的特价商品，按特价出售，过了特卖周、特卖日的特价商品一律恢复原价。

3. 商品特卖业务的物价管理

（1）特价商品的优惠幅度在 10%～50% 之间。

（2）要本着既要促销，又要考虑经济效益的原则，对特卖商品严格把关，物价员要仔细算账，确定合理优惠幅度。

（3）特价商品要标明原零售价和特价，让顾客一目了然。

（4）出售特价商品要在销售凭证右上角注明"特价"二字。

（5）特价商品一律不退换。

▲化工危险品的保管

1. 化工危险品大概有九大类：

（1）爆炸性物品。

（2）氧化剂。

（3）遇水燃烧物品。

（4）压缩气体和液化气体。

（5）易燃液体。

（6）易燃固体。

（7）腐蚀性物品。

（8）毒害性物品。

（9）放射性物品。

以上九类危险物品大多具有怕热、怕摩擦、怕水及有腐蚀性等危险特性。

危险品仓库的设置必须远离四周其他建筑物。危险品仓库的建筑形式很多，要根据危险品的不同性能来建造和选择适宜的储存场所。

2. 危险品仓库管理要求

对危险品进行装卸、搬运、堆码及保管、养护，必须采取科学的方法。危险品仓库管理一般要做到以下几方面。

（1）化工危险品的入库管理。

商品出库时，提货车辆和提货人员一般不得进入存货区，由商场仓库搬运人员将应发商品送到货区外的发货场。柴油车及无安全装置的车辆不得进库区，提货车辆装载有抵触性物品的，不得进入库区拼车装运。

商品出库必须包装完整，重量正确，并标有符合商品品名和危险提示的明显标记。

在商品入库阶段，必须防止不合格和不符合安全储存要求的商品混运进库，这是把住危险商品储存安全的第一关。商品入库要检查商品包装、衬垫、封口等，符合安全储存要求，才准许搬运入库。

（2）化工危险品的分区分类储存。

易爆、易燃、助燃、毒害、腐蚀、放射等类商品性质各异，有互相影响或抵触的性质，必须分区隔离储存，即使同类商品，虽其性质互不抵触，但也应视其危险性的大小和剧缓程度进行分储。根据仓库建筑、设备和水源与消防条件，适当划分各类化工危险品的货区、货段和货位。区与区、仓与仓、垛与垛之间，要有一定的安全间距。画定的货区、货段和货位，应进行货位编号。

化工危险品在储存过程中，要根据商品特性加强温湿度的控制与调节。

（3）化工危险品的堆码苫垫。

化工危险品应以库房储存为主，堆码不宜过高过大，货垛之间要留出足够宽的走道，墙距也应较宽。一般堆垛高度，液体商品以不超过 2 米为宜，固体商品以不超过 3 米为宜。

　　库房存放怕潮商品，垛底应适当垫高，露天存放更应垫高防水。同时，应视商品性质选择适宜的苫盖物料。如硫黄等腐蚀性商品，不宜用苫布盖，以用苇席盖为妥。

　　储存化工危险品用过的苫垫物料，需要调剂使用时，要经刷洗干净后再用。

　　（4）化工危险品的安全装运。

　　化工危险品的装卸、搬运，必须轻装轻卸，使用不发生火花的工具（用铜制的或包铜的器具），禁止滚、摔、碰、撞、重压、震动、摩擦和倾斜。对怕热、怕潮的危险品，在装运时应采取必要措施。

　　装卸场地和道路必须平坦、畅通；如夜间装卸，必须有足够光度的安全照明设备。在装卸、搬运操作中，应根据商品性质和操作要求，穿戴相应合适的防护服具。腐蚀性商品仓库附近应设水池或冲洗设备，便于操作中万一包装破裂、人身沾染时，迅速浸水及冲洗予以解救。

第二节　商场超市商品、采购管理表格

▲财产登记表

财产登记表

页次_____

使用部门					登记年月日				
财产名称	编号	类别				使用人	取得日期	取得价格	修理记录
		家具	仪器用品	机器	其他				

▲财产登记卡

财产登记卡

卡号：_____　管理部门：_____　　使用部门：_____

名　称 （中文/英文）		管理编号	
规　格		型　号	
制造商		销售商	
存放地点		耐用年限	
原　价			

日　期	摘　要	凭证号	单　位	增　加	减　少	结　存

▲财产记录保管表

财产记录保管表

（正面）

财产分类				编　号			
中文名称				英文名称			
厂　　商				取得日期			
原　　价							
增加资本支出		原　值	使用年数	每年折旧额			
				第一年	年 ~ 年	最后一年	
年	月						
年	月						
年	月						
年	月						
年	月						
年	月						
年	月						

（背面）

使用部门	接管日期	使用保管人签章	交还经营部门日期	经营部门签章

▲财产领用单

财产领用单

使用部门：_____

类别：_____　　　　　　　　　　　　　　　管理部门：_____

_____年___月___日　　　　　　　　　　　　财管字第_____号

编号	品名及规格	用途	单位	数量	价值	备　注
领用人	使用部门经理	财产管理科		总务部经理		总经理

▲财产移出（移入）单

财产移出（移入）单

管理部门：_____

使用部门：_____

会计科目：_____　　　　　　　　　　　财管字第_____号

编号	名称及规格	单位	数量	单价	购置日期	已提折旧	减折旧后净值	耐用年数	已使用年数	残余价值	备注
移入（出）部门				事由							

副总经理：____　　管理部门：____　　使用部门：____　　填单：____

▲财产移交清单

财产移交清单

部门：_____　　　　____年__月__日　共___页　第___页

项　目	规格及说明	单　位	数　量	备　　　　注

接受部门：_____　　　移交部门：_____

主管：____科长：____经办：____　　主管：____科长：____经办：____

▲财产请修单

财产请修单

请修部门：_____　____年__月__日　请修单号码：____

项次	财产编号	品名	规格	数量	故障损坏说　　明	预估修理费	需要日期	使用人	备　　注

经办：_____　部门主管：_____　制单：_____

▲财产报废单

财产报废单

_____年___月___日　　　　　编号：____

管理部门							
使用部门							
名称	中文		规格		耐用年限		
	英文		厂牌		已使用年数		
购置日期		数量	取得价值		账面价值		
废损原因	估计废品价值						
	处理使用						
	实际损失额						
拟处理办法					使用人 填报人		
总经理	财务部门	使用部门			管理部门		
		厂长(经理)	主管	主(协)办	主管	主(协)办	

▲财产减损单

财产减损单

管理部门：_____

会计科目：_____

使用部门：_____

年　　月　　日　　财管字第_____号

编号	名称	规格	购置			单位	数量	单价	总价	残余价值	耐用年数	已使用		已折旧金额	备注
			年	月	日							年	数		
减损事由							主管副总经理核示								
拟定处置办法															

管理部门主管：____　使用部门主管：____　填单：____

▲财产增加单

财产增加单

管理部门：_____

会计科目：_____

使用部门：_____

年　　月　　日　　财管字第_____号

编号	名称	规格	单位	数量	单价	总价	耐用年限	估计残值	每月折旧金额	备　注

事由

副总经理：____　财务部：____　管理部门主管：____　使用部门主管：____

第五章　商场超市储运管理制度与表格

第一节　商场超市储运管理制度

▲商品发运制度

商品发运是商品运输的开始。

商品运输包括商品发运、商品接收、运输中转和商品验收四个环节。加强商品发运的管理，使商品准确及时地发运出去，可以缩短商品的在途时间，是组织商品合理运输的一项重要内容。

商场商品发运，是指商场将商品交付给承运单位，委托运往指定地点的业务活动。在选定运输工具和运输路线后，商场发运商品前必须做好以下准备工作。

1. 确定押运人员

为了及时处理运输途中可能发生的问题，商品运输必须配备押运人员，并加强与运输部门的联系，保证商品安全、及时、准确地运达目的地。

2. 搞好商品包装，准备发运物料

为了保证商品的合理装载和运输安全，可根据商品的性能和运输工具的特点实行定型装载。按照装载要求进行商品的运输包装，备齐绳索、苫布、罩网等运输物料。

3. 联系确定货场和进场日期

商品从专用线或专用码头装载启运时，要事先联系好货位场地和商品进入货场的时间，以便将商品及时运达启运站或码头待运。

4. 做好商品装车启运

安排好短途搬运和装卸力量，衔接好商品的待运与装车启运环节，将商品按时运入货场，装车启运。

商场发运商品时要做好以下工作。

（1）发运商品时，必须按要求认真、准确、完整、清晰地填写货物运单。

（2）为确保商品的运输安全，商品装车以前，应检查运输工具的安全措施。托运食品等怕污染的商品时，还应检查运输工具的卫生情况。

（3）交接商品。托运单位向承运方填交货物运单后，商品由承运部门负责装车的，应及时将商品运进车站、港口指定的货位，经承运方验收后，办理货物的交接手续。如果商品由托运方自行装车，待装载完毕，托运方封车封船交给承运方。

（4）填制商品运输交接单。商品运输交接单是发货单位与收货单位或中转单位之间的商品运输交接凭证，也是收货方支付货款和掌握在途商品情况的依据。

（5）做好发货预报工作，通知收货单位，以便对方及早做好商品接收或中转分运的准备工作。

▲商品接收制度

商品接收是商品运输的中间环节。

商品接收是指商品运达指定地点后，收货单位组织人力、物力，向运输部门领取商品的一系列业务活动。商场组织商品接收工作时，应做到速度快、验收严、责任明确、手续清楚。

收货单位接到商品到达预报或到货通知后，要做好接收前的有关准备工作，保证各项接收工作的紧密衔接。

1. 做好商品的接收准备工作

明确船号、车次、到货时间和商品的品名、数量，以便根据商品的类别、数量的大小，组织相应的人力、物力，及时地进行商品的接收工作。

2. 妥善安排好短途搬运力量和仓容、货位

商场接收需要入库的商品时，一方面要组织好短途搬运的人力和工具；另一方面要安排好仓容和货位，保证商品能够及时验收入库。商场自己卸货的，还要准备好卸货的力量。

3. 做好商品就车站、码头分运工作的衔接

商品不可能完全实行直达直运，往往采取就车站、码头分装直拨的办法来达到直达运输的目的。商场接收需要分装直拨的商品时，应与各收货单位联系，安

排分运的运输工具和商品装卸力量。

4. 安排好商品的中转运输

中转运输，是指商品在运输途中，需要中途改换运输工具，进行换装和重新办理托运手续的业务活动。商场接收商品需要随时办理中转业务的，必须衔接运输计划，做好运输工具、装卸搬运力量、仓库、货场的安排和补包换包等准备工作。

商场接收商品时应注意以下事项。

（1）凭货物领取通知单和有关证件，在规定日期内提货，防止因延期提货被罚停滞费。

（2）接收商品时，应派专人到交接场地，会同承运部门清点商品，并做好接收记录。商品交接，应逐件进行清点验收，检查包装是否完好无损，单货是否相符。如发现包装破损、商品污染、变质、短少等情况，应会同承运部门及有关人员，详细清点，如实记录，以便调查处理。

（3）交接手续办完后，要将运输交接单回执在 5 天内盖章交回发货或中转单位，并持货物搬运证将商品运回。

（4）分清责任，及时处理运输事故。

5. 商品运输责任的划分原则有以下几点。

（1）商品在承运单位承运前发生的损失，由发货方负责。

（2）商品运达目的地、办完交接手续后发生的损失，由商场方负责。

（3）商品自办完承运交接手续时起，至交付给收货单位时止，发生的损失由承运方负责。但是，承运单位不予负责由于自然灾害、商品本身性质以及发货、收货、中转单位工作差错造成的损失。

6. 商场与承运单位办理商品交接的手续分为以下几种。

（1）凡是由承运方卸货的，在其仓库、货场交接验收。

（2）不是专用线或专用码头，由商场方卸货的，商场方与承运方共同拆封监卸。

（3）在专用铁路线卸货的，棚车可凭铅封交接，敞车可凭外部状态确定是否完整交接。

▲商品运输管理制度

本着"安全、及时、准确、经济"的原则，商场按照运输车辆集中管理、分散使用相结合的办法加强商品运输管理，以加速实现商品的流通，使商品运输合理化，特制定本制度。

（一）商品运输的任务

商场商品运输工作，一般由商场储运部统一负责管理，其具体任务有以下两方面：

1. 按照商品运输的管理内容，安排商品的运输、提货、验货，商品的交接、查询和索赔。

2. 合理安排使用商品运输工具，建立健全各项管理制度。

（二）商品运输工作范围

1. 送货上门运输。

2. 商品移库运输。

3. 商品入库运输。

4. 商品下站运输。

5. 商品上站运输。

（三）商品运输工作程序

1. 货物通知、提货和装运。

（1）商场调度员接到货运通知和登记时，要验明各种运输单据，及时安排接货。

（2）商场调度员按商品要求、规格、数量填写运输派车单交运输员。

（3）商场运输员领取任务后，需认真核对各种运输单据，包括发票、装箱单、提单、检验证等。问明情况，办理提货。

（4）提货。

①商场运输员提货时，首先按运输单据查对箱号和货号；然后对施封带、苫盖、铅封等进行认真检查；确信无误后，由运输员集体拆箱并对商品进行检验。

②商场提取零担商品时必须严格检查包装质量。对开裂、破损包装内的商品要逐件地点验。

③商场提取特殊贵重商品要逐个进行检验，注意易燃、易碎商品有无异响和破损的痕迹。

④提货时做好与货运员现场交接和经双方签字的验收记录。

⑤对包装异常等情况，要做出标记，单独堆放。

⑥在提货过程中发现货损、货差、水渍、油渍等问题要分清责任，并向责任方索要"货运记录"或"普遍记录"，以利办理索赔。

（5）装运。

①商场运输员在确保票实无误，或对出现的问题处理后，方可装车。

②装车要求严格按商品性质、要求，堆码层数的规定，平稳装车码放；做到喷头正确、箭头向上，大不压小，重不压轻，固不压液；易碎品单放；散破包装在内，完好包装在外；苫垫严密，捆扎牢固。

2. 商品运输、卸货与交接。

（1）商场运输员必须按规定地点卸货。如货运方有其他要求必须向调度员讲明，以便重新安排调整。

（2）卸货时按要求堆放整齐，方便点验；喷头向外，箭头向上，高矮件数一致。

（3）定位卸货要轻拿轻放，根据商品性质和技术要求作业。

（4）交货时，商场运输员按货票向接货员一票一货交代清楚，并由商场接货员签字，加盖货已收讫章。

（5）货物移交后，商场运输员将由接货员在临时入库通知单或入库票上签字、盖章的票据交储运业务部。业务部及时转各商店办理正式入库手续。

（6）若运输货物移交有误，要及时与有关部门联系。

3. 运输任务完成后，商场运输员需在派车单上注明商品情况，连同铅封交收货单位。

4. 在运输中，因商场运输人员不负责任发生的问题，按商场内有关规定处理。

（四）商品运输安排与申报

1. 凡直接由专营商店转来的提单，均由商场储运部根据业务需要合理安排运输。

2. 本市商品原则上两天内运回，最迟不超过3天。

3. 凡有上站业务的专营商店，必须提前到商场储运部办理运输手续，如实登记发运货物品名、规格、数量、性质、收货单、地点、联系人、电话、邮政编码、时间和要求等，并填写清楚。

4. 凡采用公路运输的部门，必须组配好货物，提前两天申请用车计划。

5. 公路长途运输（1000公里以上）业务，必须报商场总经理批准后执行。

（五）运单的传递与统计

1. 传递运输单据要按传递程序进行。做到统计数字准确、报表及时。

2. 商场调度员要认真核对汽车运输单据，发现差错，遗漏和丢失要及时更正、补填。按规定时间交商场统计员。

3. 商场统计员根据运输单据，做好各项经济指标的统计、造册、上报与存档工作。

▲汽车运输管理制度

1. 汽车运输队

（1）储运部设汽车运输队。

（2）运输队对车组之间实行定额管理，单独成本核算。

（3）严格对车辆吨公里耗油的管理，实行月统计报表制度，并给予相应的奖励与处罚。

2. 汽车运输调度

（1）合理安排运输人员、时间、路线，减少在途商品资金的占压和损耗，加速资金周转，以免造成对流、迂回、倒流等不合理运输。

（2）在全场运输任务紧张时，首先要保证下站货物和内外商品移库的运输；其次按业务轻、重、缓、急的程度进行安排，确保企业经营正常运转。

3. 汽车运输安全

（1）汽车载物运输要按规定时速行驶。禁止运送国家规定的禁运品。

（2）运输长、大、重、超高、超宽货物必须提前办理各种证件。需夜间运行要及时向领导讲明，确保行车安全。

（3）贵重商品运输和危险商品运输的安全，按有关制度执行。

（4）其他方面的安全问题，按车辆安全管理规定执行。

4. 汽车运输收费

本商场汽车运输实行内部收费办法，具体收费标准另行规定。

▲储运机动车辆管理制度

（一）机动车辆管理范围

1. 经营运输车辆。

2. 生活用班车。

3. 办公用车。

（二）车辆管理的任务

1. 办理车辆的年检手续。

2. 编制车辆的改装、改造、更新、报废和购置计划。

3. 车辆的技术监督与检查工作。

4. 按规定办理车辆的各种车务手续。

5. 负责审批车辆的强制保养与送厂修理。

（三）车辆管理的具体规定

1. 机动车辆与驾驶员统一管理

（1）机动车辆统一管理。特殊情况商场储运部对各部门使用的车辆有统一调配权。

（2）驾驶员统一管理内容：

①档案管理。

②证件手续办理。

③车辆运行手册和安全手册。

④年审工作。

⑤发生违章及事故的处理。

⑥安全教育与学习。

2. 车辆的保养

为预防故障车上路的情况发生，有计划地对车辆进行保养。商场按照车辆保养的规章制度，严格执行。

（1）初驶保养：新车或大修车行驶 1500 公里后，按规定项目进行。

（2）例行保养：每日出车前、行驶中、收车后按规定项目检查保养。

（3）计划定程保养：

第一，一级保养：车辆每行驶 2000 公里，按规定项目强制进行。

第二，二级保养：车辆每行驶 2.5 万公里，按规定项目强制进行。

第三，三级保养：车辆每行驶 4.5 万公里，按规定项目强制进行。

（4）换季保养：为保证季节变化后，车辆能可靠有效地工作。每年入冬入夏，实施换季保养，按规定强制进行。

（5）停驶保养：凡停驶封存车应解除负荷，定期进行清洁、除锈、防腐、检查发动机、排除故障。尽量减少磨损，保持技术状况良好，以便随时可以启用。

3. 车辆的计划修理

（1）车辆小修：即排除车辆在使用中的临时性故障，更换损坏的零部件、组合件、仪表等，局部损伤应迅速修复，使车辆投入运转，要求修理时间均为

3 天。

（2）总成修理：主要是基础和主要部件破裂磨损变形需要进行彻底修理，恢复其技术性能，应按车辆检验结果，填写车辆鉴定，制订修理计划，按修理工艺严格进行修复。

（3）车辆大修：按照规定行驶里程 12 万～15 万公里后，经商场储运部鉴定符合大修条件，按汽车大修进厂手续程序办理。

（4）车辆的各级保养与修理结束接车后，应由送修部门填写车辆档案，交储运部存档。

（5）车辆的各级保养与修理计划，应按车辆检查结果和临时故障情况，由技安员负责制订和调整年、季、月、日保修计划。

（6）车辆进厂修理。

①车辆进厂修理的原则为本单位无力修理的大修、中修项目。

②进厂修理必须事先填报进厂修理申请单。经有关技术人员进行检验、鉴定，确认为修理项目后，由商场储运部批准方可送修。

③车辆进厂大修，应严格执行大修计划，需经商场主管经理、财务部审批后可执行。

④进厂修理记录，要按规定归档，以便保修期内出现问题时与厂家联系和日常的维修保养。

4．车辆技术检验

（1）技术检验工作由技安员负责。

（2）检验人员必须坚持原则，严格把握工艺技术标准。

（3）对运输车辆每月进行一次技术检验与鉴定，排出质量级别，每月进行部分车辆抽查。抽查率不得低于 20％，检查结果记入车辆档案，并对检验出现的问题及时安装检修。

（4）车辆送厂大修结束经检验符合标准后，即可接车，并取回修理记录归档。

（5）车辆在商场修理，采取承修人自检与专职检验相结合的方法。修验后，填写修理记录，主修人签字后归档。

（6）必须按规定进行车辆年度技术检验，合格后将验车单归档。

5．安全检查

（1）安全检查由技安员负责。

（2）职工安全技术教育的检查、考核，要填写职工技术档案。

（3）车辆每日出车前和收车后，驾驶员应对车辆进行全面的安全检查。

（4）每月由技安员负责组织对全部车辆的安全检查；检查项目包括制动、转向、灯光及车上所有设备完好情况；车载消防器材、月查记录在案。

（5）对安全隐患因素，要及时采取措施予以消除，确保车辆的安全运转。

6．车辆技术经济定额

（1）经济定额。

①行车燃料消耗定额，是指车辆百公里所消耗燃料的定额，按各车型规定油耗定额。

②轮胎行驶里程定额，是指新轮胎从使用到报废的轮胎总行程旦程定额。首先，国产轮胎行驶里程定额为国家年检合格标准。其次，进口轮胎行程里程定额为国家年检合格标准。

③大修间隔里程定额为 12 万~15 万公里。

④二三级保养的修车日定额为 5 天。

⑤保养小修费用定额，按车行驶公里，每公里 5 分核算。

（2）各种指标。

①车辆完好率应达到 90%，完好率 $= \dfrac{\text{完好车数}}{\text{实有车数}} \times 100\%$。

②车辆利用率应达到 95%，利用率 $= \dfrac{\text{出勤车数}}{\text{实有车数}} \times 100\%$

③行驶里程利用率应达到 60%，里程利用率 $= \dfrac{\text{重驶公里}}{\text{总行驶公里}} \times 100\%$

7．车辆调度

（1）不派人情车，不派关系车。车辆调度安排，要坚持保证重点，兼顾一般的原则，要了解场内商品到货情况，对商场组织的重大展销活动，做到心中有数。

（2）积极合理调度车辆。保证商场的重点商品、大宗货物的上下站，港口、机场、集散快件的到达发运。合理调配所属各商店用车，不得推诿延误派车。否则，因此造成的商品损失，由商场调度员负责。

（3）商场调度员要切实了解掌握各所属商店的货流信息规律及动态，了解运输任务的完成情况。定期到商店征求意见，不断改善运输管理，提高运输服务质量。

（4）调度员要准确计量、计程、合理收费，派车要认真、仔细核对票据，向运输员交代清楚。

（5）货运任务下达后，对车辆及人员安排要心中有数：

①知道车站、机场、仓库的情况。

②知道各条运输路线的情况。

③知道车辆设备情况。

④知道商品性质、规格、尺寸情况，科学安排运输作业。

（6）为增加商场运输经济效益，减少损耗减少空驶，提高里程和车辆利用率，要选择最佳路线和配货合理的运输方式。

（7）商场调度员应对每天的运输任务完成情况逐笔过问、验单，并做记录汇总。日清月结，转商场统计员。

（8）商场调度员对每月完成的货运量、吨公里指标及派车记录存根，按时填报表格，记录备案。

（9）商场调度员应与车队其他工作人员合作一致，密切配合，准确填报车辆运输公里情况，以便车队长和技安员及时对车辆进行维修，保养作业，确保车辆完好，正常投入运营。

8．确保车辆安全

（1）认真贯彻"以防为主"的原则，建立健全安全管理体制及各种安全管理档案。

（2）及时传达上级管理部门的文件和会议精神，结合汽车队的实际情况，贯彻落实。

（3）坚持商场安委会规定的每周安全教育日活动，定期组织交通安全竞赛。

（4）定期对驾驶员进行交通安全的宣传教育及各种规章制度的考核。

（5）定期对运输工作进行总结，奖优罚劣。

（6）定期进行车辆检查，使车辆经常保持良好的技术状态。长途运输，必须对车辆严格检验，按规定执行长途运输任务。

（7）严格执行装卸操作规程，确保人员、车辆及货物的安全。

（8）在运输过程中要随时检查载运的货物，发现异常，及时采取措施。做到防雨、防火、防盗、防颠、防撞，保证商品完好无损地到达目的地。

（9）严格执行运输纪律，在长途运输中，不得非法捎脚运输。

（10）对事故本着三不放过的原则，即事故责任不清不放过；事故分析不清不放过；责任人和群众没有受到教育不放过。及时总结经验教训，减少和杜绝各种事故的发生。

（11）建立严格的车辆停放和出入停车场规定及严格的防火、防盗等安全措施。

▲班车管理制度

班车管理是车辆管理的一部分，由商场储运部统一负责。

1. 行车安排与要求

（1）由储运部统一安排行车路线、发车班次、时间、中途停车站和发放乘车证。

（2）班车驾驶员除执行车辆管理有关规定，在行车中要做到不甩站，不改变行车路线，保证按时到达。每天要对车辆进行全面检查，保持车容卫生、整洁。

（3）驾驶员对乘车员工要热情服务，教育员工共同遵守交通法规和乘车规定。

2. 乘车规定

（1）各路班车必须按行车定额核定人数，不得超员。

（2）本商场员工要定员定车，不得串乘其他线班车，非商场员工不得随意乘车。

（3）乘车人员要按规定时间乘车，过时不候。

（4）因特殊原因班车不能按时到达时，乘车人员要及时改乘其他交通工具。

（5）班车迟到，一律按商场有关规定处理。

（6）各线班车车长，负责维护乘车秩序及车内卫生，有权检验乘车证和阻止非本车人员乘车。

（7）严禁乘车时吸烟，禁止随地吐痰、乱扔杂物，不准吃带皮核的食物。

（8）乘车人员要认真遵守交通法规，服从驾驶员、车长、民警的指挥，依次上下车，不得拥挤抢占座位，任何人无权改变行车路线和停车站点。

（9）凡违反上述规定者，车长、驾驶员有权对其劝阻批评或令其下车，因此造成的不良后果，按商场有关规定严肃处理。

▲商品入库管理制度

1. 商品入库

商品入库，是仓库业务的开始，也是商品由采购进入保存的第一道环节。因此，要做好以下工作：

①商品入库必须票货同行，根据合法凭证收货，及时清点商品数量。收货员要审核运输员交给的随货同行单据，票货逐一核对检查，将商品按指定地点验收入库。

②商品入库必须按规定办理收货。商场收货员验收单货相符，要在随货同行联上签字，加盖"商品入库货已收讫专用章"之后，方可交运输员随车带回交给商场调度员。

③验收中发现单货不符、差错损失或质量问题，商场收货员应当立即与有关部门联系；并在随货同行联上加以注明，做好记录。经双方签字后，收货员方可在单上签字、盖章，带回交储运业务索赔员，按期办理查询事宜。

④同种商品不同包装或使用代用品包装，应问明情况，并在入库单上注明后，办理入库。

⑤送货上门车辆，无装卸工的，经双方协商同意，仓库可有偿代为卸车，按储运劳务收费办法执行。

⑥商品验收后，需商场保管员签字、复核员盖章；入账后注明存放区号、库号，票据传回。

⑦临时入库商品要填写临时入库票，由商场收货员、保管员签字、盖章后，交跑票员带回商店。

⑧仓库保管员接正式入库单后，应当立即根据单上所注的商品名称，仔细点验件数，加盖"货已收讫章"。同时，由保管员签字、复核员盖章，将回执退回委托单位。

⑨属下列情况之一的，仓库可以拒收不合法入库发运凭证。如字迹模糊，有涂改；错送，即发运单上所列收货仓库非本仓库；单货不符；商品严重残损，质量包装不符合规定；违反国家生产标准的商品等。

⑩商品入库时，要轻卸轻放，并保持清洁干燥，不使商品受潮玷污，检查商品有无破损或异样，及时修补或更换包装，抽查部分商品，特别是包装异样商品，用感官检查商品有无霉、溶、虫、损、潮、漏、脏等情况，以分清责任。

2. 商品验收

商品验收是对购进商品按进货合同或发货票的数量点收和质量检验。

商品验收是商场经营活动的重要一环。开展商品验收能保证商品的数量准确和质量完好，阻止假冒伪劣商品进入商场，防止和消灭差错事故。商品验收是通过对商品的检查实现的。

（1）商品检查的方式，有以下四种

①直查。这种方法的优点是快速、简便。商场根据订货单检查供货商的发票、运送单，清点大类及项目。如果发票检查不能有效，再进行对商品实际的开箱拆包清点检查。

②盲查。这种方法的优点是准确，但费时费力。这是指检查者不持有自身的订货单和运送单，而就供货者的商品实行现场实际清点和记录，然后将清查的各项商品数量、质量、损伤状况一一登记和描述，并交付采购部门。采购部门的管理人员再与订货单一一核对。

③半盲查。这种方法的优点是快速、准确。这是指检查者持有运送单和说明，有商品大类的数量而没有每一类商品项目的数量。检查员必须实际地清点每一类商品项目和数量。

④直查与盲查相结合。当供货者的发票、运送单标明的内容细致、清楚，与商场订货单完全相同时，零售直查即可；当供货者的发票、运送单所标明项目较粗略，不清楚时，商场要实行盲查或半盲查。

关于商场内部商品流通环节的验收，是指销售部门对储存部门提供的商品进行验收。目的是为了划清经济责任，防止和减少商品损失与零售差错而设立的。

（2）商场对供应商所供商品的检验，包括以下几个方面

①发票检查。商场要一一核对自己的订货单与供应商的发票。包括对每一商品项目、数量、价格、销售期限、送货时间、结算方式等项目。检查人通过检查确认供应商所供货物是否与商场订单完全相符。

②数量检查。清点货物数量，不仅清点大件包装，而且要开包拆箱分类清点实际的商品数量，甚至要核对每一包装内的商品式样型号、颜色等。一旦发现商品短缺和溢余，要立即填写商品短缺或溢余报告单，报告给采购部门，以便通知供货商，协商解决办法。

③质量检查。有两种情况要注意：

A. 检查商品是否有损伤，一般说来商品在运送过程中会出现商品损伤情况，这种损伤往往由运送者或保险人承担责任。

B. 检查质量程度，查看是否有低于订货质量要求的商品。发现低于订货质量要求的商品，要即时提出来。因为低质量的商品会给商场带来麻烦，如影响销售、影响收入，也会损害商场的形象等。

3. 验收作业

验收作业可按进货的来源分为两种：商场进货验收和下属商店自行进货

验收。

（1）商场进货验收

由于商场总部已进行进货验收，所以可由业务人员或司机把商品送到门店，而不需当场验收清点，仅由门店验收员立即盖店章及签收。至于事后店内自行点收发现数量、品项、品质、规格与订货不符时，可通知总部再补送。

（2）下属商店自行进货验收

①要核对送货单的商品品名、规格、数量、金额与发票是否相符。

②要核对实物与发票是否相符，具体的检查内容包括：商品数量、商品重量及规格、商品成分、制造商情况及有关标签、制造日期及有效日期、商品品质、送货车辆的温度及卫生状况、送货人员，等等。

③要对散箱、破箱进行拆包、开箱查验，核点实数。

④要对贵重商品拆箱、拆包逐一验收。

⑤要对无生产日期、无生产厂家、无地址、无保质期、商品标签不符合国家有关法规的商品拒收。

⑥要对变质、过保质期或已接近保质期的商品拒收。

（3）下属商店验收员工作职责

①负责门店所有商品的验收入库工作。

②负责商品及时合理有序出样。

③掌握每天销售情况，审核补货申请单，定期处理报损及退调商品。

④协助店长或值班长做好团购、预订商品组货、发货、送货等工作。

⑤保管好发票、单据等有效凭证。

⑥加强对门店内仓的管理。

（4）验收作业应注意的事项

①不要一次将几家厂商的进货同时验收。

②不可直接送货至仓库。

③避免在营业高峰时间进货。

④不要让厂商清点。

4. 入库的程序

（1）入库验收

商品到库后，首先要对购进商品入库凭证一一检查，然后按照入库凭证上有关项目与购进商品各项标志进行核对。核对准确后，要对购进商品的数量和质量进行检验。

（2）做验收记录

购进商品验收后，要及时做好验收记录。验收记录除购进商品的名称、品种和供货单位外，还要记录应收、实收数量和验收日期。如购进商品数量与入库凭证不符，要会同交货单位做出问题记录，将有问题的购进商品单独存放，通知对方及时处理。对定有索赔期限的购进商品，应在规定的期限内，向有关部门提出索赔要求。

（3）办理入库手续

购进商品验收无误后，由商场验收人员或库房保管员在购进商品入库凭证上盖章签收，仓库留下购进商品入库保管联，并注明购进商品存放的库房、货位，以便统计记账。

5. 商品出入库票的管理

（1）商品出库库票由储运部统一发放，任何单位不得私自印制商品出库库票，各部室派专人领用时，储运部需按票号、编号登记备案。

（2）各商店的出入库票上，需盖有本店出入库章和储运部出入库章。

▲存货管理制度

商场存货管理包括仓库管理工作和盘点工作两种。

（一）仓库管理工作

仓库管理是指商品储存空间的管理。仓库管理工作应注意以下问题。

（1）库存商品要进行定位管理，其含义与商品配置图表的设计相似，即将不同的商品按分类、分区域管理的原则来存放，并用货架放置。仓库内至少要分为三个区域：第一，大量存储区，即以整箱或栈板方式储存；第二，小量存储区，即将拆零商品放置在陈列架上；第三，退货区，即将准备退换的商品放置在专门的货架上。

（2）区位确定后应制作一张配置图，贴在仓库入口处，以便利存取。小量储存区应尽量固定位置，整箱储存区则可弹性运用。若储存空间太小或属冷冻（藏）库，也可以不固定位置而弹性运用。

（3）储存商品不可直接与地面接触。一是为了避免潮湿；二是由于生鲜食品有卫生规定；三是为了堆放整齐。

（4）要注意仓储区的温湿度，保持通风良好，干燥。

（5）仓库内要设有防水、防火、防盗等设施，以保证商品安全。

（6）商品储存货架应设置存货卡，商品进出要遵守先进先出的原则。也可采取色彩管理法，即每周或每月采用不同颜色的标签，以明显识别进货的日期。

（7）仓库管理人员要与订货人员及时进行沟通，以便到货的存放。此外，还要适时提出存货不足的预警通知，以防缺货。

（8）仓储存取货原则上应随到随存、随需随取，但考虑到效率与安全，有必要制订工作时间规定。

（9）商品进出库要做好登记工作，以便明确保管责任。但有些商品（如冷冻、冷藏商品）为讲究时效，可以采取卖场存货与库房存货合一的做法。

（10）仓库要注意门禁管理，不得随便入内。

（二）盘点工作

盘点的结果可以说是一份商场经营绩效的成绩单。通过盘点可以计算出商场真实的存货量、费用率、毛利率、货损率等经营指标。

1. 盘点目的

盘点目的主要有两个：一是控制存货，以指导日常经营业务；二是掌握损溢，以便真实地把握经营绩效，并尽早采取防范措施。

2. 盘点原则

一般是每月对商品盘点一次，并由连锁总部所设的盘点小组负责各商场的盘点工作。为了确保商品盘点的效率，应坚持三项原则：

（1）售价盘点原则，即以商品的零售价作为盘点的基础，库存商品以零售价金额控制，通过盘点确定一定时期内的商品溢损和零售差错。

（2）即时盘点原则，即在营业中随时进行盘点，超市（尤其是便利商店）可以在"营业中盘点"，且任何时候都可以进行。

（3）自动盘点原则，即利用现代化技术手段来辅助盘点工作，如利用掌上型终端机可一次完成订货与盘点工作，也可利用收银机和扫描器来完成盘点工作。

3. 盘点工作流程

一是做好盘点基础工作；二是做好盘点前准备工作；三是盘点中工作；四是盘点后处理。

4. 盘点基础工作

盘点基础工作包括：盘点方法、账务处理、盘点组织、盘点配置图等内容。

（1）盘点方法。

盘点方法可从以下四个方面来区分：

①以账或物来区别，可分为账面存货盘点和实际存货盘点。账面存货盘点是指根据数据资料，计算出商品存货的方法；实际存货盘点是针对未销售的库存商品，进行实地的清点统计，清点时只记录零售价即可。

②以盘点区域来区别，可分为全面盘点和分区盘点。全面盘点是指在规定的时间内，对店内所有存货进行盘点；分区盘点是指将店内商品以类别区分，每次依顺序盘点一定区域。

③以盘点时间来区别，可分为营业中盘点、营业前（后）盘点和停业盘点。营业中盘点就是"即时盘点"，营业与盘点同时进行；营业前（后）盘点是指开门营业之前或打烊之后进行盘点；停业盘点是指在正常的营业时间内停业一段时间来盘点。

④以盘点周期来区别，可分为定期和不定期盘点。定期盘点是指每次盘点间隔时间相同，包括年、季、月度盘点、每日盘点、交接班盘点。不定期盘点是指每次盘点间隔时间不一致，是在调整价格、改变销售方式、人员调动、意外事故、清理仓库等情况下临时进行的盘点。

（2）账务处理。

超市与便利商店由于商品种类繁多，各类商品的实际成本的计算有一定的困难，所以一般采用"零售价法"来进行账面盘点。其计算公式是：

账面金额＝上期库存零售额＋本期进货零售额－本期销售金额＋本期调整变价金额

（3）盘点组织。

盘点工作一般都由各部门自行负责，总部则予以指导和监督。但随着连锁规模的扩大，盘点工作也需要专业化，即由专职的盘点小组来进行盘点。盘点小组的人数依营业面积的大小来确定，一般来说，500平方米左右的超市，盘点小组至少要有6人，工作时可分三组同时进行。盘点小组均于营业中进行盘点，如采用盘点机（掌上型终端机）进行盘点，6人小组一天可盘1～2家超市，盘点后应将所获得的资料立即输入电脑，并进行统计分析。确立了盘点组织之后，还必须规划好当年度的盘点日程，以利事前准备。

（4）盘点配置图。

商场开业前所设计的卖场商品配置图和仓库存货配置图可作为盘点之用。但在盘点时还应另外制作一张配置图，应包括卖场的设施（冷冻冷藏柜、货架、大陈列区等）、后场的仓库区、冷冻冷藏库等，凡商品储存或陈列之处均要标明位置，以便分区负责实施盘点工作。其运作办法是：确定存货及商品陈列位置；

根据存货位置编制盘点配置图；对每一个区位进行编号；将编号做成贴纸，粘贴于陈列架的右上角。做好了上述工作之后，就可以详细地分配责任区域，以便使盘点人员确实了解工作范围，并控制盘点进度。

（5）奖惩规定。

商品盘点的结果一般是盘损，即实际值小于账面值，但只要盘损在合理范围内应视为正常。商品盘损的多寡，可表现出店内从业人员的管理水平及责任感，所以有必要对表现优异者予以奖励，对表现较差者予以处罚。一般的做法是事先确定一个盘损率［盘损金额÷（期初库存＋本期进货）］，当实际盘损率超过标准盘损率时，商场各类人员都要负责赔偿；反之，则予以奖励。

5. 盘点前准备

盘点前，除应把商场总部所确立的盘点基础工作规范外，还必须做好盘点前的准备工作，以利盘点工作顺利进行。盘点前准备工作包括以下几方面。

（1）人员准备。

由于盘点工作需动用大批人力，通常盘点当日应停止任何休假，并于一周前安排好出勤计划。

（2）环境整理。

环境整理工作一般应在盘点前一日做好，包括：检查商场各个区位的商品陈列及仓库存货的位置和编号是否与盘点配置图一致；整理货架上的商品；清除不良品，并装箱标示和作账面记录；清除卖场及工作场死角；将各项设备、备品及工具存放整齐。

（3）准备好盘点工具。

若使用盘点机盘点，需先检查盘点机是否可正常操作；如采用人员填写方式，则需准备盘点表（如下表）及红、蓝色圆珠笔（为区别初盘、复盘及抽盘）。

盘 点 表

部门别：　　　工作序号：　　　　年　　月　　日　　　货架编号：

品号	品名	规格	数量	零售价	金额	复点	抽点	差异
小计								

抽点：　　　　　　　复点：　　　　　　　初点：

（4）告知顾客。

盘点若在营业中进行，可通过广播来告知顾客；若采用停业盘点，则最好在三天前以广播及公告方式通知顾客。

（5）盘点前指导。

盘点前最好对盘点人员进行必要的指导，如盘点要求、盘点常犯错误及异常情况的处理办法等。

6. 盘点工作分派

在进行盘点工作时，商品管理人员不宜自行盘点，但由于品项繁多、差异性大，不熟识商品的人员进行盘点难免会出现差错，所以在初盘时，最好还是由管理该类商品的从业人员来实施盘点，然后再由后勤人员及部门主管来进行交叉的复盘及抽盘工作。盘点工作分派如下表。

盘点区域分配表

年　　　月　　　日

姓名	盘点类别	区域代号	盘点单编号			盘点金额
			起	讫	张数	
合计						

7. 单据整理

为了尽快获得盘点结果（盘损或盘盈），盘点前应将进货单据、进货退回单据、变价单据、销货单据、报废品单据、赠品单据、移库商品单据及前期盘点单据等整理好。

8. 盘点中工作

盘点中工作可分为三种，即初点工作、复点工作和抽点工作。

（1）初点工作应注意：先点仓库、冷冻库、冷藏库，后点卖场；若在营业中盘点，卖场内先盘点购买频率较低且售价较低的商品；盘点货架或冷冻、冷藏柜时，要依序由左而右，由上而下进行盘点；每一台货架或冷冻、冷藏柜都应视为一个独立的盘点单元，使用单独的盘点表，以利按盘点配置图进行统计整理。

初点应两人一组进行盘点，一人点，一人记；盘点单上的数据应填写清楚，以免混淆；不同特性商品的盘点应注意计量单位的不同；盘点时应顺便观察商品的保质期，过期商品应随即取下，并作记录。若在营业中盘点，应注意不可高声谈论，或阻碍顾客通行；店长要掌握盘点进度；做好收银机处理工作。

（2）复点工作应注意：复点可在初点进行一段时间后再进行，复点人员应手持初点的盘点表，依序检查，把差异填入差异栏；复点人员需用不同颜色圆珠笔填表；复点时应再次核对盘点配置图是否与现场实际情况一致。

（3）抽点工作应注意：抽点办法可参照复点办法。抽点的商品可选择卖场内死角，或不易清点的商品，或单价高、金额大的商品；对初点与复点差异较大的商品要加以实地确认。

9. 盘点后处理

盘点后处理工作主要有以下几项。

（1）资料整理。将盘点表全部收回，检查是否有签名，并加以汇总。

（2）计算盘点结果。在营业中盘点应考虑盘点中所出售的商品金额。

（3）根据盘点结果实施奖惩措施。

（4）根据盘点结果找出问题点，并提出改善对策。

（5）做好盘点的财务会计账务处理工作。

10. 其他盘点

盘点工作除了商品之外，还包括以下几方面。

（1）用品（备品）盘点。在进行商品盘点时可顺便对保鲜膜、标签纸、购物袋、饮用纸杯等用品进行盘点。

（2）设备盘点。对设备应建立财产卡来进行管理，并每半年实地盘点一次，以了解各项设备的使用状况。

（3）人员盘点。要根据标准的人员编制表及绩效考核表，每季对人力资源使用情况进行一次清点。

（4）现金盘点。出纳人员应对门店的现金每天盘点一次，店长或会计主管每周至少抽查一次。

▲仓库温湿度管理规定

1. 温湿度管理概述

要做好仓库温湿度管理工作，首先要学习和掌握空气温湿度的基本概念以及有关空气温湿度的基本知识。

（1）空气温度

空气温度是指空气的冷热程度。

一般而言，距地面越近气温越高，距地面越远气温越低。

在仓库日常温度管理中，多用摄氏表示，凡0度以下度数，在度数前加一个"﹣"，即表示零下多少摄氏度。

（2）空气湿度

空气湿度，是指空气中水汽含量的多少或空气干湿的程度。

表示空气湿度，主要有以下几种方法：

①绝对湿度

绝对湿度，是指单位容积的空气里实际所含的水汽量（一般以克为单位），用 g/m^3 来表示。

温度对绝对湿度有着直接影响。在一般情况下，温度越高，水汽含量越多，绝对湿度就越大；相反，绝对湿度就小。

②饱和湿度

饱和湿度，是表示在一定温度下，单位容积空气中所能容纳的水汽量的最大限度。如果超过这个限度，多余的水汽就会凝结，变成水滴。此时的空气湿度便称为饱和湿度。

空气的饱和湿度不是固定不变的，它随着温度的变化而变化。温度越高，单位容积空气中能容纳的水汽量就越多，饱和湿度也就越大。

③相对湿度

相对湿度，是指空气中实际含有的水汽量（绝对湿度）距离饱和状态（饱和湿度）程度的百分比。即，在一定温度下，绝对湿度占饱和湿度的百分比数。相对湿度用百分率来表示。公式为

$$相对湿度 = \frac{绝对湿度}{饱和湿度} \times 100\%$$

$$绝对湿度 = 饱和湿度 \times 相对湿度$$

相对湿度越大，表示空气越潮湿；相对湿度越小，表示空气越干燥。

空气的绝对湿度、饱和湿度、相对湿度与温度之间有着相应的关系。温度如发生了变化，则各种湿度也随之发生变化。

④露点

露点，是指含有一定量水蒸气（绝对湿度）的空气，当温度下降到一定程度时所含的水汽就会达到饱和状态（饱和湿度）并开始液化成水，这种现象叫作结露。水汽开始液化成水时的温度叫作"露点温度"，简称"露点"。如果温度继续下降到露点以下，空气中超饱和的水汽，就会在商品或其他物料的表面上凝结成水滴，此现象称为"水池"，俗称商品"出汗。"此外，风与空气中的温湿度有密切关系，也是影响空气温湿度变化的重要因素之一。

2. 库内外温湿度的变化

从气温变化的规律分析，一般在夏季降低库房内温度的适宜时间是晚间 10 点～次日晨 6 点，而降低湿度的适宜时间是上午 6 点钟～下午 4 点钟。降温还要考虑到商品特性、库房条件、气候等因素的影响。

3. 仓库温湿度的控制与调节

（1）仓库温湿度的测定

测定空气温湿度通常使用干湿表。

在库外设置干湿表，为避免阳光、雨水、灰尘的侵袭，应将干湿表放在百叶箱内。百叶箱中干湿表离地面高度为 2 米，百叶箱的门应朝北安放，以防观察时受阳光直接照射。箱内应保持清洁，不放杂物，以免造成空气不流通。

在库内，干湿表应安置在空气流通、不受阳光照射的地方，不要挂在墙上，挂置高度与人眼平，约 1.5 米左右。每日必须定时对库内的温湿度进行观测记录，一般在上午 8～10 时，下午 2～4 时各观测一次。记录资料要妥善保存，定期分析，摸出规律，以便掌握商品保管的主动权。

（2）控制和调节仓库温湿度

为了维护仓储商品的质量，创造适宜于商品储存的环境，当库内温湿度适宜商品储存时，就要设法防止库外气候对库内的不利影响；当库内温湿度不适宜商品储存时，就要及时采取有效措施调节仓库内的温湿度。实践证明，采用密封、通风与吸潮相结合的办法，是控制和调节库内温湿度行之有效的办法。

①密封

密封，就是把商品尽可能严密地封闭起来，减少外界不良气候条件的影响，以达到安全保管的目的。

采用密封方法，要和通风、吸潮结合运用，如运用得当，可以收到防潮、防霉、防热、防溶化、防干裂、防冻、防锈蚀、防虫等多方面的效果。

密封保管应注意以下事项。

A. 在密封前要检查商品质量、温度和含水量是否正常，如发现生霉、生虫、发热、水淞等现象就不能进行密封。发现商品含水量超过安全范围或包装材料过潮，也不宜密封。

B. 要根据商品的性能和气候情况来决定密封的时间。怕潮、怕溶化、怕霉的商品，应选择在相对湿度较低的时节进行密封。

C. 常用的密封材料有塑料薄膜等。这些密封材料必须干燥清洁，无异味。

D. 密封常用的方法有整库密封、小室密封、按垛密封以及按货架、按件密封等。

②通风

通风是利用仓库内外空气温度不同而形成的气压差，使库内外空气形成对流，来达到调节库内温湿度的目的。当库内外温度差距越大时，空气流动就越快；若库外有风，借风的压力更能加速库内外空气的对流，但风力也不能过大（风力超过 5 级，灰尘较多）。正确地进行通风，不仅可以调节与改善库内的温湿度，还能及时散发商品及包装物的多余水分。按通风的目的不同，可分为利用通风调温和利用通风散潮两种。

③吸潮

在梅雨季节或阴雨天，当仓库内湿度过高不适宜商品保管，而库外湿度也过大，不宜进行通风散潮时，可以在密封库内用吸潮的办法降低库内湿度。

随着仓库管理水平的提高，现代商场仓库普遍使用机械吸潮方法，即使用吸湿机把库内的湿空气通过抽风机，吸入吸湿机的冷却器内，使它凝结为水而排出。

吸湿机一般适宜于储存棉布、针棉织品、贵重百货、医药、仪器、电工器材和烟糖类的仓库吸湿。

▲对储存商品霉变腐烂的防治方法

1. 常见的易霉腐商品

凡是生物制品如植物的根、茎、叶、花、果及其制品，动物的皮、毛、骨、肌体、脏器及其制品，在适宜于菌类生长的条件下，都易发生霉腐。矿产品、金属商品其本身虽不会发霉，但若沾染污垢或以生物为原料制成的附件、配件，在一定条件下，菌类也会生长。一般仓库中，主要有下列各类商品容易生霉：

棉麻、纸张等含纤维素较多的商品；鞋帽、纸绢制品（含糨糊、浆料）等含淀粉的商品；皮毛、皮革、丝毛织物等含蛋白质较多的轻纺工业商品；鱼肉蛋乳及其制品等含蛋白质较多的食品商品；烟酒糖茶、干鲜果菜等含多种有机物的商品。

2. 商品霉腐的防治

（1）影响霉腐微生物生存的外界条件

①水分和空气湿度。

试验证明，只有当空气相对湿度达到75%以上时，多数商品的含水量才可能引起霉腐微生物的生长繁殖。因而通常把75%这个相对湿度叫作商品霉腐临界湿度。

所以，在储存环境的空气相对湿度低于75%时，多数商品不易发生霉腐。水果、蔬菜等本身含水较多的食品，对湿度要求比一般商品高。

②温度。

根据微生物对温度的适应能力，可将其分为低温性微生物、中温性微生物和高温性微生物。每一类型的微生物对温度的要求又分为最低生长温度、最适生长温度和最高生长温度。超过这个范围其生长会滞缓或停止。具体范围如下：

类型	最低限	最适温度	最高限
低温性微生物	0℃	5℃~10℃	20℃~30℃
中温性微生物	5℃	25℃~37℃	45℃~50℃
高温性微生物	30℃	50℃~60℃	70℃~80℃

在霉腐微生物中，大多是中温性微生物，最适生长温度为25℃~37℃，在10℃以下不易生长，在45℃以上停止生长。

③日光。

日光对于多数微生物的生长都有影响。多数霉腐微生物在日光直射下经1~4小时即能大部分死亡。因此，要将商品存放于阳光能直射到的地方，但必须要放在阴暗地方的商品除外。

④溶液浓度。

多数微生物不能在浓度很高的溶液中生长。因为浓度很高的溶液能使菌细胞脱水，造成质壁分离，使其失去活动能力甚至死亡。因此，盐腌和蜜饯食品一般不易腐烂。但也有少数微生物对浓度高的溶液有抵抗能力。

⑤二氧化碳浓度。

多数霉腐微生物特别是霉菌，需要在有氧条件下才能正常生长，在无氧条件下不形成孢子。二氧化碳浓度的增加不利于微生物生长，如果改变商品储存环境的空气成分，比如使二氧化碳逐渐增加，使氧逐渐减少，那么微生物的生命活动就要受到限制，甚至导致死亡。霉菌中的某种青霉和毛霉，当空气中的二氧化碳浓度达到20%时，死亡率就能达到50%～70%，二氧化碳在空气中达50%时则全部死亡。

（2）商品霉腐的防治

①加强入库验收。

易霉腐商品入库，首先应检验其包装是否潮湿，商品的含水量是否超过安全水分。易霉腐商品在保管期间应特别注意，勤加检查，加强保护。

②加强仓库温湿度管理。

要根据不同性能的商品，正确地运用密封、吸潮及通风相结合的方法，管好库内温湿度，特别在是梅雨季节，要将相对湿度控制在不适宜于霉菌生长的范围内。

③选择合理的储存场所。

易霉腐商品应尽量安排在空气流通、光线较强、比较干燥的库房，并应避免与含水量大的商品储存在一起，防止发生霉腐。

④合理堆码，下垫隔潮。商品堆垛不应靠墙靠柱。

⑤商品进行密封。

⑥做好日常的清洁卫生。仓库里的积尘能够吸潮，容易使菌类寄生繁殖。

⑦化学药剂防霉。

对已经发生霉腐但可以救治的商品，应立即采取措施，以免霉腐继续发展，造成严重损失。根据商品性质可选用晾晒、加热消毒、烘烤、熏蒸等办法。

3. 仓库害虫的防治

对仓库内害虫的防治，是搞好商品保管的一个重要的组成部分。

（1）仓库内害虫的来源

①商品入库前已有害虫潜伏在商品之中。

②商品包装材料内隐藏害虫。

③运输工具带来害虫。车船等运输工具如果装运过带有害虫的粮食、皮毛等，害虫就可能潜伏在运输工具之中，再次感染到商品上来。

④仓库内本身隐藏有害虫。

⑤仓库环境不够清洁，库内杂物、垃圾等未及时清除干净，潜有并滋生害虫。

⑥邻近仓库或邻近货垛储存的生虫商品，感染了没有生虫的仓库和商品。

⑦储存地点的环境影响。如仓库地处郊外，常有麻雀飞入、老鼠窜入，它们身上常常带有虫卵或虫体。田野、树木上的害虫也会进入仓库，感染商品。

（2）仓库内害虫的特性

仓库内害虫大多来源于农作物，由于长期生活在仓库中，其生活习性逐渐改变，能适应仓库的环境而继续繁殖，并具有以下特性：

①适应性强。

仓库害虫一般能耐热、耐寒、耐干、耐饥，并具有一定的抗药性。适宜仓库害虫生长繁殖的温度范围一般为18℃～35℃，仓库害虫在5～8月间生长繁殖最为旺盛，一般能耐38℃～45℃的高温。在10℃以下，大多数仓库害虫停止发育，0℃左右处于休眠状态，但不易冻死。大多数仓库害虫能生活于含水量很少的物品中，而且大部分仓库害虫能耐长时期的饥饿而不死。

②食性广杂。

仓库害虫的口器发达，便于咬食质地坚硬的食物，大多数仓库害虫具有多食或杂食性。

③繁殖力强。

由于仓库环境气候变化小，天敌少，食物丰富，活动范围有限，雌雄相遇机会多等原因，仓库害虫繁殖力极强。

④活动隐蔽。

大多数仓库害虫体型很小，体色较深，隐藏于阴暗角落或在商品中蛀成"隧道"危害商品，不易被发现，寒冬季节又常在板墙缝隙中潜伏过冬。

4. 常见的仓库害虫

仓库害虫的种类很多，世界上已定名的有500多种。在我国发现有近200种，在仓储部门已发现危害商品的就有60多种，严重危害商品的达30多种。主要仓库害虫有：

（1）黑皮蠹

（2）竹长蠹

（3）烟草甲

（4）锯谷盗

（5）袋衣蛾

5. 常见易虫蛀商品

容易虫蛀的商品，主要是一些由营养成分含量较高的动植物加工制成的商品。为了做好这类商品的虫害防治，现将它们遭受虫害情况介绍如下。

（1）毛丝织品与毛液制品

这类商品含有多种蛋白质，常见危害这类商品的害虫生长繁殖期是 4～9 月，其中以 6～8 月为盛。

（2）竹藤制品

这类商品含纤维素和糖分，常见虫蛀，此类蛀虫性喜温湿，怕光，一般在 4～5 月发现成虫，最适生长繁殖的气温 28℃～30℃，相对湿度 70%～80%。

（3）纸张及纸制品

这类商品含纤维素和各种胶质、淀粉糊，常见的蛀虫喜温湿、阴暗环境。仓库中如有新鲜松木或胶料香味时，便容易诱集白蚁与衣鱼。危害严重季节：衣鱼在 7～9 月，白蚁一般在 4～9 月。此外，常见虫蛀的商品还有烟叶和卷烟、干果等。这类商品含糖类、蛋白质、烟碱等物质，主要害虫有烟草甲和烟草粉螟等。干果糖分、淀粉及水分含量较高，蛀虫有锯谷盗、花斑皮蠹、玉米象、咖啡豆象、螟蛾等。此类蛀虫生长繁殖的旺盛期在 6～8 月，最适温度为 28℃～30℃，相对湿度为 70%～80%。

6. 仓库害虫的防治

商品中发生害虫如不及时采取措施进行杀灭，常会造成严重损失。

（1）杜绝仓库害虫来源

要杜绝仓库害虫的来源和传播，必须做好以下几点：

①商品原材料的杀虫、防虫处理。

②入库商品的虫害检查和处理。

③仓库的环境卫生及备品用具的卫生消毒。

（2）药物防治

使用各种化学杀虫剂，通过胃毒、触杀或熏蒸等作用杀灭害虫，是当前防治仓库害虫的主要措施。常用的防虫、杀虫药剂有以下几种：

①驱避剂。

常用驱避剂药物有精萘、对位二氯化苯、樟脑精（合成樟脑）等。

②杀虫剂。

杀虫剂主要通过触杀、胃毒作用杀灭害虫。触杀剂和胃毒剂很多，常用于仓库及环境消毒的有敌敌畏、敌百虫等。

③熏蒸剂。

常用的有氯化苯、溴甲烷、磷化铝、环氧乙烷和硫黄等。熏蒸方法可根据商品数量多少，结合仓库建筑条件，酌情采用整库密封熏蒸、帐幕密封熏蒸、小室密封熏蒸和密封箱、密封缸熏蒸等形式。但是，上述几种熏蒸药剂品均系剧毒气体，使用时必须严格落实安全措施。

仓库害虫的防治方法，除了药物防治外，还有高、低温杀虫、缺氧防治、辐射防治以及各种合成激素杀虫等。

▲对储存金属商品锈蚀的防治方法

1. 金属商品锈蚀的原因

金属锈蚀的原因很多，有的属于化学锈蚀，有的则属于电化学锈蚀。就金属锈蚀的原因分析，既有金属本身的因素，也有大气中各种因素的影响。

（1）金属材料本身的原因

金属材料在组织、成分、物理状态等方面存在着各种各样的不均匀性和热、冷加工而产生的不均匀性，从而引起电极电位不均而影响或加速锈蚀。

（2）大气中的因素

金属商品锈蚀与外界因素有直接关系。如受温度、湿度、氧或有害气体、商品包装、灰尘等的影响。

2. 金属商品的防锈

金属商品的防锈，主要是针对影响金属锈蚀的外界因素进行的。

（1）控制和改善储存条件

金属商品储存的露天货场，要尽可能远离工矿区，特别是化工厂，应选择地势高、不积水、干燥的场地。

较精密的五金工具、零件等金属商品必须在库房内储存，并禁止与化工商品或含水量较高的商品同库储存。

（2）涂油防锈

在金属商品表面涂（或浸或喷）一层防锈油脂薄膜，金属商品就不易生锈。

防锈油分为软膜防锈油和硬膜防锈油两种。软膜防锈油防锈能力稍差，但容易用有机溶剂清除；硬膜防锈油防锈能力强，但油膜不易清除。软膜防锈油的使用有按垛油封、按包油封、个体油封三种。硬膜防锈油多用于露天存放的钢材，以喷涂为佳。防锈油都具有易燃成分和一定的毒性。

（3）气相防锈

利用一些具有挥发性的化学药品，在常温下迅速挥发，并使空间饱和。它挥发出来的气体物质吸附在金属制品表面，可以防止或延缓金属商品的锈蚀。

3. 金属商品的除锈

目前除锈的方法大体有手工除锈、机械除锈和化学除锈三种。

（1）手工除锈

主要是进行擦、刷、磨以除去锈迹。

（2）机械除锈

常见的有滚筒式除锈、抛光机除锈等。

（3）化学除锈

化学除锈是利用能够溶解锈蚀物的化学品，除去金属制件表面锈迹的方法。

化学除锈液一般由两部分组成，一部分是溶解锈蚀物，大多是采用无机酸，其中以磷酸使用得最多，因为它的腐蚀性较小。另一部分是对金属表面起钝化（保护）作用的铬酸等。金属商品的化学除锈主要是在各种酸液中进行，也称"酸洗"。

▲仓库安全管理制度

1. 严格执行商场安全保卫的各项规章制度。仓库安全工作要贯彻预防为主的方针，做好防火、防盗、防汛、防工伤事故的出现。

2. 建立健全各级安全组织，做到制度上墙、责任到人、逐级把关、不留死角，本着谁主管谁负责、宣传教育在前的原则，坚持部门责任制。

3. 若仓库区配备各种消防器材和工具应按场内规定执行，不得私自挪用。

4. 严禁各种危险品，车辆、油料、易燃品进入仓库区。

5. 仓库区域内严禁烟火和明火作业，确因工作需要动用明火，按商场有关安全保卫规定执行。

6. 加强用电管理。建立班前班后检查记录制度，做好交接检查的详细记录。

7. 加强对商场门、窗、锁的管理，出现问题及时向有关部门汇报，及时采取措施。末班人员下班后，将钥匙交到保卫部门，方可离去。

8. 做好来宾登记工作，严禁夜间留宿。特殊情况必须报场保卫部备案。

若因违反以上各款规定而造成商品损失，按商场有关规定处理。

▲仓库的消防安全规定

1. 仓库的消防安全工作重点

仓库防火工作要突出重点。根据企业法人是安全第一责任人的规定，商场要按照"谁主管谁负责"的原则，成立防火安全领导小组，全面负责仓库的消防安全工作。其重点是：

①建立以岗位责任制为中心的三级防火责任制，把防火安全工作具体落实到各部门和责任人。

②建立健全商场各项安全管理制度和操作规程。

③对职工进行安全生产教育，做到考核合格持证上岗。

④根据仓库规模，组建专职和义务消防组织，承担职责范围内的消防工作。

⑤开展安全检查，消除事故隐患，落实验收整改措施。

⑥及时处理安全事故，做到"三不放过"，即事故责任不清不放过；事故分析不清不放过；责任人和群众没有受到教育不放过。

2. 消防器材的配置

（1）配置消防设施与器材

仓库应当按照国家有关消防技术规范，设置、配备消防设施和器材。消防设施包括水塔、水泵、水池、消防供水管道、消火栓、消防车和消防泵等；消防器材主要是各种类型灭火器、沙箱、大小水桶、斧、钩、锨等。这些设施与器材，商场应设专人管理，并负责检查、维修、保养、更换和添置，保证完好有效，严禁圈占、埋压和挪用。

消防器材应当设置在明显和便于取用的地点，周围不准堆放物品和杂物。库区的消防车道和仓库的安全出口、疏散楼梯等消防通道，也严禁堆放物品。

（2）几种重要的灭火剂和消防器材

仓库应当根据商品性质，正确选用适宜的灭火剂、消防器材和扑救方法，以便有效地防止火灾事故的扩大和蔓延。

①水。

仓库消防的主要灭火剂就是水。水在灭火时有显著的冷却和熄灭作用，水能使某些物质的分解反应趋于缓和，并能降低某些爆炸物品的爆炸能力；当水形成柱状时，有一股冲击力，能破坏燃烧结构，把火扑灭。水还可以冷却附近其他易燃物质，防止火势的蔓延。

但是水能导电，对电气装备不能用水来灭火，水更不能用于对水有剧烈反应的化学危险品的灭火，也不能用于比水轻、溶于水的易燃流体的灭火。

②沙土。

沙土是一种廉价的灭火物质。

沙土能起窒息作用，覆盖在燃烧物上，可隔绝空气，从而使火熄灭。沙土可以扑救酸碱性物质的火灾和过氧化剂及遇水燃烧的流体和化学危险品的火灾。要注意不可用沙扑救爆炸物品，对易爆物要用冷却法，即用旧棉被或旧麻袋，用水浸湿覆盖在燃烧物上。

③灭火器是一种轻便、易用的消防器材，其种类较多，如泡沫灭火器、二氧化碳灭火器、"1211"灭火器和干粉灭火器等。

泡沫灭火器适宜于扑救汽油、煤油、柴油、苯、香蕉水、松香水等易燃流体的火灾，在扑救电气火灾时，应先切断电源。提取灭火器时要注意不要将筒身过度倾斜。

二氧化碳灭火器最适宜扑灭电器、精密仪器、电子设备、珍贵文件、小范围的油类等发生的火灾，但不宜用于金属钾、钠、镁等的灭火。

"1211"灭火器适用于扑灭油类、有机溶剂、精密仪器等火灾。"1211"灭火器的优点在于：绝缘性能好，灭火时不污损物品，灭火后不留痕迹，并且灭火的效率高、速度快。

干粉灭火器适用于扑灭油类、可燃气体、电气设备等的火灾，其优点在于：无毒、无腐蚀、灭火速度快。

3. 仓库的防火措施

预防火灾是一项系统工程，涉及仓库工作的方方面面。

《仓库防火安全管理规则》规定商场仓库保管员应当熟悉储存物品的分类、性质、保管业务知识和防火安全制度，掌握消防器材的操作使用和维护保养方法，做好本岗位的防火工作。

对仓库新职工应当进行仓储业务和消防知识的培训，经考试合格，方可上岗作业。

《仓库防火安全管理规则》还对商品的储存和装卸过程、电器管理和火源管理等有许多具体的防火规定，仓储部门要认真贯彻执行。

除此之外，仓库还应在组织领导、建筑设计、电气设备的安装使用、商品的储运、装卸搬运、堆码改装、车辆运行、火源控制、库内外环境、报警及灭火方式选择、职工教育培训等方面进行综合治理和部署，采取有效的防火措施，才能防患于未然。

4. 扑灭火灾的原理

燃烧产生的三个必备条件

①要有可燃物质，如火柴、草料、棉花、纸张、油品等。

②要有助燃物质，一般指空气中的氧和氧化剂。

③要有火源，凡能引起可燃物质燃烧的热能源都叫火源，如明火、电气火、摩擦冲击产生的火花、静电产生的火花、雷电产生的火花、化学反应（包括商品本身自燃、遇水燃烧和与性能相抵触的物质接触起火）等。

必须同时具备以上三个条件，并互相结合，相互作用，燃烧才能发生。因此防火和灭火的基本原理和一切防火措施都是为了破坏已经产生的燃烧条件，即主要采取隔离、窒息、冷却的办法，除掉由于三个条件造成燃烧的任何一个条件，使火熄灭。

能引起火灾的火源多种多样，大致可以分为直接火源和间接火源两大类。

直接火源主要有三种：

A. 明火。明火指生产、生活用的炉火、灯火、焊接火，以及火柴、打火机的火焰、香烟头等。

B. 电火花。电火花指电气设备产生的电火花，能引起可燃物质起火。

C. 雷电。雷电是瞬时间的高压放电，能引起任何可燃物质的燃烧。

间接火源主要有两种：

A. 加热阴燃起火。如棉布、纸张靠近灯泡，木板、木器靠近火炉烟道容易被烤焦起火等。

B. 商品本身自燃起火。指在既无明火、又无外来热源的条件下，商品本身自行发热而起火。

5. 基本的灭火方法

（1）冷却法

冷却法就是把燃烧物的温度降低到其燃烧点以下，使之不能燃烧。水、酸碱灭火器、二氧化碳灭火器等均有一定冷却作用。

（2）窒息法

窒息法就是使燃烧物与氧气隔绝，使火窒息。如黄沙、湿棉被、四氯化碳灭火器、泡沫灭火器等，都是用窒息方法灭火的。

（3）拆移法

拆移法又叫隔离法，即搬开、拆除可燃烧的东西，使火不能蔓延。

（4）遮盖法

遮盖法就是将浸湿的麻袋、旧棉被等物遮盖在火场附近的其他易燃物和未燃物上，防止火势蔓延。

（5）分散法

分散法就是将集中的物资迅速分散，孤立火源，一般用于露天仓库，大型仓库内也可以采用。

6. 化工危险品火灾的扑救

化工危险品仓库的消防工作有其特殊的要求。爆炸品引起的火灾主要用水扑救，氧化剂起火大多数可用雾状水扑救，也可以分别用二氧化碳灭火器、泡沫灭火器和沙土扑救。

易燃液体，用泡沫灭火器最有效，也可用干粉灭火器、沙土、二氧化碳灭火器扑救。由于绝大多数易燃液体都比水轻，且不溶于水，故不能用水扑救。

易燃固体，一般可用水、沙土和泡沫灭火器、二氧化碳灭火器等扑灭火灾。

毒害性商品失火，一般可用大量水扑救，液体有毒商品宜用雾状水或沙土、二氧化碳灭火器。氰化物着火，绝不能使用酸碱灭火器和泡沫灭火器，因酸与氰化物作用能产生剧毒的氰化氢气体，危害性极大。

腐蚀性商品中，碱类和酸类的水溶液着火可用雾状水扑救；但遇水分解的多卤化合物、氯磺酸、发烟硫酸等，绝不能用水扑救，只能用二氧化碳灭火器施救，有的也可用干沙土灭火。遇水燃烧商品，只能使用干沙土和二氧化碳灭火器灭火。

自燃性商品的起火，可用大量水或其他灭火器材。

压缩气体起火，可用沙土、二氧化碳灭火器、泡沫灭火器扑灭。

放射性物品着火，可用大量水或其他灭火剂扑灭。

▲商品出库管理规定

1. 凡有出库或倒垛的货垛，坚持动碰复核的原则，应及时核对商品、货垛的实存数与商品在账数量是否相符，如不符要及时查明原因。

2. 商品出库与要求。

商品出库包括本市内销、外调、移库、返厂、提取样品等。

（1）必须按规定凭正式出库票办理商品出库手续，不得白条出库，并根据商品性能变化，掌握先进先出，易坏先出的原则。

（2）商品出库必须经复核员复核，根据出库单仔细检验库别、印签、品名、产地、规格、数量是否清楚，发现问题及时与有关部门联系，妥善解决。

（3）验单合格后，先进行销账后出库。

（4）商品出库必须有编号，以单对账、以账对卡、以卡对货，付货时必须执行先盖章、销账、卡，后付货的操作规程，防止漏盖"货已付讫章"造成财产损失，复核员于货票上签字盖章，以明责任。

（5）商品出库时，仓库管理人员要二人仔细清点出库数量，做到人不离垛、件件过目、动碰复核、监搬监运，要及时对搬运不符合要求的予以纠正，防止商品损坏。

（6）商品出库要严把货票审核关、动碰制度关、加盖货已付讫章关。

（7）应按财务制度办理商品储存中所涉及的票流等有关财务方面事宜。

（8）有下列情况之一的，商场保管员可以拒付商品：

①凭证字迹不清，单货型号不符或涂改。

②提货人与付货凭证抬头所列单位不符。

③白条出库，任何人开的白条都不能视同付货凭证。

④提货单未盖商店的出库章及储运出库章。

▲商品出库业务程序

1. 核对出库凭证。

储存的商品出库必须有正式出库凭证。商场保管员接到出库凭证后，要认真核对商品编号、规格、品名、数量有无差错和涂改，有关部门签章是否齐全。核对准确后方可办理出库手续。

2. 备货。

商场保管员根据出库凭证，核销货卡上的存量，按规定批次备货。

3. 复核。

防止发货差错的主要措施是复核。出库复核人员按照出库凭证，对出库商品的品名、规格、数量进行再次核对，以保证商品出库的准确性。

4. 清点。

出库商品复核准确后，再把商品交给提货人清点，办清交接手续。

5. 记账。

仓库记账员根据出库凭证，按规定的手续登账核销存量。

▲四好仓库标准

（一）服务质量好

1. 礼貌待人，文明管库，服务周到，努力为柜台提供优质服务。保管人员要加强学习，提高业务素质。经常主动征求和虚心听取柜台意见，不断改善仓库经营管理，提高服务质量。

2. 坚持送货到柜台制度，新入库的商品两天之内送到柜台，做到散仓有货，柜台必须经常有货，外库有的商品散库有（下站直接入外库的商品，在接到到货通知单后三天之内办完手续，不完备的及时报商场经理）。

坚持每天到柜台收要货单，提前备货，次日开门前送到柜台。

3. 收发商品及时、准确，不准无故压票、顶票。严禁白条出库和付人情货。

4. 坚持催调制度。每月定期和会计对账，向商场经理提供商品结存单，每季末向商场经理室、业务经营部上报残、冷、滞商品催调单，以促进商场商品销售。

（二）安全生产好

1. 认真执行商场内各项安全管理制度和各项操作规章制度，坚持班前、班后，风、雨及雪前、中、后的检查，做好记录。

2. 坚持双人出库，双人复核及动碰制度，做到无盗窃，无损失，无差错（每天下班之前，对全天出入库的商品进行登记，并重新核对结存数）。

3. 商品堆码的顶距、灯距、墙距、柱距、垛距要合理，通道必须保持畅通，唛头正确，严禁无垫存放货物。

4. 搞好并保持库内外责任区清洁卫生，消防器材要经常检查，保持灵敏有效。保管人员要做到会报警，会使用消防器材，会灭小火，严禁携带火种和易燃物品进入库房。

（三）保管养护好

1. 把好入库验收关、出库复核关及在库保养关，做到安全、准确、无差错事故。

2. 根据安全、方便、节约的原则，合理堆码商品，做到安全整齐、牢固、美观、无倒置，遇有破箱要及时清点，整理好包装还要做到分区分类，货位编号，层批标量，垛段号准确，动碰复核，账、货、卡三相符。

3. 设置专人负责记录库内温湿度，搞好温湿度管理，积极改善仓库储存条件，使库房达到通风、防潮、防尘等要求，经常保持库内外清洁卫生。

4．保管人员要熟悉商品特性，精心养护商品，做到商品无霉变、无残损、无锈蚀、无虫蛀、无鼠咬及其他变质事故，经常保持库内外清洁卫生。

5．商品出库做到先进先出，易坏先出，接近失效期先出。根据本商场仓库的特点，销售量平稳的商品要求储备两星期以上的商品库存，积极调整库存结构，保证商品供应不断档；散仓单一品种，商品储存量不超过一个月（1~2件的除外）。

（四）指标完成好

据现有的散仓属于前店后库的实际情况，不适于做保管费用和人均劳动量两项指标评比，只要求每月计算出以下几项指标。

1．单位面积储存量。根据本库储存的商品品种多，数量小，堆码难度大的特点，单位储存量应在 0.40 吨/平方米以内。要求保管员坚持勤倒垛，勤开垛，勤整理，每天坚持一小时以上整理货位时间。

2．账货相符率，保管账的记载必须及时、准确、完整。坚持日记日清，账页上的栏次正确，字迹端正清楚，不得涂改，做到品名、规格、等级、产地、编号、数量等账货相符率达 99.5%。

3．收交差错率，要求差错率不超过万分之五。为了鼓励保管人员及时挽回差错损失，在差错发生后的五天内，能积极查清，并没造成损失的，不列入差错率。

4．平均保管损失，要求不超过万分之五。商品保管损失包括：因保管养护不善而造成的商品霉变、残损、丢失、短少、超定额损耗，以及不按规定验收、错收、错付而发生的损失等。

▲四好仓库评比办法

1．评比采取百分制的办法。

2．检查分类在 95 分以上的仓库，可被评为四好仓库。检查分数在 90~95 分之间的仓库，可被评为合格仓库，检查分数在 90 分之下的仓库为不合格仓库。

3．奖惩办法。

（1）凡被评为四好仓库的仓库，商场在每月奖金评定中给所在商店增加 1 分，由商店给每名保管员 10 元，作为奖励。

（2）被评为合格仓库的仓库，不给予奖励。

（3）被评为不合格仓库的仓库，由商场在每月奖金评定中，酌情扣除 0.1～5 分。

（4）根据四好仓库评分标准每月由各商店散仓进行自查，自报应得分数，上报所属商店经理，主管仓库工作的经理负责检查复核。核实准确后，填写四好仓库申报登记表，上交商场四好仓库评比小组审查。

评比小组由商场主管副经理，业务部储运科、保卫科和散仓组长三部分组成，每月将评比结果报商场评委会，由商场经理最后审批。

四好仓库的评比工作，会推动商场的仓储工作切实纳入制度化、规范化、科学化的管理轨道，更好地为商场第一线提供优质服务。

第二节　商场超市储运管理表格

▲财产增减月报表

财产增减月报表

使用部门：＿＿＿＿　　　　　　　编制日期：＿＿＿＿年＿＿月

财产单位编号及名称	设备名称	规范说明	单位	上期结存数量	本期增加		本期减少		本期结存数量	财产增减凭证字号（请按财产凭证编号表填写）	备注
					数量	金额	数量	金额			

注：本单一式三联：①使用部门留存。②会计处财产会计室核对用。③财产会计室核对后送经管部门留存。

▲财产投保明细表

财产投保明细表

日期	编号	名称	数量	保险公司	保单号码	保险期间	保险金额	费率	保管费	保管单位	抵押情形	备注

▲仓储计算机操作员职务说明表

仓储计算机操作员职务说明表

职务名称: 计算机操作员	职务编码:
日期: 　　年　月　日	公司－分部:
填写人:	部门－科室 数据处理－信息系统
审定人:	
上一级管理员职务名称: 高级计算机操作员	工资等级:

摘　　要

在一般监督下,操作数字计算机及外围设备,需要时执行其他任务。

工 作 任 务

1. 按照特定的技术和调度指令进行工作。
   (1) 在抽样监督下,按照技术指令和分配的工作进度进行工作。
   (2) 按规定的程序和进度表处理数据。
2. 操作数字计算机以及连带的外围设备。
   (1) 监视设备,做到运行时间最大,程序错误最小。
   (2) 分析信息错误,鉴定错误的原因。
   (3) 将机器故障和程序错误通知有关方面。
   (4) 在规定的权责范围内纠正错误。
   (5) 在适当位置,存储输出信号和已输入。
   (6) 按规定完成预防性维修。
3. 检查和分析输入数据。
   (1) 提出调度和应用方面的建议以发挥设备的最高效率。

（2）调试新的应用方法。

4. 保存运行记录和档案。

（1）分项记录每一程序的运算时间。

（2）记录所有机器故障和程序错误。

5. 接收、储存和保管数据处理中心的设备。

（1）卸车。

（2）保持储藏室井井有条。

（3）保管库存记录。

（4）把设备规格通知有关方面。

聘 用 标 准

1. 知识能力。

（1）必须懂得操作一种计算机及连带的外围设备的基本原理。

（2）必须能阅读和理解计算机操作手册。

（3）必须能按照规定标准和程序工作。

（4）必须能按照计算机调度指令工作。

2. 体力要求。

（1）必须能装、卸 9 千克重的磁盘包。

（2）必须能一天坚持正常工作和需要时加班。

3. 抗压要求。

必须能经受得住比较强而高的工作压力。

责　　任

1. 及时完成规定的工作任务。

2. 迅速判明机器故障。

▲离开商场安全自测检查表

离开商场安全自测检查表

月　日　时　分　下班
最后离开者　　　　　科

1. 是否确实做好打扫工作
　　□桌子　　　□工作台　　　□楼梯转角　　　□垃圾
2. 用具、工具是否归位
　　□手边的用具　　　□工具
3. 机器的电源是否关掉
　　□办公设备　　　　□发电机
4. 桌子、金库、档案柜、铁柜是否上锁
　　□桌子　　　□金库　　　□档案柜　　　□铁柜
5. 厨房、水槽的检查是否安全
　　□煤气开关　　　□水龙头　　　□电源
6. 关灯　　□房间　　　□厨房　　　□化妆室　　　□走廊
7. 上锁　　□房间窗户　　□化妆室窗户　　□厨房窗户　　□仓库
　　　　□房间门　　　□其他门　　　□正门　　　□仓库门
　　　　□车库门　　　□安全门
8. 关门　　　□正门　　　□仓库　　　□车库

锁门规则

▲行程表拟定检查表

行程表拟定检查表

单位		姓名	
□ 1. 拟定时是否能掌握业务目标			
□ 2. 是否能正确地估计业务所费的时间			
□ 3. 是否明确记载访问、会客、会议的时间与地点			
□ 4. 是否了解确定事项、未决定事项的区别			
□ 5. 是否会在变更事项上标上记号			
□ 6. 是否会在重要事项上标上记号			
□ 7. 是否能在几天前就检查交货的状况			
□ 8. 文件提出截止期限之前，是否会检查一遍			
□ 9. 是否有备注栏			
□ 10. 备注栏上是否记载费用或资料的名称			
□ 11. 拟定上司的日程表时，是否特别注意重复的工作			
□ 12. 日程表是否经过一再的检查、确认			
□ 13. 记载是否易懂、简要			

注：是在方框中打勾，否在方框中打叉。

▲24 小时行动计划表

24 小时行动计划表

本日	七天后	星期	计划 1 2 3 4 5 6 7 8 9 10 11 12 13 14 15 16 17 18 19 20 21 22 23 24
1	8		
2	9		
3	10		
4	11		
5	12		
6	13		
7	14		
8	15		
9	16		
10	17		
11	18		
12	19		
13	20		
14	21		
15	22		
16	23		
17	24		
18	25		
19	26		
20	27		
21	28		
22	29		
23	30		
24	31		
25	1		
26	2		
27	3		
28	4		
29	5		
30	6		
31	7		

第六章　商场超市进货、入库票流物流规程与表格

第一节　商场超市进货、入库票流物流规程

▲商品验收管理标准

仓管员和理货员应对本商场所进货物严格按"商品质量验收标准"进行检验。

1. 合格证检查

检查产品是否有合格证，证上是否有检验机构和检验员签章。

2. 清点检查

重点检查商品数量、包装质量及其完好性。

3. 抽样检查

抽样应按相应验收标准，采用随机抽取法取出代表样进行检查。

4. 索取有关质量证明

按"随货同行证书的管理程序"操作，向供应商索取有关质量证明，如进口食品卫生证书、进口药品检验报告书、质量保证书等，并与采购订单的内容进行对照，检查是否一一对应，准确无误。索取证书应及时，并指定质检员存档，按"随货同行证书的存档操作流程"进行管理。

5. 标志、包装检查

对所抽样品进行标志检查时，严格按照"商品质量验收标准"进行检查验收。检查包装是否牢固，是否可能因包装不良而使商品受损及包装本身是否受损。

6. 对有使用期限的商品进行检查

应重点检查有使用期限商品的生产日期、进货日期是否符合"商品质量验

收标准"的规定。

▲进货检验程序

1. 目的

通过对进货检验的控制，防止未经验证及不合格的物资投入使用，以确保质量。

2. 适用范围

适用于采购物资的入库验证。

3. 职责

仓管员负责对入库物资的验证和记录，部门主管负责监督。

4. 工作程序

（1）仓管员依据审批后的"请购单"或"采购计划"对所采购回的物资进行入库检验。

（2）对批量采购回的数量超过 10 个（含 10 个）的物品，采取抽检的方式进行检验，即从所购物品中按总数 10% 的比例抽检，抽取的数量不得少于 10 个；对零星采购的或数量少于 10 个的物品逐个进行验证。

（3）验证根据情况可采用核对数量、外观检查和合格证检查等方式进行。对涉及安全性能的产品如电器类、水暖器材、消防用具类、化工原料类必须具有合格证；对小五金类、绝缘材料类标准件类和其他杂项类应核对规格、型号和数量与采购文件是否一致，外观和包装有无破损等。

（4）验证结果由仓管员进行记录和保存，对验收中发现的不合格品按相关规定执行。

（5）对急需使用的来不及检验的物品，由部门负责人或其授权人员签名后，可予以紧急放行。放行部分要有明确标志，没有放行的部分仍按常规进行检验。

▲进货管理的注意事项

1. 指定进货的承办人

（1）若进货事项归销售部门管辖，则指定进货的承办人。

（2）要选用具有商品知识，熟悉进货厂家，有交涉能力，办事周详、诚实的人。

（3）销售经理应经常留意进货业务。

2. 进货计划与管理

（1）进货计划以销售计划及存货计划为基础。

（2）若依各销售部、分店、营业处独立进货，若存货发生浪费现象，则必须注意对总体性的控制。

（3）进货及付款的日期，需与财务部联络、协调。

（4）若有资金调动优先的情况时，要特别严守其进货管理规定，要在财务部监控下进行。

销售经理应详查有无过量进货。

3. 进货来源的管理

（1）制作进货来源卡，以判断各进货来源的动向与业绩。

（2）销售经理应尽量访问进货厂家，与之保持良好的关系，并搜集促销情报。

▲检验状态的控制程序

1. 目的

通过对所有影响服务质量的物品和服务过程各个阶段的工作状态进行检验状态的标识，防止不合格品投入使用，明确对服务质量的评价。

2. 适用范围

适用于公司所有用于提供服务的物品及服务活动。

3. 职责

（1）仓管员负责对进货物品的检验状态进行标志。

（2）管理处负责对用于提供服务的设备、设施和各类服务活动质量的检验状态的标志和记录。

4. 工作程序

（1）来料物资的检验状态标志

管理处的库房设置合格区、不合格区和待验区等，并悬挂相应的标志牌。来料在未验证之前，均应放在待验区，验证后由仓管员根据合格、不合格状态对应分区放置。

（2）设备、设施的检验状态标志

管理处各部门对用于提供服务的设备、设施检验后，对完好状态的不予标志；对故障设备悬挂"维修中"标牌。

（3）服务活动过程的检验状态的记录。

①管理处定期组织服务质量内部检查，评价状态由管理处自行标志（记录），可采用流动红旗、奖牌、检验记录等方法。

②外部服务质量评价的标志均以外部授予的奖牌、证书和文字记录等进行确认。

▲测量、计量器具的管理规定

1．目的

保证所有为用户提供服务的测量仪器、计量器具能正常使用，并能达到所要求的精度及测试能力。

2．适用范围

适用于对服务质量有影响的测量仪器、计量器具的使用、校准和保管。

3．职责

（1）管理处经理负责对测量仪器、计量器具送检、校准的组织和监督。

（2）机电主管负责测量仪器、计量器具的采购和管理，对无须送检的测量仪器组织机电人员进行自检。

（3）机电人员负责对测量仪器、计量器具的使用和保管。

4．管理工作程序

（1）测量、计量器具的采购。

根据工作和设备技术性能的需要，机电主管填写"请购单"，经管理处经理批准后执行采购，或经管理处经理审核后，报请商场批准后执行采购。

（2）测量、计量器具的验证。

①在测量、计量器具投入使用前，机电主管应对其进行送检校准，确定受检标签，组织办理入库验证。

②测量、计量器具在使用过程中，根据其有效使用期的规定，由机电主管组织按时送计量主管部门校验。

③经发现计量器具失准时，应对其涉及的数据记录进行评审，需要时追回重检，并做好记录。

④对无须送检的测量仪器，如卷尺、电压表、电流表、压力表等，管理处机电主管可组织机电人员对其进行自检，发现变形、损坏、失准的应停用更换。

（3）测量、计量器具的建账。

①管理处机电主管负责建立"测量、计量器具台账"，记录测量、计量器具原始资料和在使用过程中受检状况的反映。

②自检的测量仪器，在台账中不予记录。

（4）测量、计量器具的标识。

测量、计量器具在送市计量主管部门校验后，在其背牌上必须贴署校验合格标签。

（5）测量、计量器具的报废。

测量、计量器具经送检确定为应报废用品时，由机电主管作出书面评估报告，经管理处经理批准或报商场经理批准后，执行报废。

▲验收入库流转制度

商品验收是物流中心对供应商所供商品的确认，也是商场内部商品流通环节对接收商品的确认。

1. 商品验收的一般过程

（1）商品验收。

商品验收主要应做好三方面工作：

①对单验收。

对单验收，是指仓库保管员对照进货通知单的品名、规格、质量、价格等依次逐项检查商品，注意有无单货不符或漏发、错发的现象。

②数量验收。

一般是原件点整数、散件点细数、贵重商品逐一仔细检对。

③质量验收。

保管员通过感官或简单仪器检查商品的质量、规格、等级，如外观是否完整无损、零部件是否齐全无缺、食品是否变质过期、易碎商品是否破裂损伤。

（2）填制"商品入库验收单"。

仓库保管员按表式规定填写"商品入库验收单"。如果综上所述，已有合同管理员（采购员）填制过进货凭证，就可借用该凭证作验收单，不必另行填制。如果单货不符，则要填写溢短残损查询单，经仓库负责人核对签字后，作为今后与供货方、运输方交涉的凭证。

（3）记载商品存货账。

验收结束后，保管员根据验收凭证，记载保管商品存货账。仓库用的保管存货账可等同市场上现售的"商品明细分类账"。有些仓库只控制数量、不计算金额，还可用具有数量收、发、存的三类式账页。

（4）商品入库。商品入库前应做好准备工作，例如安排货位（要按消防局的防火标准）、准备苫垫用品、装卸搬运工具、检验度量衡器具，组织好收货人力等，还要准备好商品标签（如下所示）。

商 品 标 签

（商品标签式样）

```
┌──────────────────────────────────────────────┐
│                                                │
│              _____中心                   │
│                                                │
│   货号_____品名_____规格_____          │
│                                                │
│   单价_____              │
│                                                │
│   产地_____              │
│                                                │
│                                                │
└──────────────────────────────────────────────┘
```

2. 验收环节中的单据流转

溢短残损查询单流转程序说明：

（1）保管员在验收商品时，如发现商品残损、变质、串号、短少等情况，必须有证明人签章，填写"查询单"一式5联交查询员。

（2）查询员收到查询单应到现场了解情况。如果符合查询标准，即加盖查询专用章，将存根联留底备查，保管联送保管员，记账联交会计员，答复联、发货方联寄代供货单位。

（3）保管员收到查询单，将保管联记保管账留存。

（4）营业员收到会计联后记资金账和日报表交给核算员。

（5）核算员汇总后交会计部。

（6）会计部收到后记账并留存。

（7）供货单位答复补回商品时，进行各环节的相应处理。

▲进货作业流程

1. 供应商

厂商填写验收单一式5联。

2．点收

（1）送至暂存区，仓库保管员核对订单及点收。

（2）若数量正确在验收单上签收。

（3）销订单档，编号登入进货日表。

（4）验收单的第 4 联厂商存底移送至质量管理部门。

3．检验

（1）质量管理部门依进料检验规格表抽验货物。

（2）进货检验规格表由质量管理部门自存。

4．记录

（1）抽验结果记于货物入库检验表。

货物入库检验表由质量管理部门自存。

（2）允收签章。

（3）贴绿色允收签。

验收单：第 1 联质管留存。

第 2 联仓库留存。

第 3 联会计留存。

第 5 联采购留存。

（4）采购销订单档。

5．入库

（1）货物入库，记入账卡。

（2）入电脑库存账。

（3）核对发票无误后，汇总送至会计。

▲进货作业流转规程

1. 从当地工厂进货

如果是直接从当地工厂进货，单据流转有以下两种情况。

（1）签有合同的订货商品，其流转过程与从外地进货基本相同，而随货同行联通常是厂方送货时连同送货回单一并带上，由仓库签收。

（2）没有签订合同的选购商品，其流转过程略有变化。由商场采购员填制 3 联进货通知单。本地进货一般不发生拒付，因为如果商品不合格，可予以退回，不用付款。

2. 从本市各专业批发公司进货

其单据流转程序说明：

从本市专业批发公司进货，其单据流转的特点是商场不必再自行填制凭证。批发企业已经一式多联，除批发部本身留用若干份外，其余交商场采购员，由采购员分别把结算联送商品柜记账流动。其余 3 联即提货联、代表联、随货同行联，由商场储运部提货，或由供货方送货上门。提货联由供货方发货人收下，商品由保管员验收入库，代表联留存记账，随货同行联代进货通知单送商品柜。

代销、赊销商品的采购：

有些供货方为了搞活经济，对某些尚未打开销售局面的新产品和一些滞销商品，委托购货方代销或赊销给购货方，代销是指供货方先发货给购货方，待商品全部销完或部分销完后购货方再付款。赊销与代销略有不同，它不是以商品是否出售为付款标志，而是以时间为付款标志，是一种延期付款的销货方式。在采购"代销"、"赊销"商品时，商场合同管理员或采购员在开具进货通知单时，应注以"代销"、"赊销"字样，有条件的商品都可以设计专门的"代销"、"赊销"进货通告单，以便各环节在入账时与进销商品有所区别，不作库存商品。在柜台进销日记报表或柜台记账簿上作"负"字出现，等付款后再更正过来。也有些商场在设计进销日报表时专门分列了进销、代销、赊销商品项目，从而加强了商品的经营管理。

3. 从外地进货，单据的流转程序说明

（1）商场合同管理员（如果商场较小，由采购员或部经理助理兼任）接到外地供货方发出的银行托收凭证和发票后，应逐笔核对合同。核对准确后，把供货方单据转交商品柜做账，同时合同管理员根据单据所列商品填制进货通知单一式 3 联，其中存根留存作合同数量减少的凭证，商品柜联和仓库联送交仓库。

（2）商场保管员收到合同管理员送来的商品柜联和仓库联后，应做好收货准备。当收到运输部门从车站码头提货转来的随货同行联和商品实物后，于当天验收入库。仓库联作保管账凭证，商品柜联送至商品柜作为到货通知。

（3）商品柜收到合同管理员转来的银行托收凭证、发票和仓库转来的进货通知单（商品柜联）后，即做入进销日报表，并一起转交给商品部核算员，同时把通知单上的商品记入内仓存货账。

（4）商场核算员收到各商品柜转来的报表、凭证后，立即汇总记账，再转交到商场财会部。

（5）财会部收到各种凭证、报表后再次核对，按要求将货款在规定期限内汇出。

以上是一般正常程序，在执行程序时还应该注意：

①如果是第一次经营的新商品，合同管理员在收到供货方发票后，先要附上样品实物交物价部门核价，然后再转入正常程序。

②如果供货方是老客户，信誉一直很好，也可以不等货物到仓，先行付款。

③如果供货方的商品在质量上或其他方面有问题，应拒付货款，填写拒付通知单。

▲经销商品入库票流物流规程

（一）经销商品入本库

1. 仓库保管员收到厂方正式发票（出库单）或储运部转来运单、随货同行联、到货通知单后，要及时转交，由合同员审核、注销合同、加盖经销商品章转商场物价员进行编号、核定价格。

2. 仓库保管员接到物价员转来的票据后，凭此票验收商品数量、品名、规格、包装、质量等，票货相符、质量合格后，将商品入库。

3. 仓库保管员凭审核、定价后的原始单据（即厂方的正式发票或随货同行联、到货通知单等），填制商场经销商品入库单1～5联。

4. 仓库保管员将原始单据及自制入库单1～5联转商店，对商品账进行复核、签字后，再转给仓库保管员。

5. 仓库保管员在自制1～5联入库单上加盖"货已收讫"章及签名后，自留第一联，增记"库房经销库存明细账"中入库数量。内库增加，要求一货一价一账页，随后将2～4联及原始单据转所属商店，5联转营业部（柜台）。

6. 所属商店接到仓库保管员转来的商场经销商品入库单2～4联，凭第3联记"经销库存商品明细账"进货数量，结存数量、内库增加。

7. 所属商店根据当日"经销商品入库单"填制营业部"进销存日报表"1～3联，凭第1联记经销库存商品金额账，库存金额增加。

8. 所属商店将进销存日报表第2联附进货原始单据及入库单第2联转会计室，进销存日报表第3联附入库单，第4联转统计员。

9. 商场会计人员按到三级账转来的"进销存日报表"、"原始单据"、"经销商品入库单"审核准确后，做记账凭证入账。统计员也做相应的工作。

（二）经销商品入外库

1. 仓库保管员接到储运部转来的运单、随货同行联、到货通知单需要入外库的，应先将单据转合同员审核，注销合同，加盖经销商品章后转物价员编号，核定价格。

2. 仓库保管员凭审核计价后的原始单据填制商场外库货物入库单 1~4 联，第 1 联存根，2~4 联交储运部，转外库办理正式入库手续（仓库保管员派人去外库核查商品入库情况）。

3. 外库保管员将储运部货物入库单 4 联加盖"货已收讫"章，收货人签字后，经储运部转交商场仓库保管员。

4. 仓库保管员根据储运部传来的储运部货物入库单，第 4 联与存根第 1 联核对无误后，做商场经销商品入库单 1~5 联，并加盖"货已收讫"章，签字后，储运部入库单第 4 联与商场入库单第 1 联捏对，增记库房经销库存商品明细账中的入库数量及外库增加。2~5 联流转程序视同入本库。

▲代销商品结算规程

1. 商场代销员按供货单位建立代销商品金额账，负责代销商品结算工作。

2. 代销员凭保管员转来的代销商品入库单第 5 联增记代销商品分户账金额。

3. 代销员将保管员转来的代销商品出库单第 5 联留存备查，以掌握商品出库（上柜台）情况。

4. 供货单位要求结算货款时，代销员必须亲自查看代销库存商品明细账中的商品总结存数量（包括仓库、柜台），对月清月结的商品要查看仓库账结存数量和柜台实存数量，以进货数量挤出销售数量。

5. 代销员根据商品销售数量和代销商品货款结算的规定，填制商场代销商品结算通知单（一式 3 联）签字后转给部门业务主任（结算通知单上填写的付款数量、金额应与入库单数量、金额一致，与工厂发票一致）。

6. 部门业务主任按结算通知单进行复核、查看账目，盘清实物及残损商品等，无误后签字转商店主管经理签字后，转商场会计室。

7. 商场会计室接到结算通知单及工厂发票，审核无误后向供货方付款结算。

8. 会计室付款后将结算通知单第 1、3 联签字后 3 联转回代销员，1 联转营业部门。

9. 代销员收到会计室转来的结算通知单与代销商品入库单，捏对复核准确后，登记减少代销商品分户金额账。

10. 月末由商场代销员将代销商品分户金额账与会计室代销商品款分户金额账核对一致。

11. 月末代销员将未付款的"代销商品入库单"汇总金额与分户账总金额核对一致。

商场部领货单

仓库：＿＿＿＿＿＿＿＿＿＿

营业柜＿＿＿＿＿＿＿＿＿＿　　　　　　　　填单日期　　年　月　日

货号	规格及品名	单位	数量	零售价		备注
				单价	金额	
合　　　计						

柜组长：　　　验收人：　　　仓库主任：　　　保管员：　　　制单：

▲商品调拨单的流转规程

1. 商场发货部门营业员根据收货单位要求调拨的商品品名和数量，填制一式 4 联商品调拨单，交柜组负责人同意签名后，转交收货部门负责人。

2. 收货部门负责人签名后，交提货员到发货部门仓库（营业柜）提货。

3. 发货部门仓库（营业员）验单后，核单发货并经复核无误后加盖"货物付讫章"，仓库联留存记账，记账联转柜台做账转交核算员。其余两联退提货人随货同行。

4. 收货方经验收无误后，加盖"货物收讫"图章，收货方仓库联留存记账，记账联做账。

▲经（代）销商品出库票流物流规程

1. 营业员填制要货通知单（1～2 联），第 1 联留存，第 2 联转仓库保管员。

2. 仓库保管员根据营业部门的要货通知单，填制商场经（代）销商品出库单 1～3 联，并备齐商品。

3. 仓库保管员将备齐的商品连同出库单（加盖"货已付讫"章、签名）送至营业货区，经收货人与要货通知单第 1 联复核验收商品后，在出库单上签字，并将第 1 联退回仓库保管员，第 2 联留柜台，第 3 联转记账员。

4. 保管员凭出库单第 1 联记"经（代）销库存商品"明细账中的内库减少。

5. 记账员凭出库单第 3 联记"经（代）销库存商品"明细账中柜台数量增加，内库数量减少。

6. 仓库保管员需要到外库提货的，填制商场外库货物出库单 1～4 联，第 1 联存根，2～4 联加盖商场"出入专用章"及储运部专用章转交储运部到外库提货。

7. 外库保管员接到出库单，按票出货，并在出库单第 4 联加盖"货已付讫"章，签名后经商场储运部转仓库保管员。

8. 仓库保管员接到出库单第 4 联与第 1 联核对无误后验收商品、票货相符后，加盖"货已收讫"章，收货人签字。

9. 仓库保管员凭第 4 联出库单，记库房经（代）销库存商品明细账外库数量减少，内库数量增加。

▲商品入库出库票流物流传递时间要求

1. 商场保管员接到储运部或工厂送来商品必须在一小时内验收完毕，将原始凭证传递到合同员。

2. 合同员接到保管员转来的商品到货原始单据，要立即审核注销合同，并分别加盖经（代）销商品印等，必须在半小时内传递给物价员。

3. 商场物价员接到合同员转来的商品到货原始单据要立即编制编号，核定商品价格，必须在接票后 1 小时内传递到仓库保管员。

4. 商场仓库保管员接到物价员审核、定价后的原始单据，填制的"商场经（代）销商品入库单"必须在 2 小时内传递到商场记账员。

5. 商场记账员接到仓库保管员转来到货原始单据与"商场经（代）销商品入库单"，审核后填制"商场营业部的进销存日报表"必须在次日上午传递到商场会计室。

6. 营业部门每日下午 3∶00 前，分别填制要货通知单交至商场仓库保管员。

7. 商场仓库保管员接到营业部门的要货通知单后填制商场经（代）销商品出库单并备齐商品，最晚于次日上午 8∶45 前送至柜台，9∶00 前送货完毕。

8. 商场代销结算员严格执行代销商品结算审核手续，保证结算符合规范程序，接票后必须在 1 小时内传递到会计室。

▲商品销售票流物流规程

商场零售业务采用两种收款方式：一种是设收款台方式；另一种是无收款台，采用一手钱一手货方式。

1. 商场设收款台（专人收款，钱货分开）

（1）商场售货员待顾客挑选好商品后，开具"商场交款凭证"（一式 3 联），第 1 联、第 2 联交给顾客到收款台交款，第 3 联售货员暂时留存。

（2）顾客持两联"商场交款凭证"到收款台交款。

（3）收款员收款完毕。在交款凭证上盖章并加贴计算机结算单，第 2 联收款员留存，第 1 联交顾客到柜台交票取货。大件贵重物品顾客需要发票到服务台凭交款凭证开具。

（4）售货员收到顾客盖有收款章和计算机结算单的第 1 联"交款凭证"后与留存的第 3 联"交款凭证"核对准确后，将商品随同第 3 联"交款凭证"交给顾客，第 1 联交款凭证售货员留存。

（5）每日售货员凭"交款凭证"第 1 联汇总个人当日销售额，并做统计，组长签字。

（6）收款员根据"交款凭证"第 2 联汇总销售额，与当天收款额核对无误后，按柜组填制"交款凭证汇总表"1～4 联，第 1 联转柜组，与第 1 联交款凭证汇总金额核对，第 2 联转会计，第 3 联连同"交款凭证"第 2 联转记账员，第 4 联转统计员。

（7）收款员清点货款后，填制"商场××商店××组缴款单"（一式 4 联）签字后双人交会计室。

（8）商店会计室收到交来的货款，经双人清点无误后在"缴款单"上加盖"款已收讫"章，及"收款人名"章，第 1 联退收款台，第 2 联会计记账，第 3 联商品账记账，第 4 联封签。

（9）记账员凭收款台转来第 1 联"交款凭证"填制"商场营业部门日清日结销售汇总表"一式 3 联，凭第 1 联记商场"经（代）销库存商品明细账"销售数量。第 2 联转统计，第 3 联转柜台。

（10）记账员凭"交款凭证"和"交款凭证汇总表"填制"商场营业部门

进销存日报表"（一式3联），凭第1联记经销库存商品金额分类账减少，第2、3联分别转交会计员和统计员。

（11）会计员、统计员接到记账员转来的"营业部门进销存日报表"和"日清日结销售汇总表"对其进行审查核实，并与当日"缴款单"核对，准确后做相应的账务处理。

（12）会计室库存商品金额分类账控制商品账、库存商品金额分类账。

（13）顾客要求退款由商场售货员开具"交款凭证"红字，经双人签字。

2. 无收款台（一手钱一手货）

（1）售货员待顾客挑好商品后，直接收款，将商品交给顾客。

（2）售货员每售一笔商品都要登记在"营业员销售卡"上面，不要漏登、重登。

（3）每日营业终结前，售货员将"营业员销售卡"进行汇总计算个人的销售额，并与当日收到的现金核对准确后，填制缴款单1～4联交主任复核签字送会计室，"营业员销售卡"转记账员。

（4）会计室点款、核票准确后，经双人签字，盖章留存第2联，将缴款单第1联退收款员（柜台），第3联转业务人员，第4联封签。

（5）记账人员根据"营业员销售卡"填制"营业部门日清日结销售汇总表1～3联"。

（6）记账人员根据"营业部门日清日结销售汇总表第1联"，记经销商品库存商品明细账中的柜台减少。

（7）无法进行日清日结的商品，营业部门可以不做"日清日结销售汇总表"，可不逐笔登记"经（代）销库存商品明细账"。月末按照商场主管经理审批签名的盘点表（实物盘点）统计商场内每一种商品的月销售数量。

（8）记账员根据"日清日结销售汇总表"填制"营业小组进销存日报表"。无法进行日清日结的商品，根据"缴款单"填制"营业部门进、销、存日报表"，凭第1联登记"经销库存商品"金额分类账减少。第2、3联分别转会计员、统计员。"日清日结销售汇总表"第2联转统计，第3联转柜台。

（9）顾客要求退款由售货员登记"销售卡"红字，经组长签字，票据流转程序视同销售。

▲商品退库、返厂票流物流规程

1. 商品退库

（1）经销商品退库

①凡柜台商品出现残损、串号、花色、型号、规格、等级与订货要求不符的问题时，营业部门用红笔填制要货通知单1~2联，第1联留存，第2联转仓库。

②仓库保管员接到营业部门的要货通知单（第2联，红字）后开具"经销商品出库单（红字）1~3联"。待商品退回仓库，经收货人签字加盖"货已收讫"章后，凭第一联记"库房经销库存商品"明细账，内库增加。2联转柜台，3联转记账员。

③记账员收到仓库转来的出库单（红字）第3联，记经销库存商品明细账，即内库数量增加，柜台数量减少。

（2）代销商品退库

①凡柜台商品出现残损、串号、花色、型号、规格、等级与订货要求不符的问题时，营业部门用红笔填制要货通知单1~2联，第1联留存，第2联转2仓库。

②仓库保管员接到营业部门要货通知单第2联（红字）后开具代销商品出库单（红字）1~5联，待商品退回仓库加盖"货已收讫"章，收货人签名后凭第1联记库房代销商品明细账内库数量增加，第5联转柜台，第6联转代销员，2~4联转记账员。

③记账员凭第3联记代销库存商品明细账内库数量增加，柜台数量减少。凭第3联填进销存日报表（经转代），同时记金额账经销库存金额减少，代销商品库存金额增加，将2~4联分别转商场会计员、统计员。

④商店会计接到记账员转来的代销商品出库单第2联（红字）及进销存日报表，记二级金额账，经销库存商品金额减少，代销库存商品金额增加。

⑤商场统计员接到记账员转来的代销商品出库单第4联（红字）同样增记经销库存商品金额减少，代销库存商品金额增加。

2. 商品返厂

商品返厂一律由仓库保管员办理返厂手续。

（1）经销商品返厂

①凡仓库商品出现残损、串号、花色、型号、规格、等级等需要返厂的由商

场保管员办理返厂手续，填制"商场经销商品入库单"（红字）1~5联，同时填制"商场返厂单"1~5联（外埠商品返厂必须有厂方承认的函件方可开具返厂单）。

②仓库保管员将返厂的商品返回工厂，厂方经手人在经销商品入库单（红字）与返厂单上签字，返厂单第5联交厂方，保管员根据签字后的入库单（红字）第1联记库房经销库存商品明细账内库数量减少，5联转营业部门。第2~4联入库单（红字）及返厂单第2~4联转业务员。

③记账员接到返厂单第2、第4联及入库单（红字）第2~4联，审核无误后凭第3联记经销库存商品明细账内库数量减少，同时填制当日营业部门进销存日报表购进减少，记库存商品金额账减少。第2、第4联入库单（红字）第2、第4联返厂单附在进销存日报表后转商店会计。

④商场会计接到记账员转来的经销商品入库单第2联及返厂单第2联与进销存日报表，审核准确后做记账凭证，经销商品入库单第4联（红字）返厂单第4联转统计。

（2）代销商品返厂

代销商品返厂入库单（红字1~6联，第6联转商场代销员）。

说明：商品返厂必须由商场向税务部门索取进货退出证明单，交给供货方后，方能办理退货手续。

▲商品查询票流、物流规程

1. 凡商品入库后发现物件整件不符原包装，长、短、串、残以及质量等问题一律填制查询单。

2. 柜台发生商品长、短、串、残等问题，要经双人审查并写出情况记录交商场仓库保管员。

3. 对外库商品查询一律由仓库保管员填制查询单。

4. 本市进货有问题商品需要查询，保管员填制"商场本市商品查询单"一式3联，全份交供货单位或采购员代转，由收单人在第1联查询单上签章，经管商品人员留存，凭以改变保管卡片堆存地点。堆存地点设查询栏，长货写红字，短货写蓝字，解决后冲平，第2联查询单由采购员留存凭以督促处理；第3联查询单交供货方。

5. 外埠进货有问题商品需要查询，由商场保管员填制"商场外埠商品查询单"一式5联，全份交给外埠采购员签章后第1联退回仓库，由经管商品人留存，短货写蓝字，解决后冲平，第2联采购员留存凭以督促处理，第3联转会计室备查，第4、第5联寄交外埠供货方查询。

第二节　商场超市进货、入库票流物流表格

▲商品验收单

商品验收单

厂商名称							
采购单号	商品名称	规格	交货数量	采购数量	短缺退回数量	单价	总价
备注							

主管：　　　　　　证明人：　　　　　　点收人：

▲商品检验报告表

商品检验报告表

商品名称		规格		采购日期		数量	
采购单位					检验员		
检验记录	检验项目	检验标准	检验结果	合格	不合格	备注	总评 □合格 □不合格
采购部经理		质量检验主管		检验员		仓库验收记录	

▲商品验收日报表

商品验收日报表

年　　月　　日

受理号码	订购号码	交货厂商	品名	规格	数量	合格品		不合格品		摘要
						数量	受领者	数量	处置	

▲检验作业日报表

检验作业日报表

出货日期	检查顺序	订单编号	设计编号	订购厂商	品名	受检数	检查数	未检查数	合格数	特采数	不合格数	不合格情况	人员	检查时间	备注

记事：

注：这张日报表适用于对外购买资材的审查。对外购买的资材必须由资材组核对数量及金额，再由检查组检查买进资材的质量。

▲限额领货单

限额领货单

领货部门：　　　　　　　　　　　　　　单　　号：
　　　　　　　　　　　　　　　　　　　发货仓库：

货物编号	货物名称	规格	计量单位	领用限额	实发																					
					数量	单价									金额											
						百	十	万	千	百	十	元	角	分	百	十	万	千	百	十	元	角	分		

日期	领发货			退货			账额结余数量
	数量	领货人	发货人	数量	退货人	收货人	

▲领货、退货单

领货、退货单

制造批号：　　　　　　　　　　　　　　领/退部门：

领/退日期：　　年　月　日　　　　　　　领/退单号：

领货	退货	品名	规格	货物编号	领/退数量	收/发数量	备注
备注							

登账：　　　　　仓储：　　　　　主管：　　　　　领退货人：

▲订单统计表

订单统计表

企业名称				负责人							
地　　址				电　话							
产品类型	日期	数量	备注	产品类型	日期	数量	备注	产品类型	日期	数量	备注

产品类型	价格	月　份												总计	备注
		1	2	3	4	5	6	7	8	9	10	11	12		
合　计															

▲发货通知单

发货通知单

编号：

客户名称：　　　　订单号码：　　　　□一次交货

地　　址：　　　　订货日期：　　　　□分批交货

产品名称	产品编号	数量	单价	金额（元）
总　价				

仓库：　　　　主管：　　　　核准：　　　　填单：

▲发货明细表

发货明细表

客户：　　　　　　　发货单号：　　　　　　　日期：

	区号	编号	规格	数量	瑕疵	备注		区号	编号	规格	数量	瑕疵	备注
1							11						
2							12						
3							13						
4							14						
5							15						
6							16						
7							17						
8							18						
9							19						
10							20						
合计							合计						

制表：

▲发货日报表

发货日报表

年　　　月　　　日

客户	品名	规格	数量	备注	客户	品名	规格	数量	备注

▲发货月报表

发货月报表

订购日期	提货单号数	单价	上月结余		本月订货		本月发货		本月结余		备注
			数量	金额	数量	金额	数量	金额	数量	金额	

经理：　　　　　营业科长：　　　　　复核：　　　　　制表：

▲发货月报汇总表

发货月报汇总表

提货单编号	上月结欠		本月订货		本月发货		本月结欠		备注
	数量	金额	数量	金额	数量	金额	数量	金额	

经理：　　　　　营业科长：　　　　　复核：　　　　　制表：

▲货品欠发清单

货品欠发清单

原发货凭证（销货单）									已发数	未发数
年	月	日	编号	客户名称	品名	单位	数量	单价	金额	

制表：

▲货品收发登记卡

货品收发登记卡

品名：_____　存放地点：_____

年		收入数量	发出数量	结存	经手人
月	日				

第七章　商品变价、盘点票流物流规程与表格

第一节　商品变价、盘点票流物流规程

▲商品变价规定

　　商品变价是指对商场内商品原售价的调整和变更，包括指令调价和根据销售情况削增价两种情况。

　　商品调价是指按国家规定，提高或降低商品原定价格。商品调价是一项政策性很强的工作，它直接关系到工农业生产、人民生活、商品流通和国家财政收支等。因此，必须严格按照物价管理权限进行，不得擅自提级提价或降级降价，营业员不得泄露调价机密。在接到调价通知后，要按规定的日期，会同有关人员共同盘点库存，准确核实商品数量，决不许少盘或多盘，然后更换商品标价，并填制一式三联的"商品调价单"，存根联留存，会计联记账后交核算员，最后转财务会计，业务联交商场备查。

　　商品削价是商场对某些残损、变质商品采取降低价格、以利推销的办法，这是商场的一项经常性工作。商品削价要本着减少损失、促进营销的原则。及时削价处理残损、变质商品，有利于增加市场供应，减少国家财产损失，加速资金周转。在削价时要严格审批手续，禁止内部私分。营业员在确定削价幅度和盘点商品数量后，应填制"商品削价报告单"。其削价流转程序与商品调价单流转程序基本相同，商品增价手续一般和削价手续一样。

▲商品变价票流物流规程

　　1. 商场营业部门售货员接到商场物价员转来的变价通知单后，按规定和要

求做商品变价报告单1～5联，经主任审批签字后，转商场物价员审核。

2. 商场物价员接到售货员转来的变价报告单，审核签字后交商场经理审批。

3. 商场物价员将经理审批后的变价报告单第5联留存，记物价账，1联交商场经营部，2～4联转营业部门记账员。

4. 商场商品账记账员接到变价报告单2～4联，审核准确后，按变价报告单变动商品销售价格留存3联，在当日进销日报表登记变价增值或减值，并记库存商品（经销）二级账金额增加或减少，将变价报告单2联转商场会计室，4联转统计员。

5. 商场会计室接到商品账转来的商品变价报告单2联，审核准确后做记账凭证。

注：商品变价后售价低于成本的损失上报商场财务审计部研究处理。商场作削价准备或列入本商场当期损益。

▲商品削价处理票流物流规程

1. 商场部门业务主任根据柜台商品残损、变质、积压等情况做商品削价处理申报单1～5联，报转商场物价员审核。

2. 商场物价员接到部门业务主任转来的削价处理申报单后，到柜台查看商品残损程度，严格审核降价幅度，认定合理准确后签字交商场经理审批。

3. 商场物价员接到经理审批后的削价处理申报单后，5联留存，1联交商场经营部，2～4联转营业部门记账员。

4. 记账员接到"申报单"2～4联审核准确后，按"申报单"中所列商品编号、品名、数量由好品转入"处理商品"，即减少好品柜台数量，按商品编号、品名、新定售价增设货"处"字头的账面，记柜台栏数量增加。

5. 根据商品削价处理申报单损失金额在当日进销存日报表登记变价减值并记库存商品（经销）二级账金额减少，申报单2联转商场会计室，4联转统计员。

6. 商场会计室接到商品账转来的"申报单"2联审核准确后，做记账凭证。

▲商品盘点制度

商品盘点是对商品实物数量和金额的清点和核对。商品盘点是加强商品管理、考核商品资金运转情况的重要环节，也是商场售价金额核算和实物负责制的一项重要内容。通过盘点可以掌握商场各类商品的实存数量，了解库存结构是否合理，从而为商品排队、进一步组织商品打下基础。

商品盘点分类可以从时间和工作需要两方面加以划分。

1. 从时间上划分，可分为定期盘点和临时盘点。

定期盘点是在月终、季末、年底这些固定日期盘点；临时盘点是在商品变价、工作交接、人员调动时盘点。

2. 从工作需要上划分，可分为全面盘点和部分盘点。全面盘点是对柜组全部商品逐一盘点；部分盘点是对有关商品的库存进行盘点。一般来说，对于价格高、体积大、品种单一的商品，如金首饰、电视机、电冰箱、自行车等商品应该每天盘点。对于价格低、体积小、交易频繁、品种众多的商品，则应该每月盘点。

为了提高商品盘点工作的质量，一般应做好以下工作：

1. 加强商品的日常管理。

商品摆布、陈列要有固定货位，同类商品不同规格要有序堆放，避免串号混同等。

2. 做好盘点的准备工作主要是做到"三清、两符"。

"三清"，即票证数清、现金点清、往来手续结清；"两符"，即账账（即部门账和柜组账目）、账单报（即与有关单据）相符。

3. 采用先进的盘点方法。

一般可采用复式平行盘点法，即组织两套班子平行盘点，互相核对复查的盘点方法。

▲商品盘点票流物流规程

营业部门按实物盘点。

1. 柜台实物盘点

（1）营业部门双人对柜台商品进行盘点，按商品、编号、品名、单价、数量填制实物盘点表（一式3份），交部门业务主任，商店三级账记账员负责进行监点。

（2）核对日清日结的商品盘点表与商场商品账中经（代）销库存商品明细账中柜台结存数量，做到账实相符。

（3）月清月结的商品盘点表汇总金额与商场三级账经销库存总金额扣除经

销商品仓库盘点金额后相符。

2. 仓库实物盘点

（1）盘点仓库保管员要与商场商品账核对账目，发现问题及时查清，做到账账相符。

（2）为防止漏盘、重盘、错盘，做到账货相符。

（3）盘点应采取以货到账，再以账到货的盘点方法，双人交叉盘点复核，并填制商品盘点表（盘点包括外库商品）。

（4）盘点中对长短等问题填制盘点盈亏明细表（1~4联），报送部门业务主任，审批后1联由仓库留存，2联转会计，3联转商品账记账员，4联转统计。

3. 盘点结果处理

（1）部门业务主任根据柜台仓库实物盘点表和盈亏盘点表审核后填制盘点结果报审表（1~3联），写明长短等主要原因，经部门业务主任签字后，报商场主管经理审批。

（2）经商场主管经理审批签字后，第1联商店商品账留存，第2联转会计，第3联转统计。

（3）对盘点中的长短款金额及长短商品各环节做相应的账务处理。

▲ 盘点作业程序

1. 建立盘点制度

盘点制度由连锁超市总部制定，其内容包括以下几点：

（1）商品盘点的方法（实盘或是账盘）。

（2）盘点的周期（一个月或一季度盘点一次）。

（3）盘点出现差异的处理方法及改进对策。

（4）对盘点结果的奖惩规定。

2. 落实盘点组织

由各分店负责落实盘点作业人员组织，总部人员在各分店进行盘点时分头下去指导和监督盘点。一般来说，商品盘点作业是超市分店人员投入最多的作业，所以要求全员参加盘点。

3. 确定盘点责任区

商品盘点作业要将所确定的责任区域落实到人，并且告知各有关人员。为使盘点作业有序有效，一般可用盘点配置图来分配盘点人员的责任区域。用盘点配置图可以周详地分配盘点人员的责任区域，盘点人员也可明确自己的盘点范围。

在落实责任区域的盘点人时，最好用互换的办法，即商品部 A 的作业人员盘点商品部 B 的作业区域，依次互换，以保证盘点的准确性，防止由于"自盘自"而可能造成的盘点不实情况发生。按照盘点配置图制盘点责任区域分配表，就可将盘点作业责任区域落实到每一个人。

4. 盘点前准备

盘点前要贴出告示，告知顾客，以免顾客在盘点时前来购物而徒劳往返（最好在盘点前 3 日贴出），还要告知厂商，以免直送商品的厂商在盘点时送货，造成不便。除了这两项分店盘点作业的准备外，主要可分为以下几个阶段进行。

（1）商品整理

在实际盘点开始前两天对商品进行整理，会使盘点工作更有序、更有效。营业员对商品进行整理要抓住以下几个重点：

①中央陈列架端头的商品整理

中央陈列架前面（靠出口处）端头往往陈列的是一些组合促销商品，商品整理时要分清每一种商品的类别和品名，进行分类整理，不能混同为一种商品。

中央陈列架尾部（靠卖场里面）的端头往往以整齐陈列的方式陈列一种商品，整理时要注意其间陈列的商品中是否每一箱都是满的，要把空的箱子拿掉，不足的箱子里要放满商品，以免把空箱子和没放满商品的箱子都按实计算，从而出现盘点时的差错。

②中央陈列架的商品整理

中央陈列架上的商品定位陈列得多，每一种商品陈列的个数也是规定的，但要特别注意每一种商品中是否混杂了其他的商品，以及后面的商品是否被前面的商品遮挡住了，而没有被计数。

③附壁陈列架商品的整理

附壁陈列架一般都处在主通道一侧的位置，所以商品销售量大，商品整理的重点是点计数，必须按照商品陈列的规则进行。

④随机陈列的商品整理

对随机陈列的商品要点清放在下面的商品个数，并做好记号和记录，那么在盘点时只要清点上面的商品就可快速盘点出商品的总数。

⑤窄缝和突出陈列的商品整理

对这两种陈列的商品要有专人进行清点，最好由陈列这些商品的人来进行清点。

⑥库存商品的整理

库存商品的整理要特别注意两点：

一是要注意容易被大箱子挡住的小箱子，所以在整理时要把小箱子放到大箱子前面；二是要注意避免把一些内装商品数量不足的箱子当作整箱计算，所以要在箱子上写上内在商品确切的数量。

不注意前一点就会造成计算上的实际库存遗漏，而不注意后一点则会造成计算上的库存偏多，从而使盘点失去准确性。

⑦盘点前商品的最后整理

一般在盘点前两个小时对商品进行最后的整理，这时特别要注意，绝对不能将陈列货架上的商品顺序改变，即盘点清单上的商品顺序与货架上的顺序是一致的。如果顺序不一致，盘点记录就会对不上号。

对于使用手提式 POS 机来进行盘点的商场，计数工作量可大大减轻，只要扫入某一单品的数据，与货架实际存放数和实际库存数进行数据比较，就可得出真实的盘点数据。

（2）准备好盘点工具

将有关的盘点工具与用品加以准备，若使用盘点机盘点，需先检验一下盘点机是否可正常操作；如采用人员填写方式，则需准备盘点表及红、蓝圆珠笔。

（3）单据整理

①进货单据整理。

在整理进货单据时特别要注意厂商直接送货的单据处理。对连锁超市分店来说，厂商直接送货单到达财务部的时间较长，对这些货单处理不当就会出现盘点的差错。厂商直接送货的货单处理要特别注意，在盘点准备阶段接到厂商直接送货的商品时，要开发票联单，并记录直接送货单的编号，自己留一份，其他送总部财务部。立即处理送货单的意义在于，直送商品已记入分店库存商品之中，不至于因为货到单未到，从而出现进货金额减少，毛利高于实际的假象。

②变价单据的整理。

③净销货收入汇总（分免税和含税两种）。

④报废品汇总。

⑤赠品汇总。

⑥移仓单的整理。

5. 盘点作业

盘点作业正式开始前，首先分配盘点区域的责任人员，说明盘点工作的重要性，特别要告诫大家，大家动手清点的商品不单单是商品，而且是"现金"，应该以点钱的责任心来清点商品；然后发放盘点清单，告知填写盘点单的方法。在告知盘点单的填写方法时，也要告知劣质或破损商品的处理方法，如将这些商品汇总与正常的商品区分开来，汇集到指定地点统一处理等。

（1）盘点作业的初点和复点

盘点人员在实施盘点时，应按照负责的区域，由左而右、由上而下，展开盘点。初次盘点由责任人进行，对初点的结果要进行复点。复点要互换责任人，复点后将结果用红笔记录在盘点单上。

（2）盘点作业检查

分店的负责人要认真对各小组和各责任人员的盘点结果加以检查，检查的重点是以下几点。

①每一类商品是否都已盘点出数量和金额，并有签名。

②盘点人员对单价高或数量多的商品，需要将数量再复查一次，做到确实无差错。

③复查劣质商品和破损商品的处理情况。

（3）盘点记录后的善后工作

盘点人员在确认盘点记录无异常情况后，就要进行第二天正常营业的准备和清扫工作。这项善后工作的内容包括补充商品，将陈列恢复到原来的状态。善后工作的目的是要达到整个分店第二天能正常营业的效果。至此盘点所有的作业工作就结束了。

6. 盘点作业的账册工作

盘点作业的账册工作就是将盘点单的原价和数量相乘，合计出商品的盘点金额。盘点作业的账册工作进行时，要重新复查一下数量栏，审核一下有无单位上的计量差错，对出现的一些不正常数字要进行确认，订正一些字面上能明显看出的差错。将每一张盘点单上的金额相加就结出了合计的金额。分店要将盘点结果送至总部财务部，财务部将所有盘点数据复审之后就可以得出该分店的营业成绩，结算出的毛利和净利，就是盘点作业的最后结果。

一般情况下，各个超市都有盘损率基本限额，如超过此限额，就说明盘点作业结果存在异常情况，要么是盘点不实，要么是经营管理状况不佳，采取的对策是，重新盘点或改善经营管理。

7. 现代化的盘点作业方法

在物流中心进行盘点作业，最使人感到头痛的是点数，其工作强度极大，且差错率也较高。使用手工盘点的物流中心中往往会产生这样一种通病，在正式盘点的前几天，分公司为了降低盘点的差错率，就较大幅度地降低向配送中心要的订货量。

通常，改变手工盘点的不利影响可采用这样两种主要方法：

（1）使用手掌型 POS 机进行盘点，以提高盘点人员点数的速度和精确性。

（2）成立专门的总部盘点队伍进行手工盘点。

▲初点作业操作规范

1. 在营业中盘点，则先将当日有营业的收银机全部读出"×账"，同时，盘点作业人员要注意不可高声谈论影响正常营业，或阻碍顾客通行。

2. 盘点作业人员应先点仓库、冷冻库、冷藏库。

3. 盘点作业人员盘点冷冻、冷藏柜时，要依由左而右、由上而下的次序进行。

4. 盘点作业人员应将每一台冷冻、冷藏柜均应视为独立单位，使用单独的盘点表。

5. 盘点单上的数字要填写清楚，不可潦草。

6. 进行盘点作业时，要两人一组，一人点、一人写；若在非营业中清点，可将事先准备好的自粘纸或小纸张拿出，写上数量后，放置在商品前方。

（1）规格化商品，清点其最小单位的数量。

（2）生鲜商品若尚未处理，则以原进货单位盘点，如重量、箱数等；若已加工处理尚未发出，则以包装形式，如包、束、袋、盒等。

（3）散装而未规格化的商品，以重量为单位。

（4）盘点时，顺便观察商品有效期限，过期商品应随即取下并记录。

7. 如果写错数字，要涂改彻底。

8. 负责人要掌握盘点进度，机动调度人员支援，并巡视各部门盘点区域，发掘死角及易漏盘点区域。

9. 盘点作业人员对于无法查知商品编号或商品售价的商品，应立即取下，事后追查归属。

▲复点作业操作规范

1. 复盘时，复点者要先检查盘点配置图与实际现场是否一致，是否有遗漏的区域。

2. 若使用小贴纸方式，则应先巡视有无遗漏未标示小贴纸的商品。

3. 复点可于初点进行一段时间后，即开始进行，复点者需手持初点者已填好的盘点表，依序检查，再将复点的数字，记入复点栏内；并计算出差异，填入差异栏。

4. 复点者需使用红色圆珠笔。

5. 复点准确后再将小粘纸拿下。

▲抽点作业操作规范

1. 抽点者同复点者一样，也要先检查盘点配置图与实际现场是否一致，是否有遗漏的区域。

2. 抽点者抽点商品时，可选择卖场内的死角，或不易清点的商品，或单价商品、数量多的商品，以及盘点表上金额较大的商品。

3. 抽点者要对初点与复点差异较大的数字，进行实地确认。

4. 抽点者同复点者一样，也须使用红色圆珠笔。

▲物品、原材料盘查制度

1. 物品、原材料、物料在盘点中发生的溢损，应对自然溢损和人为溢损分别作出处理。

2. 自然溢损

（1）物品、原材料、物料采购进仓后，在盘点中出现的干耗或吸潮升溢，如食品中的米面及其制品、干杂货等，在损溢率合理的范围内，可填制损溢报告，经主管审查后，相应会计处理。

（2）超出合理升损率的损耗或溢余，应先填制损溢报告书，查明原因，说明情况，报部门经理审查，按规定做会计处理。

3. 人为损溢

人为损溢应查明原因，根据单据报部门经理审查，按有关规定对责任人进行处理。

第二节　商品变价、盘点票流物流表格

▲商品缺货日报表

商品缺货日报表

编号：　　　　　　　　　　　　　　　　　　　　　年　　月　　日

商品号码	品名	规格	数量	进货日期	摘要

制表：

▲商品收益报告表

商品收益报告表

项　目	商品类别			
	金额	金额	金额	金额
①销售收入				
②销售成本				
③销售毛利（①－②）				
④销售额				
⑤商品保管费				
⑥邮送费				
⑦订购处理费				
⑧直接营业费用（⑤＋⑥＋⑦）				
⑨其他费用				
⑩净利（③－⑧－⑨）				

▲各类商品统计报告表

各类商品统计报告表

日期	本日销售金额		前日金额累计		本日金额累计		本日收款	前日收款累计		本日收款累计
商品代号	本日数量	本日金额	前日数量累计	前日金额累计	本日数量累计	本日金额累计	平均单价	进货单价	毛利	毛利率
毛利累计			前日累计			本日毛利			毛利率	

制表：

▲商品管理月报表

商品管理月报表

年　　月　　日

商品名	销货		退货		进货		库存额		毛利	毛利率	备注
	数量	金额（元）	数量	金额（元）	数量	金额（元）	数量	金额（元）			

制表：

▲盘点表

盘 点 表

第＿＿＿＿页

单位：　　　　　　　　　年　月　日　　　　共＿＿＿＿页

类型或编号	品　名	单位	数量	单价	金　　　额									
					千	百	十	万	千	百	十	元	角	分

主管：　　　　会计：　　　　复核：　　　　实物负责人：　　　　制表：

▲查核作业检讨表

查核作业检讨表

查核项目	第一次查核		第二次查核		方法	重点
	承办者	频度	承办者	频度		

制表：

▲情况记录分析表

情况记录分析表

姓名

案　件	日期	重要度	报告、联络、协商内容	对策、处理	确认
			［部属记载事项］	［上司记载事项］	

注：重要度为◎、○、△（或 A、B、C）。　　　　　　　　　制表：

▲盘点卡

盘　点　卡

第一联	第二联
1. 商品编号_____商品类别_____	1. 商品编号_____商品类别_____
2. 商品名称_____	2. 商品名称_____
3. 数量_____单位_____	3. 数量_____单位_____
4. 存放地区代号_____	4. 存放地区代号_____
填卡____盘点卡号____	填卡____盘点卡号____

▲盘点盈亏汇总表

盘点盈亏汇总表

年　　月　　日

部门	类别	品名及规格	单位	单价	调整后账面数量	盘点数量	盘盈		盘亏		差异原因	
							数量	金额	数量	金额	说明	对策

制表：

第八章　商品管理、处理制度与表格

第一节　商品管理、处理制度

▲出售正常商品管理制度

1. 出售正常商品必须明码标价，按标价出售。不得私自越权作价，或私自议价出售商品。大宗商品的优惠、折扣由商场超市经理指定专人办理，或由商场超市经理批准办理。

2. 凡质量不符合《中华人民共和国产品质量法》规定的商品，售货人员应坚决抵制销售。做到不合格商品不上柜，不出售，并及时上报商场经营部。

3. 凡出售贵重商品，如金银、珠宝、钻戒、钟表等，要耐心帮助顾客挑选。班次岗位要实行交接制，做好交接记录。每笔成交的商品均要双人复核，确保无误。

4. 凡出售金银、珠宝、钻戒、钟表等贵重商品，货区内要设专用保险柜，保险柜的钥匙专人保管，保险柜内不得存放其他物品，以保证商品的正常出售和安全。

5. 凡可当场试机的商品，出售时，必须开箱试机。因未开箱试机而给顾客、给商场造成的经济损失，由当事人承担，严重者追究其责任。

6. 凡不能当场试机的商品，也必须开箱验机，确认商品的外在质量及其附件，减少不必要的经济损失。

7. 出售正常商品必须货真价实，童叟无欺，坚决不允许以次充好，以旧充新，损害消费者的利益。

8. 对已折价的商品，不能按原价出售；对扣除磨损费的商品，应按扣除后的残值出售。

9. 未入账的正常商品，不得上柜出售。

10. 不准代卖私人物品和其他商品。

11. 严禁搭配商品出售。

▲出售非正常商品管理制度

1. 非正常商品包括残损、滞销、降价、折价的商品。

2. 对没有使用价值的变质商品和过保质期的商品不属于非正常商品，要及时上报销毁，严禁出售。

3. 各商场超市必须在指定的时间、地点出售非正常商品，使用统一的标签，醒目地注明原因。

4. 凡出售非正常商品，小票上要有戳记，商品上要有特殊标记，否则不得出售。对实行三包的非正常商品，也应试机，保证内在质量的完好和实用性。

5. 业务单位的非正常商品不得进店搭车出售。

6. 没有结算的非正常商品，原则上不出售。陈列品及合同上注明的商品除外。

7. 非正常商品一律不准退货。

▲生鲜蔬果处理作业规定

1. 生鲜蔬果经常面临以下几种损耗：

（1）腐坏（腐烂）。

（2）干化（枯萎）。

（3）作业处理不良。

（4）修剪不当。

2. 蔬果陈列

（1）蔬果类商品最富色彩变化，其天然鲜艳的色彩，加上种类繁多，在陈列架上，吸引力非常大，其他商品不能与之相比。

（2）蔬果的陈列，首重"量"感魅力，应给顾客以数量充足、品种丰富的感觉。

（3）以每周为一周期，同样的蔬果应经常更换位置，不要一直陈列于同一个地点。

（4）借着陈列与排列，强化其色彩，使其形成鲜明对比，以显示货色齐全。另外，要活化产品的鲜美与丰富，例如鲜红的苹果与柠檬或香蕉紧邻陈列。

（5）用标语、标签点缀，可增添情趣。

（6）属于冲动性购买商品，应力求陈列在必需品左右或附近。

3. 蔬果包装

（1）慎选包装材料。

保鲜膜种类很多，其他的包装材料更多，但仅有少数可以不必打眼、打洞就能利于蔬果呼吸的，包装材料应选取此类。

（2）适度的包装。

虽然较大的包装可以无形促使消费者购买量增多，但是也应力求适中，因为包装过大，也容易使消费者望而却步。因此，对商品讲究精美、适度的包装非常重要。

（3）注意与销售时间紧邻。

为了控制蔬果鲜度，包装应尽量紧邻销售时间。

（4）蔬果商标的应用。

在蔬果包装盒上贴商标，使消费者一目了然，有利于销售。

▲生鲜肉品处理作业规定

1. 生鲜肉品进、销、存作业流程

生鲜肉品在陈列柜内的陈列方式，为了促进顾客印象、方便顾客选购，大抵采用按类分区陈列，例如：

（1）排骨。

（2）五花肉片。

（3）肉馅。

（4）熏肉。

（5）半成品。

（6）里脊、通脊肉。

商场必须按家禽肉、牛肉、羊肉、猪肉、鸡鸭肉、半成品等类分开陈列的。

2. 生鲜肉品的存量管制

除了对生鲜肉品进行温度管理，以降低耗损外，肉品有一定的保鲜度，存量管制非常重要，存货量若过多，则浪费成本，存货量太少，又不够销售。因此，应使用各种存货控制方法，制定理想的存销比例，适当管制存量。

3. 生鲜肉品的温度管理

生鲜肉品处理作业程序中，其温度管理，特别重要，适当的温度有利于肉品的保鲜，可以减少耗损，延长肉品的销售时间。

（1）商场冷藏库的温度最好控制在 $-1℃ \sim -5℃$ 之间。

（2）切割处理区与肉品包装区的温度最好在 $15℃$ 左右。

（3）陈列柜（冷藏柜）的温度，应维持在 $-3℃$ 左右。

（4）熏肉、半成品食品区，则以 $1℃$ 至 $2℃$ 为宜。

通常在适当的温度管理与控制下，能使耗损平均下降约 5% 左右。

经 $-3℃$ 冷冻的肉品，不宜用保鲜膜包装。

▲商场食品、日用品处理作业规定

一般在商场超市，最大的部门莫过于食品、日用品部。因为消费者在商场购物时，购买最多的还是食品与日用品。

食品、日用品包括干货、罐装食品、饮料、饮品、烟酒、冷冻调理食品、速食品、厨房用品、卫生用品等。因此，商场超市在致力于经营与提高业绩时，对于食品、日用品部的良好作业管理是不容忽视的。

食品与用品的销售量，通常占商场营业额的 60% 左右。该类商品占整个商品类目的 72% ~80%，其陈列面积亦占总面积 2/3 以上，其毛利率则较生鲜食品低，约 18% ~20%。

▲生鲜海产品处理作业规定

在所有生鲜类品中，耗损程度最高者，当属生鲜海产类品。

海鲜类品自产地运销过程，每一阶段都应留意温度管理，切勿产生中断冷冻的现象，防止使鱼货腐烂，影响新鲜度。

海产鲜活鱼处理作业的好坏与鲜度的维持息息相关，其最佳的保鲜处理，即是提供一处类似海洋生态的水域环境，通常海水含盐量约为 3.5‰，水域盐度应规定控制于此标准，温度也应控制在 2℃以下。

因此，温度管理、冰冷盐水处理、冷冻处理等均应特别注意，以利于对于活鱼蓄养。

▲奶制品、烘焙制品处理作业规定

从整个营运而言，奶制品与烘焙制品在超市的销售中虽不及生鲜食品重要，但仍然是重要的一环。

奶制品的毛利率较富弹性，加盒装的冰淇淋毛利率较高，可达 28% 以上，鲜乳则约 10%，其他的奶制品甚至更低，仅约为 6%。

奶制品最大的特点在于吸引客人，可谓"必需性商品"。因为奶制品可与其他商品产生关联性购买，例如，面包与奶油或果酱、点心、饼干与牛奶、糖果、饮料等。

奶制品由于极易腐坏，因此必须定时检视陈列柜，并加以清洁管理，才能促进其销路。

奶制品由于有助于关联性购买，因此，搭配销售可形成利润的增长点，其相关的商品组合有以下几种：

1. 牛奶与麦片、小西点。
2. 奶油与面包。
3. 冰淇淋与点心、蛋糕等。
4. 奶油与饼干、煎饼等。
5. 乳酪与通心粉。

烘焙制品在商场中，可大致分为两类：

1. 面包和现作西点类。

2. 饼干、小甜点与其他烘焙制品。

在整个烘焙食品的销售量中，以面包类的销售量最高，约达销售量的55%，西点次之，约为31.7%，面包是形成价格印象的最佳商品，而西点则较易于刺激顾客购买欲。因此，必须使其更商品化，以促进销货额的增加。

烘焙制品尤需为大量购买的消费者提供方便，并且安排在一般消费者购物过程的开端，以使消费者在购物预算之外，进行冲动性的购买，而获取利润。

通常，商场市场在开始营业后，应迅即补充或保持适度的面包存量，使顾客对商场超市产生很好的印象，而品质良好的烘焙制品更能促进消费者进行冲动性购买。

▲商场包装物品、票据管理规定

1. 商场包装袋的印制使用

（1）对包装袋实行计划管理、统一印制，商场统一设计标志，不得印非标准印刷品。

（2）与印刷包装袋有关的部门，将印制计划报市场经营部，经营部审查设计后将校样及要求交行政部印制保管。

（3）属于整个商场宣传性包装物，行政部根据市场经营部要求分配给各部室。

（4）各部门所需包装物，一律到行政部领取、记账，记入每月费用。

2. 商场票据印制

（1）商场财务审计部根据业务需要，设计统一的票证。

（2）商场票据由行政部统一联系印制、保管。

（3）各部门根据工作、业务需要到行政部领取票据。

（4）本着节约原则，对商场印票数量合理确定，防止大量占用资金和库房。

第二节　商品管理、处理表格

▲重要用品登记卡

重要用品登记卡

管理部门：总经理办公室

使用部门：＿＿＿＿＿＿

名　称：		编号：					
规　格：		厂名或牌名：					
构　造：		附属设备：					
存放地点：		耐用年限：					
原　价：		增加价值：					
日　期	摘　要	凭证号数	单位	数量	增加	减损	结存
年　月　日							
年　月　日							
年　月　日							
年　月　日							
年　月　日							

▲领物卡

领　物　卡

年　月　日

部门		领用人		核发	
领用物品及规格	用途	数量	单位	单价	总价

总务部经理：＿＿＿＿＿　　　　保管员：＿＿＿＿＿

▲文具领用卡

文具领用卡

姓名：＿＿＿＿＿　　　　　　　　　　部门：＿＿＿＿＿

文具名称	日期	单位	数量	主管签章	领用登记	备注

▲特殊用品领用单

特殊用品领用单

部门：_____　　　　　年　月　日　　　　　单位（元）

项次	品　名	规格	单位	数量	单价	金额
1						
2						
3						
4						
5						
6						
7						
8						
9						
10						
11						
12						
13						
14						
15						

金额合计		保管	管理部门		领用部门	
			主管	经办	点收	经办	点收

▲特殊用品耗用统计表

特殊用品耗用统计表

部门		上月耗用金额（元）	本月耗用金额（元）	差异额（元）	差异率（%）	人数	说明	部门		上月耗用金额（元）	本月耗用金额（元）	差异额（元）	差异率（%）	人数	说明
代号	名称							代号	名称						

总务部经理：_____　　　　　　经办人：_____

注：差异额为本月耗用金额减去上月耗用金额的代数差。

第九章 商品营销、促销管理制度与表格

第一节 商品营销、促销管理制度

▲销售市场管理制度

为扩大销售，提高企业经济效益，必须强化销售市场管理。为此，特制定销售市场制度。

（一）商场销售市场管理的组织形式及管理重点

商场销售市场管理在总经理领导下，由市场经营部部长主抓，经营部设专职销售市场管理员一名，具体负责商场销售市场管理工作，各分店必须明确一名经理主管销售市场。

商场销售市场管理的重点是目标销售市场，目标销售市场是商场生存的根基，目标销售市场管理成功与否直接影响着企业的经济效益和社会效益。因此，商场必须在调查研究的基础上，根据市场变化，不断重新确立自己的目标销售市场。

（二）商场目标销售市场的管理形式及管理权限

商场目标销售市场管理实行商场两级管理。商场主管区域性目标市场和重点顾客；商店主管特殊消费顾客和比较固定的消费顾客。

1. 商场级目标市场管理

商场目标市场管理有如下主要措施和规定。

（1）商场每年要隆重推出两次重大的促销活动，一次是在传统节日"春节"之前，另一次是商场最有意义的纪念日"场庆"之前。两次重大活动计划的拟定、组织、实施由市场经营部落实，成功的标志是要掀起一次比一次强烈的轰动效应。

（2）对商场周围公共汽车及骑自行车30分钟内到达商场的消费群体，商场要采取请进来（聘任义务信息员），走出去（有针对性地搜集信息的方式）的措施，

摸清目标市场需求并按个人消费目标市场和机关团体消费目标市场的不同，有的放矢地组织促销活动。

（3）对重点顾客的目标管理措施是：商场统一在一定时间内发放"××购物卡"；购物卡分"重点顾客购物卡"和"本商场员工购物卡"；购物卡按年购物额等级发放，凡到达一定购物额后均可给予一定幅度的优惠；对"××购物卡"消费最大的顾客，持卡人享有优先权待遇。优先权的权利范围是：商场组织大型活动的优先参与权；重大节日及不定期召开的联谊会的参与权；新产品的价格优惠权；紧俏商品的优先购买权。优先权的权利证书由市场经营部统一管理发放。

（4）为争取更多的消费者来本商场购物，商场对总体目标信息市场还要采取建立"热线"、"特卖区（日）"、"年末大酬宾"、"举办时装表演"等吸引集团消费及利用班车定向拉客的方式，扩大目标市场的外延。

2. 商店级目标市场管理

商店目标市场管理有如下主要措施和规定。

（1）针对目标市场采取送外卖的方式。

商店可以利用本店员工或雇用部分人员，将可以外卖的商品履行一定手续后，由其本人在业余时间推销，并按一定比例给予外卖人一定的酬金，送外卖商品只限于使用类必需品和穿类商品。

（2）针对目标市场采取价格优惠方式。

各商场可以在不同的时间、季节、节日等为顾客提供价格优惠的商品，优惠的幅度依商品的价格和本店的利润情况而定，但优惠价格幅度不能低于本店目标利润率，低于此标准优惠必须上报市场经营部。优惠时间最长不超过 30 天，优惠的商品要明码标价，不能搞假优惠欺骗顾客。

（3）针对目标市场采取新颖的展示方式。

针对目标市场消费群，突出展示商品特色，包括：色调、角度、位置和周围环境。开架展示的商品要有其自然性，防止过于呆板而不能激起顾客的购买欲望；畅销商品展示要注意和具有连带性的商品相配合，既突出畅销商品，又可以带动平销商品。

（4）开架售货方式。

开架售货既缩短了商场与顾客的距离又可以直接收集市场信息，凡有条件的商店，适合开架的商品，应开架售货。开架售货不应捆绑商品，售货人员应善解人意，掌握顾客心理，创造顾客购物的轻松环境，绝不允许强买强卖。

▲商场所属企业营销运作规范

（一）销售处（科）长岗位行为标准

在商场主管经理领导下，负责所属商店销售系统的管理工作，组织营销计划的实施，教育职工树立商品意识，加强市场调查，增强竞争观念，全面完成销售任务。

1. 岗位职责

（1）认真贯彻执行上级主管部门有关产品销售的各项政策和法规；在商场主管经理的领导下，负责销售系统的各项管理工作，全面完成销售任务和各项考核指标。

（2）负责本科（处）室的行政管理工作；组织制定或修改销售系统的各项管理指标、工作标准和各项规章制度，并按期考核。

（3）负责组织、编制各类营销计划，并组织实施；负责有关部门的各类销售报表、材料、报告的上报。

（4）负责组织对外洽谈、签订购销合同，并检查合同履行情况，有权终止违反经济合同法有关条款的购销合同，并提请有关部门仲裁。

（5）负责处理销售过程中发生的经济纠纷或经济损失。

（6）负责按照产品出厂制度及各项工作程序办理出厂手续，并对销售系统发生的各种业务事故所造成的经济纠纷或经济损失负责。

（7）组织开展市场调查，掌握本企业产品的市场占有率和用户对本企业产品的评价、意见与要求，以及同行同类产品的发展水平。

（8）组织开展销售预测，做到以销定产，组织研究销售策略，提高产品竞争能力和市场占有率，争取更好的经济效益。

（9）负责本科（处）室人员的教育、业务技术学习和考核工作；了解职工思想动态，关心职工生活，在政策允许范围内，帮助解决职工困难。

（10）完成领导交办的其他工作任务。

2. 任职资格

（1）政治素质和职业道德要求

①忠于职守，敬业奉公，奋发向上，积极进取。

②勇于批评和自我批评，坚持实事求是，注重调查研究，密切联系群众。

③有强烈的事业心，忠于本职工作，有实干精神，敢于负责，勇于开拓创新。

④遵纪守法，廉洁奉公，艰苦奋斗，以身作则，全心全意为顾客服务。

（2）文化程度、专业及相关知识要求

①具有大专以上文化程度

②掌握国家有关经济政策和法规，掌握经济合同法、商标法等法律常识。

③掌握企业管理和现代化管理的基本知识。

（3）能力要求

①能较全面、准确地分析整个市场销售动态，并根据各种经济信息进行分析研究，预测销售趋势，面对经济管理中的复杂问题和环境变化，能正确判断和解决销售工作中出现的业务难题。

②能调动各部门人员的积极性并协调好供需关系，保证销售任务的完成。

③有较强的口头语言表达能力，能熟练地进行商务谈判；能撰写工作总结和报告。

（4）工作经历要求

有5年以上本行业管理工作的实践，其中从事销售业务管理工作3年以上，具备中级以上专业技术职务任职资格。

（5）体能要求

身体健康，能承担较繁重的工作任务。

3. 培训与录用要求

（1）录用（含调入）或晋升到本岗位工作，必须根据本岗位规范任职资格的各项要求，全面综合考核，经岗位培训合格方可上岗。

（2）对本岗位在职者，应根据本岗位规范任职资格的各项要求和本人的实际条件，进行必要的岗位培训，限期达到本岗位规范要求。

4. 晋升或职业变动的可能性

（1）政治素质好，具有丰富经验和管理才能，可以调到需要类似条件但责任更重的岗位；达到高一层次任职条件，经过必要的岗位轮换，可以晋升到相应的管理领导职位。

（2）可在管理类范围内变动职业。

（二）销售计划管理岗位行为标准

在处（科）长领导下，负责年度、季度、月度产品销售计划的管理工作。

1. 岗位职责

（1）认真贯彻执行上级主管部门有关产品销售方面的方针、政策、法令和法规。

（2）掌握生产情况和销售动态。了解生产方案，掌握各种产品的调拨入库及库存情况；掌握当日和本月的销售进度，及时调整产品销售方案，负责对本月销售情况做出综合性分析，找出产品销售量上升或下降的具体原因，对整个销售情况进行平稳预测，为领导决策提供依据；对本岗位所提供的信息统计数据、材料、报告等文稿的内容负责。

（3）负责编制销售计划，并负责国家指令性计划的具体实施，及时同批发公司联系，检查计划的完成进度和供销合同执行情况，督促销售计划顺利完成。

（4）及时了解产品调拨方案和库存情况，以及公路、铁路运力的安排，并向有关领导汇报。

（5）对本岗位发生的业务事故所造成的经济纠纷或经济损失负责；对违反国家经济法规的人或事有权向上级领导和有关部门反映。

（6）完成领导交办的其他工作任务。

2. 任职资格

（1）政治素质和职业道德要求

①忠于职守、敬业奉公、奋发向上、积极进取。

②勇于批评和自我批评，坚持实事求是，注重调查研究，密切联系群众。

③有强烈的事业心，忠于本职工作，既有科学态度，又有实干精神，敢于负责，勇于开拓创新。

④遵纪守法，廉洁奉公。

（2）文化程度、专业及相关知识要求

①具有中专以上文化程度。

②掌握经济合同法等法律常识。

③掌握经济概论企业管理和营销专业基础理论知识。

④掌握本企业产品生产技术基础知识及产品性能、用途等业务知识。

（3）能力要求

①能及时对本企业产品进行市场调查和销售预测分析；能根据市场信息制定正确的销售方针及销售策略，疏通销售渠道。

②能与有关业务部门和工作人员协调工作。

③能撰写市场调查、预测报告和工作总结。

（4）工作经历要求

具有两年以上销售工作实践。

3. 培训与录用要求

（1）录用（含调入）或晋升到本岗位工作，必须根据本岗位规范任职资格的各项要求，全面综合考核，经岗位培训合格方可上岗。

（2）对本岗位在职者，应根据本岗位规范任职资格的各项要求和本人的实际条件，进行必要的岗位培训，限期达到规范要求。

4. 晋升或职业变动的可能性

（1）政治素质好，具有丰富经验和管理才能，可以调到需要类似条件但责任更重的岗位；达到高一层次任职条件，经过必要的岗位轮换，可以晋升到相应的管理领导职位。

（2）可在管理类范围内变动职业。

（三）销售业务管理岗位行为标准

在处（科）长领导下，负责开拓销售渠道，承接订货，签订销售合同，搞好合同资料和用户档案的管理工作。

1. 岗位职责

（1）认真贯彻执行上级主管部门有关产品销售方面的方针、政策、法令和法规。

（2）根据主管部门下达的计划分配指标和各种产品年度销售计划，组织汇总各种产品年度订货的品种及数量。

（3）参加自销产品的销售业务洽谈和供货合同的签订，并对本岗位签订的合同内容的合法性和各项条款的严密性负责。

（4）负责订货合同的履行，及时编制和报送月度铁路车皮申请计划或铁路车皮追加计划，积极组织货源和办理发货手续；有权终止执行违反国家经济合同法的供货合同或部分条款，并提请有关部门仲裁。

（5）掌握市场动态，及时调整供货计划，避免发生各类经济纠纷或经济损失，提高合同履约率，并对本岗位发生的业务事故所造成的经济纠纷或经济损失负责。

（6）做好合同资料和用户档案的管理工作，对月、季、年度销售计划及时整理归类、装订成册、存档备查、建立健全用户台账和用户档案，并做好各类资料的保密工作。

（7）完成领导交办的其他工作任务。

2. 任职资格

（1）政治素质和职业道德要求

①忠于职守，敬业奉公，奋发向上，积极进取。

②勇于批评和自我批评，坚持实事求是，注重调查研究，密切联系群众。

③有强烈的事业心，忠于本职工作，有实干精神，敢于负责，勇于开拓创新。

④遵纪守法，廉洁奉公，以身作则。

（2）文化程度、专业及相关知识要求

①具有中专以上文化程度。

②掌握经济合同法等法律常识。

③掌握经济概论、企业管理和营销专业基础理论知识。

④掌握本企业产品生产技术知识及产品性能、用途等专业知识。

（3）能力要求

①能综合分析市场信息，组织用户洽谈，签订供货合同。

②能协调有关部门和有关人员的工作业务关系。

③能运用确切的语言与文字草拟合同条款，合同条款的内容全面、具体，符合国家经济法规。能编制工作计划、撰写工作报告和工作总结。

（4）工作经历要求

具有两年以上销售工作实践并能独立签订经济合同。

3. 培训与录用要求

（1）录用（含调入）或晋升到本岗位工作，必须根据本岗位规范任职资格的各项要求，全面综合考核，经岗位培训合格方可上岗。

（2）对本岗位在职者，应根据本岗位规范任职资格的各项要求和本人的实际条件，进行必要的岗位培训，限期达到规范要求。

4. 晋升或职业变动的可能性

（1）政治素质好，具有丰富经验和管理才能，可以调到需要类似条件但责任更重的岗位；达到高一层次任职条件，经过必要的岗位轮换，可以晋升到相应的管理领导职位。

（2）可在管理类范围内变动职业。

（四）销售统计岗位行为标准

在处（科）长的领导下，负责产品的销售统计工作和统计分析工作。

1. 岗位职责

（1）认真贯彻执行《中华人民共和国统计法》和《中华人民共和国统计法实施细则》。

（2）负责产品销售统计，对其报表内容、计算方法、上报时间，要严格遵守各项规定，并对本岗位发生的各类统计误差负主要责任。

（3）建立健全统计资料台账，提供本科（处）室各项指标完成情况及销售统计分析。

（4）指导车间统计人员做好产品销售统计工作。

（5）加强各类统计资料的管理工作，负责归类存档，做好各级保密工作。

（6）完成领导交办的其他工作任务。

2. 任职资格

（1）政治素质和职业道德要求

①忠于职守，敬业奉公，奋发向上，积极进取。

②勇于批评和自我批评，坚持实事求是，注重调查研究，密切联系群众。

③有强烈的事业心，忠于本职工作，有实干精神，敢于负责，勇于开拓创新。

④遵纪守法，廉洁奉公，以身作则。

（2）文化程度、专业及相关知识要求

①具备本专业中专以上文化程度。

②掌握统计法、经济法等法律知识。

③掌握统计专业基础理论知识。

④了解本企业生产工艺和产品性能以及使用范围。

（3）工作经历要求

有两年以上统计工作实践。

3. 培训与录用要求

（1）录用（含调入）或晋升到本岗位工作，必须根据规范任职资格的各项要求，全面综合考核，经岗位培训后上岗。

（2）对本岗位在职者，应根据本岗位规范任职资格的各项要求和本人的实际条件，进行必要的岗位培训，限期达到规范要求。

4. 晋升或职业变动的可能性

（1）政治素质好，具有丰富经验和管理才能，可以调到需要类似条件但责任更重的岗位；达到高一层次任职条件，经过必要的岗位轮换，可以晋升到相应的管理领导职位。

（2）可在管理类范围内变动职业。

（五）销售信息资料管理岗位行为标准

在处（科）长领导下，收集处理各类销售信息，负责资料管理工作。

1. 岗位职责

（1）认真贯彻执行国家和上级主管部门有关产品销售方面的方针、政策、法令、法规。

（2）负责收集有关产品销售动态的各级文件、资料和各种信息，并加以处理，及时反馈，以指导实际工作。

（3）定期编制发行销售信息，其内容包括国内外市场动态，销售行情和国内部分省、市、地区同类品价格的波动和本厂销售工作动态，并根据新掌握的销售信息，对销售策略的制定提出合理化建议。

2. 任职资格

（1）政治素质和职业道德要求

①忠于职守，敬业奉公，奋发向上，积极进取。

②勇于批评和自我批评，坚持实事求是，注重调查研究，密切联系群众。

③有强烈的事业心，忠于本职工作，有实干精神，敢于负责，勇于开拓创新。

④遵纪守法，廉洁奉公，以身作则。

（2）文化程度、专业及相关知识要求

①具有中专以上文化程度。

②掌握有关销售方面的政策和规定。

③掌握经济管理和营销专业基础理论知识。

④了解本企业经营方针、商品销售渠道以及市场占有情况。

⑤掌握信息管理系统分析和程序编制的基础知识和技能。

（3）能力要求

①能综合分析各类信息和资料，为销售策略的制定提供依据。

②能与有关部门和人员协调工作。

③能准确地传达上级文件精神、报告工作、交流经验、能撰写销售信息和工作文件。

（4）工作经历要求

具有两年以上本企业生产实践。

3. 培训与录用要求

（1）录用（含调入）或晋升到本岗位工作，必须根据本岗位规范任职资格的各项要求，全面综合考核，经岗位培训合格方可上岗。

（2）对本岗位在职者，应根据本岗位规范任职资格的各项要求和本人的实际条件，进行必要的岗位培训，限期达到规范要求。

4. 晋升或职业变动的可能性

（1）政治素质好，具有丰富经验和管理才能，可以调到需要类似条件但责任更重的岗位；达到高一层次任职条件，经过必要的岗位轮换，可以晋升到相应的管理领导职位。

（2）可在管理类范围内变动职业。

▲优惠券促销办法

优惠券，指商场发放的，持券人在指定的地点购买商品时享受折价或其他优惠的凭证。

1. 优惠券促销的优缺点

优点：

（1）刺激消费者试用。

（2）扭转消费偏好。

（3）较快地显示出促销效果。

（4）增大顾客购买量。

（5）鼓励顾客试用老品牌的新产品。

（6）增强推销人员信心。

缺点：

（1）活动效果不易预测，因此在确定优惠幅度时难免出现过高或过低的问题。

（2）部分优惠券有可能在很长时间后才来兑换，因此影响实施整体促销计划。

（3）误兑不可避免，从而产生费用过大、影响促销效益的问题。

（4）对新产品、知名度低的产品促销效果不佳，顾客不会为了优惠券而买一个不了解的产品。

2．优惠券的促销目标

由于优惠券促销具有以上特点，所以，优惠券促销活动主要是协助商场实现以下目标：

（1）扭转产品或服务销售全面下跌的局面。

（2）提高某一品牌在同类产品中逐步下降的市场占有率。

（3）提升顾客对滞销的成长类商品品牌的兴趣。

（4）协助增强弱势品牌递降的销售利益。

（5）抵制竞争品牌在同一市场的促销手段。

3．优惠券的制作设计

优惠券的制作设计，主要包括优惠额度、形状与文字、功能三个方面。

（1）优惠额度的设计

在确定优惠券的优惠额度时，要根据以下因素来综合考虑：

①促销产品的种类和单位价格。

②促销品牌在市场上的知名度和信誉。

③企业促销目标。

④目标市场上消费者的收入水平。

⑤竞争者产品的价格和促销策略。

（2）优惠券形状和文字设计

优惠券的文字设计共包括以下内容：

①促销主题。

②优惠的额度、范围和时间期限。

③兑换的地点或经销店。

④具有说服力的介绍。

⑤发券企业、店名、地址和咨询电话。

优惠券的格式要求首先使传达的信息准确明了，然后再考虑其艺术感。内容要求简单、清楚，切忌用"优惠××元"字样，字体大小要有区别，优惠的钱数或比例应用大号字，说明可用小字，同时也应明显地注明有效日期。

（3）功能设计

①宣传功能：把有关商场和其商品的信息也印在券面上，起到宣传作用。

②方便功能：指不论在何种媒体上登载的优惠券都能方便、容易地被取下，以提高兑换的可能性。

4．优惠券递送方式设计

（1）直接送予消费者

优点：

①可以有效地对准目标顾客群，发放范围可大可小。

②接收率高，重复发放可能性小。

③兑换率较高。

缺点：分送成本较高。

作为弥补方法，可采用联合邮寄优惠券的方式，即由数家非竞争性的企业或业务有关联的企业联合邮寄优惠券，邮资由参加者分摊，从而降低分送费用。

（2）借助媒体散发

①报纸。

优点：花费成本低，选择性大，可针对不同商品和服务选择不同的报纸刊登，送达速度快。

缺点：容易误兑，兑换率低。

②杂志：广告页上印优惠券，插页式优惠券。

优点：发送费用低，容易引起顾客注意，针对性强。

缺点：杂志周期性强，不利于短期性促销活动，容易受地区性限制，地区性杂志更是如此。

（3）借助商品发送（包装上的优惠券，包装内的优惠券）

优点：

①不必支付优惠券的发放费用。

②对商品购买者的促销效果很好。

③有利于突出商品形象。

缺点：

①利用商品包装散发优惠券，其促销作用仅局限于现有的使用者，而对吸引新的顾客试用却无能为力。

②包装上印制优惠券，往往不容易摘取。

③包装内放置优惠券，常被第一次购买者忽略。

（4）利用特殊渠道发送优惠券

常见方式是将优惠券印在收银机开出的发票背面、印在商场的购物袋上及冷冻食品的包装袋上等。

优点：

方便灵活、多种多样，便于顾客取得。

缺点：

不便于管理和统计。

5. 优惠券促销的费用估算

优惠券促销的费用估算包括直接发生费用和可能发生费用两部分。

直接费用指不论优惠券能被兑换多少都必须付出的费用，包括优惠券的印制费和送达费；可能发生费用指与优惠券最终被兑换多少（即兑换率）有关的费用，包括优惠券的优惠费用和兑换处理费。

（1）优惠券的印制费。

优惠券的印制费用随优惠券的递送方式不同而有所差别。在报纸杂志的传递方式中，印制费实际是广告的制作费，而在其他三种形式的递送中，是指优惠券自身的制作费用。

（2）优惠券的送达费用。

不论优惠券的兑换率如何，首先必须将这些优惠券发送出去；发送方式不同，则费用也不大一样，其项目大致有：分送人员的劳务费；直接邮寄；广告的刊登费；将优惠券置于包装内的费用。

包装上和其他特殊渠道的分送方式，可以一起计算广告印制费和广告送达费。

（3）优惠券的优惠费用。

优惠券的优惠费用可用下面公式计算：

优惠费用 = 优惠券发行量 × 兑换率 × 每券优惠额

（4）优惠券的兑换处理费。

优惠券的兑换处理费的计算公式为：

兑换处理费 = 优惠券发行量 × 兑换率 × 每券处理费

（5）实例说明。

下面，以报刊优惠券为例，说明优惠券促销的费用估算：

假设商场在某一报刊上刊登一则广告，上面附有优惠额为 2 元的优惠券，费用估算方法如下：

①计算此次促销活动的直接费用即优惠券的制作费和送达费。假设广告制作费 2000 元，广告刊登费为 1 万元，则直接费用为 1.2 万元。

②计算优惠费用：假设该报纸优惠券的兑换率为 3%，该报总发行量为 10 万份，则优惠券优惠费用为：

$$优惠费用 = 100000 \times 3\% \times 2 = 6000（元）$$

③计算兑换处理费。假设厂商给商场每张处理费为 1 元，则兑换处理费为：

$$兑换处理费 = 100000 \times 3\% \times 1 = 3000 （元）$$

合计总费用为 2.1 万元，平均每张优惠券（以兑换 3000 张计算）的成本费用为 7 元。

接下来，进一步估算其促销效益：

假设兑换的 3000 张优惠券中有 2000 张是此次促销的结果，并设每个产品的利润为 5 元，则 2000 张优惠券使企业增加的利润为

$$增加利润 = 2000 \times 5 = 10000 （元）$$

而余下的 1000 张优惠券给企业造成的利润损失为：

$$减少利润 = 1000 \times 7 = 7000 （元）$$

则此次促销活动的利润净增加值为 3000 元。

假如根据费用估算结果，不会取得理想的效益目标，包括经济效益和社会效益，就应放弃优惠券促销方法，而选择其他促销工具。

6. 优惠券的兑换

优惠券的兑换过程将花费这一活动的主要费用，因此，在优惠券的兑换过程中要注意：

（1）统计优惠券兑换率的高低。

影响优惠券兑换率的因素主要有以下几方面：

①优惠券递送方式。

②优惠券的优惠额度。

③优惠券的设计与表现形式。

④顾客对商品的需要程度。

⑤顾客的品牌认知度和忠诚度。

⑥品牌的经销能力。

⑦品牌的新旧程度。

⑧使用地区范围。

⑨竞争品牌的促销活动。

⑩商品自身的等级，等等。

（2）避免误兑。

避免优惠券误兑的方法有以下几种：

①优惠券价值不宜过高。

②优惠券设计应不易仿造。

③办法说明应明确清楚。

④该商品在商场的普及率达 50% 之后才可使用优惠券促销。

⑤先在局部测试，然后再在大范围区域内开展优惠券促销活动。

⑥最好以 4 色印刷优惠券，以使仿造者不愿花较高成本去伪造，除非优惠券的价值非常大。

▲样品赠送办法

样品赠送，指向预期目标顾客免费赠送商品样品，以鼓励顾客试用的销售促进活动。

1. 样品赠送促销的优缺点

优点：

（1）最容易获得顾客参与。

（2）能充分向顾客展示商品特性。

（3）能够有效地培养品牌信赖者。

（4）能灵活机动地选择推广对象。

缺点：

（1）所花费用比较昂贵。

（2）样品的送达效果不易控制。

（3）受商品自身特点的限制（并不适合于所有商品）。

2. 样品赠送的目标

（1）促使新产品顺利地打入市场。

（2）提高劣势地区的销售业绩，让不曾使用过该商品的人有试用的机会，促使其转换品牌。

（3）保持竞争优势地区的领先地位。

（4）借以调查顾客对其商品的意见。

（5）可达到公开宣传，扩大影响的效果。

3. 样品赠送活动策划

样品策划：

（1）适合样品赠送促销的商品种类

适合样品赠送促销的商品为日用品。特点是单位价格低、消耗快、消费购买频率高、没有过分的品牌偏好。

（2）样品规格

①样品规格要根据商品的特性来决定。特点突出的商品，样品规格可以以一次量或平均每人一次量（以家庭人口 2～3 人）来设计。若商品需连续体验才能知其优劣，则样品规格应放大。

②根据商品的成本费用来决定。

样品赠送对象策划：

（1）样品受赠人应该是该商品的准顾客群。

（2）样品受赠人最好是市场上的"意见领袖"，能对其他顾客的选择发挥重要影响。

（3）样品的受赠人可以是商场的公关对象。

样品赠送方法策划：

（1）直接邮寄

优点：送达率较高。

缺点：受许多限制。

（2）挨家挨户发送

优点：样品能够及时、安全地到达受赠人手中。

缺点：费用高，而且有时会遭拒绝。

（3）定点分送及展示

优点：费用低。

缺点：样品送达率低。

（4）媒体分送

优点：能直接进入家庭或机关团体，同时传播商品信息。

缺点：目标顾客群命中率低。

（5）凭优待券兑换

优点：节省了邮寄费用，从而提高了赠送样品的安全性。

缺点：样品赠送普及率很难控制，样品数量难以控制。

（6）联合或选择分送：根据目标顾客的特定需要，将相关性或没有竞争性的商品集中在一个样品袋中然后交由专业营销服务公司送到精选目标顾客手中。

优点：样品赠送针对性强，费用节省。

（7）夹包装分送：将商品样品附在非竞争性商品的包装中，此时该样品扮演着免费样品和赠品的双重角色。

注意：附带样品的商品必须是顾客经常购买的，而且该商品与赠品具有相同的消费阶层。

样品赠送时机策划：

策划样品赠送时机应考虑到：

（1）商场在该市场上的广告宣传活动。

商场在该市场的广告宣传进行4~6周时是实施样品赠送的最佳时机。但是，在赠送样品期间在该市场的广告宣传绝不能停止。

（2）商品在该市场的经销店数量。

对食品、日常生活必需品而言，至少应在该区域有半数店铺经销之后，才适宜进行样品赠送。

（3）商品的消费季节性。

最好在某一商品消费旺季到来之前举行样品赠送。

4．样品赠送的成本核算

（1）样品费，包括样品自身费用和样品包装费。

（2）送达费，指将样品分送到顾客手中的过程中所需支付的邮费或劳务费。

（3）管理费，指促销者必须支付给分发渠道的中间费用，如通过专业邮递公司分送，除了要付邮寄费之外，还要支付一定的管理费用。

（4）广告费，包括促销活动本身的广告宣传费、样品包装上的广告费及其他促销辅助物的费用。

（5）如果样品中附加优惠券，则还应包括优惠券的折价面值以及优惠券的兑换处理费。

▲免费赠品促销办法

1．免费赠品促销的优缺点

优点：

（1）塑造商品品牌差异化。

（2）能有效地增加市场销售量。

（3）有利于维护商场商品形象。

（4）促进新产品推广试用。

缺点：

（1）赠品选择不当，容易让顾客失望，甚至引起不满。

（2）赠品易被某些人扣留，影响促销效果。

2．免费赠品适用的目标

当商场想要达到以下目标时，可以考虑采用免费赠品促销：

（1）在销售成绩不良的地区推广销售，或开拓新的销售区域。

（2）减少现有商品的存货。

（3）介绍和推广新产品或改良产品。

（4）鼓励顾客采用商场的系列商品。

（5）对抗同类产品的价格竞争。

（6）在消费淡季掀起购物热潮。

（7）抑制市场销售额的下降。

（8）在节日或商场庆典日创造品牌的销售佳绩。

（9）为销售队伍提供激励，帮助其完成当前的销售目标。

（10）对特定的目标顾客群实施奖励或诱导，例如，母亲节举办赠送母亲卡活动，"六一"儿童节赠送儿童玩具等，目的都是在吸引特殊顾客的购买兴趣。

3．赠品的设计

免费赠品促销的实质是一种折价销售，这种促销方法对顾客吸引力的大小主要取决于采用什么样的赠品。

赠品通常有以下三种：

（1）商场的特制品，如印有本商场标志或名称的 T 恤衫、影集、纪念品等。

（2）同销售的产品相关，如儿童食品赠送儿童玩具，销售胶卷赠送相册等。

（3）同销售的产品无关。

不论采用哪一种商品作为赠送品，都必须力保赠品对消费者有足够的刺激性和吸引力，因此，在选择赠品时，应遵守以下原则：

（1）赠品必须符合该商品消费对象的兴趣。

（2）赠品的价值必须容易让顾客了解。

（3）赠品尽可能有特色，在市面上不易买到。

（4）赠品的品质要高，并且经久耐用。

（5）尽可能挑选与产品有关联的商品作为赠品，这样做主要是给顾客提供消费时的便利和消费兴致，因此，常能增加赠品的吸引力。

（6）避免与竞争对手采用同样的赠品。

（7）赠品的选样要与促销主题紧密结合。

（8）尽量挑选有名气的产品作为赠品。

（9）要尽可能地降低赠品的成本费用。

（10）赠品要具有时代特色。

4．赠品分配形式的管理

赠品分配主要可采取以下几种形式：

（1）包装赠送。

包装赠送又可分包装内赠送和包装上赠送。

包装上赠送，即将赠品附在商品上或商品包装上。操作时可用橡皮筋将赠品与商品绑在一起，或用透明纸包装。

包装赠送形式的优点：

①促销活动之前即可预知赠品数量，能控制促销成本。

②赠品随商品直接传达给顾客，不需要其他程序，所以，不会给商场增添麻烦，商场乐于代销。

③赠品附于包装随货搬运，不需要增加运费。

④顾客购买商品时即能顺利得到赠品，赠品的到达率高，并且简便及时，所以，包装赠送促销方式深受消费者欢迎。

包装赠送形式的缺点：

①对赠品的限制性太大。采用包装赠送的赠品只能是体积小，形状适宜（不能过尖过长）的产品，同时还要考虑赠品与产品包装在一起是否会影响产品的品质。

②若赠品出现损坏，不便于及时发现。

（2）邮寄赠送。邮寄赠送，是指顾客将商品的购物凭证或赠送券，邮寄给商场，商场将赠品直接邮寄给顾客。

优点：

①不会给商场带来麻烦。

②能使商场获得有关顾客的某些资料。

缺点：

①邮寄可能发生误差，顾客因此而收不到赠品，或者在邮寄过程中赠品受到损坏，这些都会引起顾客的强烈不满。

②要负担邮资费用，并且这部分费用是相当可观的。

5. 免费赠品的费用预算

免费赠品的促销费用由于赠品不同，赠送方式不同而差距很大，大致有以下成本花费：

（1）赠品本身的费用。

（2）促销活动的广告宣传费用，包括广告制作费和媒体费用，同时还包括在商场的广告物费用。

（3）赠品的分配费用，如特殊包装的制作费用、邮寄费用、商场赠送的处理费等，视赠送方式不同而异。如果附赠品是赠券时，还需增加赠品兑换的管理费用。

（4）由于赠品促销活动所增加的开销，如运输费用、仓储费用以及为获得赠品使用权所需支付的法律方面的费用。

6. 提高免费赠品促销效果的途径有以下几种：

（1）对顾客加强广告攻势。

（2）对产品进行再包装。

（3）强化购买现场的店头广告。

（4）派遣人员示范及展示赠奖的奖品。

7. 免费赠品促销应注意的问题

（1）要留有充足的准备时间。免费赠品的准备工作少则需要 4 个月，多则需要半年，所以，如果想在指定的日期，如元旦或商场庆典日，成功举办免费赠品活动，就必须提早下手准备，以免措手不及。

（2）关于赠品的宣传要明确、清晰。

（3）增加获取赠品的可选择性。商场不仅要为顾客提供灵活多样的赠品，同时，也应为顾客提供获取赠品的多种形式。对于手头的购物凭证不足，但又急于想得到赠品的顾客，可以让其支付部分现金来弥补购物凭证的不足。

（4）力保赠品及时、顺利地到达顾客手中。

▲价格折扣促销办法

价格折扣，又称折价促销，是指商场直接采用降价或折价的方式招徕顾客。价格折扣的实质是把商场应得的一部分利润转让给顾客。

1．商场价格折扣的类型

商场针对顾客实行的折价销售，包括多种类型。

（1）由于折价促销的目的不同，折价销售可分为竞争性折价和常规性折价。

（2）由于折价促销的商品范围不同，价格促销又分为全部商品折价和部分商品折价。

2．商场价格折扣的利弊

价格折扣能直截了当地给顾客带来实惠。因此，与其他促销工具相比，打折的促销冲击力最强。

折价促销的弊端主要表现在以下三方面：

（1）容易引起竞争激化，导致行业效益下降。

（2）会引起顾客的观望与等待，使商场进入折价的恶性循环之中。

（3）有时会损坏商场形象。

商场应适度采用。

▲现场演示促销办法

所谓现场演示促销，是指在销售现场直接向顾客做商品演示。

1．现场演示促销的特点

优点：

（1）促进顾客了解新产品。

（2）吸引顾客的注意力。

（3）能向顾客提供有力的说服证据。

（4）节省促销费用。

缺点：

（1）受产品特性的限制较大，并不是每一种产品都可以做商品示范，即使能做示范的商品，不同商品演示的效果差别也很大。

（2）促销的对象范围比较窄，仅是前来商场的顾客。

（3）促销效果的好坏受产品演示者的演示水平影响也很大，如演示不当，反而容易产生相反的效果。

2．现场演示的促销目标

现场演示主要适用于以下促销目标：推广和介绍新产品；改变产品在商场销售不旺的状况；突出产品在同类产品中的地位；向顾客展示产品的特殊功效；吸引顾客光顾，带动其他产品的销售。

3．现场演示促销应注意的问题

（1）现场演示的适用范围。

并不是所有的商品都适宜采用现场演示的形式促销，一般情况下，做现场演示的商品应具有以下几个特点：

①技术含量比较低的大众化消费品。

这类商品演示起来比较方便，演示的过程和效果比较直观，顾客容易理解和把握。

②有新型的使用功效。

③能立即显示产品的效果。

（2）演示者的演示水平。

现场演示，目的在于将产品的特点、性能，真实、准确、直观地传达给顾客，通过刺激顾客的感官而刺激顾客的购买兴趣。因此，演示者的操作要熟练，要能充分地展示产品的优越性。演示者的操作水平，直接影响着顾客对产品的信任程度。

（3）现场演示的趣味性。

现场演示要想能吸引顾客的注意力，就必须富有一定的吸引力。

（4）演示者的技巧。

演示者应具备相应能力做好演示，以提升消费者的购买欲望。

▲竞赛和抽奖促销管理办法

竞赛是根据参加者的智慧或能力来获得奖赏，如回答有关产品的特点、为产品品牌命名、提供广告主题语或广告创意，等等。所以，竞赛促销一般需要三个基本要素：奖品、才华和某些参赛评定的依据。

抽奖与竞赛活动不同，抽奖活动不需要参加者具备判断和技巧方面的能力，只需填写姓名、身份证号码或其他一些个人资料即有希望获奖。获奖者的确定是按照事先规定的随机办法，如抽签、摇奖号码而产生，它与参加者的能力无关，而取决于参加者的运气。

1. 竞赛和抽奖促销的优缺点

优点：

（1）对顾客刺激性大。

（2）便于控制促销费用。

（3）有利于树立和强化品牌形象。

（4）提高其他促销工具的促销效果。

（5）能够推动销售量的迅速上升。

缺点：

（1）针对性不强。

（2）促销效果不易衡量。

2. 竞赛和抽奖的促销目标

（1）树立商场和产品的良好形象。

（2）改善老商品现有的市场销售状况。

（3）开辟新的销售领域。

（4）展示商品的某些功能和特性。

（5）为产品寻找新的用途。

（6）增强其他促销工具的效果。

3. 抽奖和竞赛的具体形式

（1）抽奖形式的策划

①标准形式

标准形式，是指顾客可以从报纸、杂志或商场里得到抽奖活动的参加表，根据其要求将姓名、地址等内容填好后寄往指定地点，然后在预先规定的时间和地点用随机抽取的方式从全部参加者中决定获奖者。

②多次抽奖形式

多次抽奖形式就是把几种不同的抽奖方式放在一起使用，每次抽奖都有不同的奖金（品），这样，顾客只要参加一次，就有多次中奖机会。它在表面上增加了顾客中奖的可能性。

③启发式抽奖形式。

启发式抽奖形式，是说顾客在参加这种抽奖时，必须仔细阅读某商品广告或宣传资料中的内容，并把其中的要点写下来或按照要求填写在表格里，然后组织者从所有把要点写对的顾客中随机抽出获奖者。启发式抽奖形式对想要广泛深入宣传自己的商品，树立商品良好形象的商场来说，实在是一种难得的好形式。

④配对游戏抽奖形式

配对游戏抽奖形式，就是组织者预先设置一个数字、一个符号或一个图案，顾客在购买商品时可以任意索取相应的数字、符号或图案，如果和组织者预先设置的相同，则被确定入围，可以参加下一轮的抽奖活动。

⑤即开即兑抽奖形式

即开即兑抽奖形式包括两种做法。一种是组织者把中奖与否和中奖项目直接打印在奖券中，顾客拿到奖券后，只要撕去上面的覆盖物，就能马上知道结果。另一种是在奖券上打上数字或符号，顾客在得到奖券后，只要看券中的数字或符号与组织者公布的是否能对上，对上了即中奖。

⑥"自动参加"抽奖形式

"自动参加"抽奖形式，是指商场用优惠券代替参加表发给顾客，顾客在使用优惠券之前只要把自己的姓名、地址等填在优惠券中，就自动地获得了抽奖资格。当购物活动告一段落或结束之后，组织者将从全部有效的优惠券中抽出获奖者。

（2）竞赛促销形式的策划

竞赛促销的形式策划要以有助于强化商场品牌形象为原则，既要让顾客在竞赛中比出水平，更要让顾客通过竞赛加强对产品的了解和偏爱。具体形式有以下几种。

①回答问题。

②征集广告语。

③征集作品。组织者要求参赛者围绕要促销的产品创作某种作品，如举办摄影大奖赛，要求参赛的作品中必须有促销的产品；举办烹饪比赛，要求参赛者必须使用促销的炊具，等等。

④排出顺序。要求顾客依据事物的发生时间、重要性或优劣为某些答案排出顺序。

⑤竞猜。让顾客就判断力、观察力一比高低，如要求顾客从甲乙两张商标中找出不同点；从照片中辨认某些著名人物以及估算某种汽车能装载多少箱某种商品等。

⑥游戏。除了以上分别介绍的抽奖和竞赛的具体形式外，竞赛和抽奖促销工具还包括以游戏形式出现的促销活动。

游戏促销一般分为两大类，一类是连续型的，即游戏内容需要参加多次方能完成，包括拼字游戏、配图游戏、收集游戏三种形式。

这三种连续型的游戏形式，其共同之处就是顾客要想获奖，必须多次光顾商场或购买商品，这对加大商场的客流量和商品的销售量很有好处，但由于需要较长时间的等待，甚至需要付出更多的购买，顾客往往容易失去耐心，从而对促销活动不感兴趣。游戏促销的另一类是一次性的，即顾客只需参加一次就可完成游戏，最典型的表现形式是各种兑奖。

在设计竞赛形式时，一定要注意活动的趣味性和比赛难度的适宜性，同时，还要注意竞赛规则的可行性和安全性，要本着对顾客负责的态度进行设计。

4．奖品的设计

奖品的设计，包括奖品的价值、奖品的形式和奖品的结构。

（1）奖品的价值。在设计奖品价值时，应以小额度、大刺激为原则。《中华人民共和国反不正当竞争法》中明确规定，抽奖式的有奖销售，最高奖金不能超过 5000 元，所以，奖品决不能靠高额度的大奖取胜，而应靠奖品的新奇性和独特性取胜。

（2）奖品的形式。

在竞赛抽奖促销活动中，兑付给顾客的奖品主要有现金形式和实物形式两种。

现金奖品的好处是对每一个顾客都很实用，顾客很容易了解自己能从奖品中得到多少好处。缺点是缺乏个性。

实物奖品的好处：

①能为顾客提供别具一格的奖品，以提高奖品的刺激性和吸引力。

②可以结合促销主题设计奖品。

实物奖品的缺点是：在一定程度上影响了促销效果。

（3）奖品的结构。

奖品通常分为几个等级，如一、二、三等奖加上特等奖或其他项目。奖品的总费用在这些不同等级上怎样分配，就是奖品的结构问题。奖品结构一般采用金字塔形，即一个高价值的大奖，然后是若干个中价位的奖品，其次就是数量庞大的低价位小奖或纪念奖。奖品结构中，低价位的奖品再多，也不如送一个超级大奖更能吸引顾客。所以，奖品组合中一定要有一两个诱惑力很大的大奖。二等奖的数量要稍多一些，并且与头等奖的价位相差不能太悬殊，这样对顾客来说，既有渴望头等奖的激情，又有一旦得不到头等奖还可争取"二等奖"的保障，有利于调动顾客参与的积极性。

5．抽奖活动规则的管理

为了避免由于理解上的误差而给商场带来不应有的麻烦，竞赛和抽奖活动必须制定严格、清晰、易懂和准确的活动规则，同时必须将这些规则通过大众媒体正式公布于众。有关竞赛与抽奖规则必须包含以下内容：

（1）明确竞赛与抽奖活动的起止日期。

（2）列出评选的方法，并说明如何宣布正确答案。

（3）列出参加条件、有效凭证。

（4）列出奖品等级、奖额及奖品形式。

（5）标示评选机构。

（6）告知参加者与活动相关的所有资料。

（7）中奖名单的发布时间、方法和媒体。

（8）奖品兑现的赠送方式。

活动规则一旦确定并公布之后，商场必须严格按照规则履行自己的承诺，而不应以任何理由改变规则或不予兑现。

第二节　商品营销、促销管理表格

▲行销战略表

行销战略表

名　　　称	现 状 及 问 题 点	对　　　策
商品战略		
地域战略		
顾客战略		
竞争战略		
流通战略		
配送战略		
促销战略		
广告战略		
推销战略		
情报战略		

制表：

▲沟通查核表

沟通查核表

序号	月、日、时	沟通方向	目的	目标	对象	承办者	评　判		
							好	中	差

制表：

▲营销部季（月）度工作考评表

营销部季（月）度工作考评表

_____年_____季度（月）

部门：   姓名：   工号：

考核要素及权重	工作目标计划	完成情况	主管评价	得分
1. 产品准入目标完成率 15%				
2. 销售目标完成率 15%				
3. 利润目标完成率 5%				
4. 市场份额目标完成率 5%				
5. 关键行为 制订产品市场规划、目标计划并监控实施5%				
6. 培训、辅导、与下属沟通的数量和质量 5%				
7. 策划、准备高层技术研讨会、现场会 5%				
8. 制订产品宣传计划并监控实施 5%				
9. 制定商务政策并监控实施 5%				
10. 制定产品指导书并组织落实 5%				
11. 对重大项目和盲点市场的监控 5%				
12. 对直接下属亲自进行考核、沟通、辅导的质量 5%				
13. 对直接下属进行培训或组织下属接受培训的数量和质量 5%				
14. 客户满意度的改进 5%				
15. 由上级主管确定的其他关键行为或用来调节上述关键行为权重的部分10%				
工作目标计划沟通确认 主管： 责任人：			工作评价： 总分： 评价结果：	

考核沟通记录
主管：   员工：
    年 月 日   年 月 日
			二级考核
			调整人：
			    年 月 日	

填写说明：1. 工作目标计划由责任人在本月初编制并由主管确认（形成工作任务书）。

2. 完成情况栏由责任人在下月初时填写，并作为考核依据。

3. 主管评价及得分栏由部门主管在月初考核时填写并作为考核评价依据。

4. 以电子文档形式传递（特殊情况可发传真件）。

▲销售经理季（月）度工作考评表

销售经理季（月）度工作考评表

_____年_____季度（月）

部门：　　　　　　　姓名：　　　　　　工号：

考核要素及权重	工作目标计划	完成情况	主管评价	得分
1. 销售目标完成率　25%				
2. 空白市场进入目标完成率　10%				
3. 项目成功率　10%				
4. 关键行为 制定产品市场规划、目标计划并监控实施 10%				
5. 培训、辅导、与下属沟通的数量和质量 5%				
6. 技术汇报会和样板点参观的策划和监控实施 5%				
7. 监控项目和区域盲点市场　5%				
8. 贯彻、落实、执行商务政策和产品指导书 5%				
9. 控制合同成交质量（价格、付款方式）5%				
10. 客户满意度的改进　5%				
11. 有效沟通与协作　5%				
12. 对上级主管确定的其他关键行为或用来调节上述关键行为权重的部分　10%				
工作目标计划沟通确认 主管：　　　　　　　　责任人：			工作评价： 总分： 评价结果：	
考核沟通记录 主管：　　　　　　　员工： 　　年　月　日　　　　　　年　月　日			二级考核： 调整人： 　　　　　　年　月　日	

填写说明：1. 工作目标计划由责任人在本月初编制并经主管确认（形成工作任务书）。

　　　　　2. 完成情况栏由责任人在下月初时填写，并作为考核依据。

　　　　　3. 主管评价及得分栏由部门主管在月初考核时填写并作为考核评价依据。

　　　　　4. 以电子文档形式传递（特殊情况可发传真件）。

▲项目经理季（月）度工作考评表

项目经理季（月）度工作考评表

_____年_____季度（月）

部门：　　　　　　　　姓名：　　　　　　　工号：

考核要素及权重	工作目标计划	完成情况	主管评价	得分
1. 销售目标完成率　30%				
2. 空白市场进入目标完成率　15%				
3. 合同错误率　5%				
4. 关键行为 项目管理（立项、策划分析、监控、档案、总结）10%				
5. 以技术引导为目的的客户拜访的数量和质量　5%				
6. 技术方案的质量　5%				
7. 例行工作报告的质量　5%				
8. 控制合同成交质量（价格、付款方式）5%				
9. 客户满意度的改进　5%				
10. 有效沟通与协作　5%				
11. 由上级主管确定的其他关键行为或用来调节上述关键行为权重的部分　10%				
工作目标计划沟通确认 主管：　　　　责任人：	工作评价： 总分： 评价结果：			
考核沟通记录： 主管：　　　　　　员工： 　年　月　日　　　　　年　月　日	二级考核： 调整人： 　年　月　日			

填写说明：1. 工作目标计划由责任人在本月初编制并经主管确认（形成工作任务书）。

2. 完成情况栏由责任人在下月初时填写，并作为考核依据。

3. 主管评价及得分栏由部门主管在月初考核时填写并作为考核评价依据。

4. 以电子文档形式传递（特殊情况可发传真件）。

第十章　商场超市安全保卫管理制度与表格

第一节　商场超市安全保卫管理制度

▲安全保卫管理制度

第一条　安全保卫工作特指商场办公区域内的防盗、防火及其他保护商场利益的工作。

第二条　行政管理部负责商场办公区域的安全保卫工作，办公时间（上午8：30～下午17：30），由前台秘书负责来宾的接待引见工作，非办公时间（17：30～次日8：30及节假日）由行政管理部指定专人负责办公区域的安全保卫工作。

第三条　商场实施门禁管理系统，非办公时间员工应使用门禁卡进入办公区域。员工应妥善保管门禁卡，如门禁卡丢失要照价赔偿。

第四条　商场实施节假日值班制度，由行政管理部负责每月的值班安排和监督工作，值班人员必须按时到岗，并认真履行值班职责，检查各部门对各项安全制度、安全操作规定是否落实。

第五条　行政管理部夜间值班人员负责每日的开门和锁门，每日晚上夜间值班人员在锁门前必须认真检查办公区域内的门窗是否锁好，电源是否切断，保证无任何安全隐患。

第六条　办公区域的门锁钥匙由行政管理部专人负责保管，并每日早晚按时将办公室的门打开、锁好，一般员工不得随意配置门锁钥匙；计划财务中心的钥匙由本部门保管。

第七条　商场员工应妥善保管印章、钱款、贵重物品、重要文件等，下班前将抽屉及文件柜锁好，切断电源后方可离开。

第八条　商场行政管理部负责组织有关人员不定期地对商场办公环境的安全实施监督检查，如有安全隐患，相应部门要及时整改。

第九条　商场所属办公区域的门锁钥匙，启用前应在信息管理中心行政管理部备份一套，行政管理部需妥善保管，以备急需时使用。

第十条　商场物品运出办公区域需填写"出门证"，经有关领导批准后方可搬离。

▲安全保卫防范工作规定

第一条　安全保卫承包责任制要以各部门、室、各分公司为单位全面实行。各分公司要落实到班组，责任到人，签订承包合同，明确职责，落实奖惩。

第二条　各通信要害部门一律安排警卫人员守卫，并认真贯彻落实"通信要害管理规定"。

第三条　落实商场及部门值班巡逻措施。存放现金 10 万元以上的库房，要由两个或两个以上专职人员同时值守。

第四条　重点部位一律实行"四铁两器"。重点部位是指商场要害部位，包括机房、电脑机房、营业厅、财务部、存放 1 万元以上现金的部位、存放秘密文件的档案室、图纸资料部位、存放贵重物品的库房及其他应该切实保障安全的部位。

"四铁两器"是指铁门、铁窗、营业柜台护栏、保险柜及灭火器、报警器（包括营业场所防抢报警铃）。

第五条　落实现金提送的有关规定。现金在 1 万元以上且运送距离在 500 米以上的，要用机动车提送款；在 1 万元以上，但距离在 500 米以下，或 1 万元以下的提送款，必须两人以上同行押送。

第六条　存放现金在 10 万元以上的，要设立具备较高防火、防爆、防盗、防抢性能的金库，并要落实安全管理制度与措施。

▲安全生产管理制度

第一章　总　　则

第一条　为了加强本商场的所属生产企业安全防范工作，保护财产和员工生命安全，保障各项工作顺利进行，特制定本制度。

第二条　本商场以"生产必须安全，安全为了生产"为方针，全方位实施生产安全管理。

第二章　影响安全的因素

第三条　领导者的责任（略）。

第四条　生产过程中的不安全因素。

1. 生产设备、仪器的防护、保险及信号等装置缺乏或不良。

2. 设备、仪器、工具及附件或材料等有缺陷；车间或班组无总电源、总气阀。

3. 生产工艺本身缺乏充分的安全保障，工艺规程有缺陷。

4. 生产组织和劳动组织不合理。

5. 个人劳动保护用品缺乏或不良。

6. 事故隐患未暴露或还未被发现等。

第五条　工作环境的不安全因素。

1. 工作地通道不合理，材料、半成品、成品混堆，工作场所过分拥挤或布置不当，地面不平，有障碍物存在或地面过滑。

2. 厂房或车间平面或立体布置不合理，未提供紧急出口，或出口不足。

3. 工作地光线不足或光线太强，可能由视觉失误引起动作失衡。

4. 工作地有超标准噪声，引起员工情绪烦躁，无法安心工作；温度、湿度、空气清洁度不符合标准。

5. 有毒、有害物品在班组超定额存放或保管不当，无急救或保险措施。

6. 厂房年久失修，厂区污染严重等。

第六条　个人的责任。

1. 未很好地学习操作方法、技巧和规程，未按规程操作或工作技术不熟练。

2. 未使用劳动保护用品或使用不适当。

3. 生产时注意力不集中或情绪不稳定。

4. 工作责任心不强，自由散漫，工作时闲谈或不认真。

5. 不遵守劳动纪律，工作时打闹、嬉戏。

6. 没有注意劳逸结合，过度疲劳，长期加班，精力不集中。

7. 工作中互相配合不好。

8. 不执行岗位责任制，串岗、漏岗。

第三章　安全教育

第七条　安全生产教育的内容。

1. 思想教育。主要是正面宣传安全生产的重要性，选取典型事故进行分析，从事故的政治影响、经济损失、个人受害等方面进行教育。

2. 法规教育。主要是学习上级有关文件、条例，本商场已有的具体规定、制度和纪律条文。

3. 安全技术教育，包括生产技术、一般安全技术的教育和专业安全技术的训练。其内容主要是本厂安全技术知识、工业卫生知识和消防知识；本班组动力特点、危险地点和设备安全防护注意事项；电气安全技术和触电预防；急救知识；高温、粉尘、有毒、有害作业的防护；职业病原因和预防知识；运输安全知识；保健仪器、防护用品的发放、管理和正确使用知识等。

专业安全技术训练，是指对锅炉等受压容器，电、气焊接、易燃易爆、化工有毒有害、微波及射线辐射等特殊工种进行的专门安全知识的技能训练。

第八条 安全生产教育的主要形式和方法。

安全生产教育的主要形式有"三级教育"、"特殊工种教育"和"经常性的安全宣传教育"等。

1. 三级教育。在所有伤亡事故中，由于新工人缺乏安全知识而产生的事故发生率一般占50%左右，所以对新工人、来厂实习人员和调动工作的工人，要实行厂级、车间、班组三级教育。其中，班组安全教育包括：介绍本班安全生产情况、生产工作性质和职责范围、各种防护及保险装置作用、容易发生事故的设备和操作注意事项。

2. 特殊工种教育。针对工种工作的特殊性及容易涉及的安全问题，进行有针对性、预防性的教育。

3. 经常性的宣传教育。可以结合本企业本班组具体情况，采取各种形式，如安全活动日、班前班后会、安全交底会、事故现场会、班组园地或墙报等方式进行宣传。

第四章 安全技术知识

第九条 防爆的知识。

1. 防止爆炸性混合物。加强管理，消灭跑、冒、滴、漏，避免可燃物漏入空气而达到爆炸限度。

2. 防止产生火花。防爆区的电机、照明应采用防爆型；避免因接触不良、绝缘不良、超负荷或过热而产生火花或着火；正确铺设避雷装置；抢修照明采用安全灯；避免机械性撞击。

3. 防止产生静电。工作人员要穿棉布工作服，不得穿易产生静电的化纤工作服和塑料底鞋。

4. 严格遵守防火制度。严禁在生产区吸烟，严禁明火取暖和焚烧可燃物，严禁在防爆区装设电热设备。

5. 配备安全装置。如装报警器，在压力容器上应安装安全阀，有些设备和管道上可安装防爆板。安全装置要按规定维护核对，使之处于良好状态。

第十条　防火的知识。

1. 加强各种可燃物质的管理，大宗燃料应按品种堆放，不得混入硫化物和其他杂质；对酒精、丙酮、油类、甲醇、油漆等易燃物质要妥善保存，不得靠近火源。

2. 采取防火技术措施，设计建筑物和选用设备应采用阻燃或不可燃材料；油库和油缸周围应设置防火墙等。

3. 配备消防设施，厂区要按规定配备消火栓、消防水源、消防车等。生产车间应配备必需消防用具，如沙箱、干粉、二氧化碳灭火器或泡沫灭火等。器材要经常检查、定期更换，使之处于良好状态。

4. 开展群众性消防活动，既要组织专业消防队，也要建立群众性防火灭火义务消防队伍，并通过学习和实地演习，提高灭火技能。

第十一条　预防触电的知识。

防触电的主要措施是加强管理、严禁违章作业。

1. 各类电器设备，包括电焊机，照明、家用电器等的选用和安装要符合安全技术规定，保证设备的保护性接地或保护性接零良好。

2. 电气设备要定期检修，并作好检修记录；及时更换老化或裸露的电线；及时拆除临时和废弃线路等；待接线头要包扎绝缘。

3. 健全电器设备安全操作规章和责任制度，严禁违章作业，严禁非专业人员擅自操作或修理电器设备。

4. 对电器设备进行修理作业，要拉断电源和穿用绝缘衣物。

5. 组织职工训练，掌握对触电者的急救措施和技术。

第五章　事故处理

第十二条　事故处理是包括事故发生后的紧急处理、报告有关部门、进行调查分析和统计、采取措施及处分有关部门和人员等一系列工作的总称。

第十三条　职工伤亡的范围。

职工伤亡事故的性质，按与生产的关系程度分为因工伤亡和非因工伤亡两类，其中属于因工伤亡的事故包括：

1. 职工在工作和生产过程中的伤亡。

2. 职工为了工作和生产而发生的伤亡。

3. 由于设备和劳动条件不良引起的伤亡（含不在工作岗位）。

4. 在厂区内因运输工具造成的伤亡。

5. 在生产区域外因完成领导交给的任务，或在其工作地点、工作时间发生的伤亡等。

第十四条 伤亡事故的分类。

根据负伤程度的不同，分为轻伤事故、重伤事故、死亡事故和多人伤亡事故四种。

轻伤事故：受伤后歇工一天的事故。

重伤事故：受伤后要经较长时间医治、受伤致残、造成有后遗症的事故。

死亡事故：事故发生的当时死亡，或抢救和较长时间医治无效死亡的事故。

多人伤亡事故：指同时伤亡三人及三人以上的事故。

第十五条 事故发生后的紧急处理。

事故往往具有突然性，因此在事故发生后要保持头脑清醒，切勿惊慌失措、处理失当，一般按如下顺序处理：

1. 首先切断有关动力来源，如气源、电源、火源、水源等。

2. 救出受伤、死亡人员，对重伤员进行急救包扎。

3. 大致估计事故的原因及影响范围。

4. 在及时报告和呼唤援助的同时，抢移易燃易爆、剧毒等物品，防止事故扩大和减少损失。

5. 采取灭火、堵水、导流、防爆、降温等措施，使事故尽快终止。

6. 事故被终止后，要保护好现场。

第十六条 事故的调查、分析和处理。

对伤亡事故进行调查分析和处理的基本流程是：找出原因，查明责任，采取措施，消除隐患，吸取教训，改进工作。

班组的责任是协助有关部门或人员，搞好调查分析和处理工作。

第六章　安全检查

第十七条 安全检查的内容。

（1）查有无进行安全教育。

（2）查安全操作规程是否公开张挂或放置。

（3）查在布置生产任务时有无布置安全工作。

（4）查安全防护、保险、报警、急救装置或器材是否完备。

（5）查个人劳动防护用品是否齐备及正常使用。

（6）查工作衔接配合是否合理。

（7）查事故隐患是否存在。

（8）查安全计划措施是否落实和实施。

第十八条　安全检查的形式。

安全检查的方法有：经常性检查（如班组月查、周查、日查和抽查等）、专业性检查（如防寒保暖、防暑降温、防火防爆、制度规章、防护装置、电器保安等专业检查等），还有节假日前的例行检查和安全月、安全日的群众性大检查。

另外，教育班组成员养成时时重视安全、经常注意进行自我安全检查的习惯，是实现安全生产、防止事故发生的最重要方式。

第十九条　自我安全检查要点。

1. 检查工作区域的安全性。注意周围环境卫生、工序通道畅通、梯架台稳固、地面和工作台面平整。

2. 检查使用材料的安全性。注意堆放或储藏方式、装卸地方大小、材料有无断裂、毛刺、毒性、污染或特殊要求，运输、起吊、搬运手段，信号装置是否清晰等情况。

3. 检查工具的安全性。注意是否齐全、清洁，有无损坏，有何特殊使用规定、操作方法等。

4. 检查设备的安全性。注意防护、保险、报警装置、控制机构的完好情况。

5. 检查其他防护的安全性。通风、防暑降温、保暖情况，防护用品是否齐备和正确使用，衣服鞋袜及头发是否合适，有无消防和急救物品等。

▲安全工作检查制度

为贯彻、实施商场各项安全制度，对商场实行"三级"安全检查制。

1. 商场的安全大检查由商场治安消防委员会领导，责成安全保卫部具体组织实施。

2. 商场安全大检查要求每季度进行一次，由商场治安消防委员会成员、保卫人员及商场的负责人组成安全检查组，重点检查各项安全制度、防火制度及有关措施的执行情况。

3. 对检查出的问题责成有关单位或部门限期解决。

4. 由主管安全的经理、部长组织各级安全责任人，每月对商场各部门进行一次全面安全检查，发现问题及时解决并做出安全检查记录。一时难以解决的较大隐患，要写出书面报告，上报商场治安消防委员会。

5. 各营业部门及安全值班人员负责本区域的班前班后安全检查，发现隐患及时排除，做好记录，解决不了的问题及时上报安全保卫部。

6. 重大节日前要对商场进行全面安全检查，各级主管领导必须亲临现场仔细认真检查。

7. 除按期进行"三级检查"外，安全保卫部要按分工对全场各部位的治安防范、安全防火情况进行经常性的抽查。填写安全检查记录，发现隐患要督促有关部门及时解决。

▲安全考核与奖惩制度

1. 商场安全保卫部工作由商场治安消防委员会进行监督考核，实施奖惩。商场发生安全事故由治安消防委员会承担领导责任，主管经理、安全保卫部部长承担主要领导责任。

2. 商场各部门的安全保卫工作由安全保卫部负责考核。

3. 认真贯彻各项安全保卫制度，全年实现无火警火灾、无各类案件、无职工违法犯罪、无民事纠纷；全年坚持开展普法教育、坚持检查记录和坚持法制宣传教育。

4. 凡认真贯彻执行商场各项安全保卫制度，符合下列条件之一的，给予表彰、奖励或记功晋级。

（1）及时发现、防止各类案件和治安灾害事故发生后在抢险救灾中有立功表现者。

（2）一贯忠于职守，热爱治安消防工作，并做出一定贡献者。

（3）检举、揭发、制止违法犯罪活动，提供重要线索，协助侦破案件有功或抓获违法犯罪分子者。

5. 凡违反商场规章制度，发现下列行为者给予单位或当事人经济处罚，个人罚金500元，下属罚金1000元至5000元，触犯刑律的移交司法部门，追究刑事责任。

（1）重点要害部位发现安全隐患，经商场安全保卫部指出而不整改的。

（2）重点要害部位未指定责任人，或责任人未与安全保卫部签订责任书的（追究双方责任）。

（3）重点要害部位没有具体安全措施的。

（4）在场内禁火区或防火重点部位及非吸烟区吸烟，在吸烟区将烟头、火柴杆、烟灰扔在地上的。

（5）未经批准，违章明火作业者。

（6）占压消火栓，损坏、挪用消防器材，在消防通道上堆放物品，经通知不及时清除的。

（7）所在部门发生火险、火灾或其他治安灾害事故的。

（8）违反商场现金管理制度，现金未进保险柜或保险柜未锁的。

（9）职工违法受到公安机关行政拘留、治安裁决的。

（10）参与赌博者。

（11）凡知情不举，包庇违法犯罪分子，对发生的案件和治安灾害事故隐瞒不报的。

（12）治安消防干部不能尽职尽责的。

（13）不支持安全检查，不填写检查记录的。

▲商场要害部位管理

商场要害部位和重点安全管理部位为商场配电室、空调室、液化气设备管道、员工餐厅操作间、地下机房、锅炉房、木工房、贵重商品库房、危险品库房、自动安全系统总控室、电梯机房、收银台、档案室、计算机房、电话总机室、财务审计部、总经理室。

1. 要害部位的主管工作人员和部门领导为要害部位责任人，均需与安全保卫部签订责任书。

2. 严格重点审查要害部位工作人员上岗前的条件，未经培训学习达标者不得上岗操作。建立重点岗位人员档案，对不符合条件的工作人员及时调离。

3. 严禁非工作人员进入重点要害部位。

4. 重点要害部位必须建立安全制度，经常进行安全自查，每天签检查记录单，发现问题立即报告，迅速整改。

5. 安全保卫部要经常定期对商场要害部位进行安全检查，保证设备设施保持良好状态。

6. 重点要害部位必须由本部门制订突发事件预案，并报商场安全保卫部备案。

▲商场易燃、易爆物品管理

商场对易燃、易爆物品，如香蕉水、汽油、油漆、酒精、部分化妆品、煤气、乙炔等必须进行严格管理。其安全管理方式有以下几方面：

1. 商场易燃易爆品保管人、使用人和部位领导人是该项安全管理责任人。

2. 商场易燃易爆品应指定专人购买、保管、发放、使用。必须严格领取、存放、发放手续。做到账目清楚，账物相符。

3. 易燃、易爆物品使用人必须严格执行操作规程，在使用过程中采取安全防护措施。库内不得使用移动式照明灯具、碘钨灯和60W以上白炽灯。

4. 凡经营的危险商品应本着进多少卖多少的原则，必须在指定库存放，库内不许点灯、穿钉子鞋，危险物品不得私自保管。

5. 商场要害部位及仓库应根据本制度制定出相应的部门具体管理措施，并报安全保卫部备案。

▲商场重点部位管理

商场内重点部位为存放现金、票证、贵重商品（物品）的部位。其重点管理制度有以下几方面。

1. 重点部位经营人和行政负责人为重点部位责任人，责任人应与商场安全保卫部签订责任书。

2. 重点部位工作人员必须廉洁奉公，遵纪守法，严格遵守商场财务制度和物品管理制度。坚持现金、票证当日"回笼"。各部门必须指定专人负责支票的使用和保管。支票印鉴须单独放入保险柜，不得与财务章及其他印章存放在一起。保险柜必须拨乱密码，钥匙按规定数量配置并由专人保管，必须随身携带，不得随意放置或存放在办公地点。下班后开启保险柜报警装置。原使用保险柜人员调离岗位应及时更换密码。

3. 各单位在领用支票时，必须建账登记，将单位名称、日期、用途、金额等内容填写齐全，存根留底。对未用掉的支票，应于当日交回财会室（财审部）。

4. 加强对支票的管理，一旦丢失，应积极查找，迅速办理挂失手续，并及时报安全保卫部备案。填写支票时，内容必须真实准确，字迹清晰，不得随意涂改支票，领用发票要建账登记，由专人保管，填写发票时要内容齐全，本人签全名，不得为他人提供假发票。

5. 在收受顾客支票、汇票时，必须验明本人身份证，并登记身份证号码和电话号码。在核实对方确切身份后，应坚持做到：本市 3 天付货，远郊县 5 天付货。顾客备车提货时，必须登记车辆号码。

6. 每天到银行送款时，不得人包分离。商场售货员、收银员在点款时应背对顾客，并保持相对距离，现金严禁置于柜台及收款台表面。

7. 收银员必须坚守岗位，收款台必须插好插销，在受到外界干扰时，也不能擅离岗位。需要找人替岗时，必须请示商场领导，经同意后方可替岗。

8. 私人不准在商场收银台、柜台套换、挪用外汇，更不准非法买卖，如有违反，按套取、贪污国家外汇处理。

9. 商场各部门员工工资、奖金和其他现款，必须指定专人负责领取发放。

10. 商场贵重商品（物品）的登记手续必须齐全，账物相符，定点存放。设专用库房，专人负责保管。

11. 商场重点部位要门窗牢固，并安装防盗设施和设备。

12. 商场重点部位的安全防范工作，必须做到职责明确，制度落实。坚持各入口检查，各部门随时查，安全保卫部一周一查，并做好记录，每月一大检查，每季测验一次并有记录，发现隐患及时整改。

13. 必须配备专车到银行存取现金、交送营业款，并由安全保卫部派人护送，确保安全。

14. 因重点部位工作人员不负责任，造成差错，一律由经管人赔偿（现金、票证、物品等）。造成重大损失者，追究其刑事责任。

▲商场安全防火实务

1. 商场禁火区和防火重点部位。

（1）除商场锅炉房、员工餐厅、饮食公司操作间外，其他部位一律不许私自动火。凡是重点部位、要害部位一律列为防火重点部位。易燃易爆品库房、地下机房、变电室、液化气灶、木工房、财务室等均为防火重点部位。

（2）商场禁火区和防火重点部位，必须严格做到：不准随意使用明火；不准吸烟；不准使用无罩灯具；不准乱接电源；不准易燃易爆品混存；不准无关人员出入。

2. 因工作确需明火作业的部门，必须将作业时间及预防措施书面报告给安全保卫部审批，并请其签发动火许可证，经商场主管经理签字后方可施工。作业时要清除周围易燃易爆物品，严格执行操作规程，安全保卫部指定专人现场监护。

3. 商场内禁止吸烟。

4. 安全保卫部负责每年对商场避雷装置检测 1 次。

5. 商店用电必须符合安全规定，由正式电工安装维修。不准乱接乱拉电线。不准超负荷用电，不准使用不合格的电料及保险装置。

6. 每天停止营业后，必须对商场各区域进行彻底清查、打扫、清除包装品等易燃物，关闭好门窗，处理好火源，办妥交接手续。

7. 设有消防器材及设施的地域及消防通道安全出口，严禁堆放商品等物，保证畅通。

8. 商场内各种消防设施器材由安全保卫部统一配备、维修和更换。消防设施和器材设置处，要有醒目标志，并尽量与环境协调。安全保卫部设专人对设备器材定期检查，保证性能良好有效。消火栓、泵开启，保证一次启动，水龙带不能发生霉变，烟感报警、自动喷淋装置保持灵敏有效，各种器材保持清洁。

9. 对于检查中发现的火险隐患，安全保卫部及时下达"火险隐患整改通知书"，有关部门应迅速整改，因未整改而发生火警、火灾要追究当事人和有关领导人责任。如果发生火灾、火警，而商场安全保卫部事先未能发现隐患，检查不利的，要追究安全保卫部有关人员的责任。

10．发生火灾、火险时，在该部位工作的员工要及时组织扑救，立即报告安全保卫部并报警。

11．火灾后要保护好现场，由安全保卫部会同有关部门迅速查清起火原因，写出报告，对责任人提出处理意见。

▲警卫勤务规范细则

警卫人员为商场整体企业形象之重要表现之一，为提高服务质量及整体形象，特制定本细则。

1．商场区警卫人员系统，下设班长一人，组长三人，以督导考核。

2．商场警卫人员值勤时间，以每月公布之排班表为依据。

3．为特殊需要，应安排人员备勤。

4．备勤人员要随时准备支援值勤警卫应付各种突发事故，因此遇值勤警卫要求紧急支援或协助时，不得借故推诿或拒绝。

5．警卫人员值勤时，必须穿着商场规定的制服，佩戴员工识别证、戴帽子、扎腰带、打领带、仪容应端庄整洁，态度应和蔼亲切。严禁下列情形发生：

（1）上班时间，聚众聊天、嬉戏、赌博、下棋、看小说报纸、书写信件、听音乐、吃零食等。

（2）值勤仪容不整，着汗衫、短裤、背心或拖鞋。

（3）不服上级指挥。

（4）对员工或顾客有言语轻浮、下流行为或粗暴无礼。

（5）对员工顾客或送货者索取好处及贪小便宜。

（6）值勤时间私用电话及对讲机，影响勤务。

（7）于值班台内吸烟、吃零食。

（8）于值班时间喝酒、打瞌睡或擅离工作岗位。

（9）谈话时口出秽语、习惯性说脏话。

（10）非警卫及相关人员进入警卫室。

（11）对员工或顾客、厂商故意刁难或挟私报复。

（12）未经许可，擅自调班。

6．警卫班长工作职责。

（1）负责管理全班警卫人员，督导训练与考核。

（2）负责商场安全管理，检查警报系统和消防设施的维护与保养。

（3）督导检查各班的值勤，夜间查岗查哨。查岗事项如下：

①班长对警卫值班点坚持不定时检查，及时纠正警卫人员的违纪行为。

②查岗查哨的时间、次数由商场警卫班班长自行安排。查勤形式可作全检查或抽查，督促值班警卫人员加强巡视商场各区域。

③在查勤时发现场内值班人员脱岗、瞌睡、看书看报、写私人信件者，要记下其姓名于次日报主管处理，严禁徇私舞弊。

④班长每日查勤情况要详细记录，并每周汇总送商场安保部主管审批。

⑤班长要认真监督警卫人员的工作品质，随时检查其对应办事项之执行情况。

⑥班长要按时检查警卫日志（即当日），发现异常情况及时处理。

（4）处理夜间突发事情，如遇火灾偷盗迅速与治安办部门联系，紧急病人安排车辆送往医院，并及时报告主管。

（5）负责发放清洁用品及用具。

（6）协助对火灾、人身等事故之调查，每月统计上报。

（7）配合舍监处理宿舍的事项。

（8）完成上级临时交办的事项。

7. 警卫组长工作职责。

（1）警卫组长与警员一样轮流值日，履行警卫人员工作职责。

（2）负责对本组警卫人员的管理、督导训练与考核。

（3）负责本组警卫人员值日状况的监督。

（4）负责当班商场内安全管理。

（5）处理当班突发事件，如遇火灾、偷盗等立即报警，并迅速与消防队、治安办部门联系。

（6）负责当班工作的协调、组织、联络和事件处理。

（7）对当班发生的一些重要注意事项要向下一班组长交代清楚。

（8）完成上级临时交办的事项。

8. 警卫人员工作职责及注意事项。

为了确保商场财产及人身安全，避免各种灾害、事故发生，警卫人员应注意以下事项：

（1）警卫人员要维护本商场人员及物资的安全，预防各种灾害、事故的发生。

（2）加强对商场各大门的管理，严格执行门禁制度。

（3）加强对外来车辆进出厂检查、登记，对出商场物资的核对验证。

（4）加强对场区水电维护与管理，发现漏水、漏电等现象应立即排除，或通知相关人员处理。

（5）监督员工上下班打卡，如发现有替别人打卡者，应将其工号抄下报商场人事部门处理。

（6）负责每日信件书报的收发工作，来信一律放在规定位置，挂号信件及电报需进行登记后，由本人签名领取，书报必须由各部门相关人员签名领取。

（7）值班警卫要巡视场区四周，清扫警卫室卫生，制止员工乱丢废物，如发现应记下姓名，报商场人事部门处理。

（8）值班警卫要监督员工穿工衣、戴职别证进出场区，违者记其姓名报商场人事部门处理。

（9）夜间值班警卫要不定时巡逻场区，按时签卡，确保场区安全。

（10）值班人员必须注意仪容仪表。应按规定穿制服、打领带、扎腰带、戴帽子。

（11）值班警卫在接待来访人员时，需讲究礼貌、热情接待，并进行登记，发给来宾证方可至工作区域。

（12）警卫值班时间，需全神贯注，规规矩矩按照规定完成好本职工作。

（13）警卫人员值班未经主管许可，不得擅自调班或休假，要调班者须三日前提出，并经核准后，方可调班。

（14）警卫人员接班时，应至少提前 10 分钟主动至警卫室接班，不可等待交班警卫催喊，或借故延迟接班时间。

（15）值班警卫下班须对接班警卫交代交接事项：

①上级规定或指示事项。

②入场宾客或工作人员未出之事项。

③送货或寄存物品需交班转交者。

④场内外可疑征候需注意监视或警觉者。

⑤公用物品清点的事项。

（16）警卫值班时，严禁上班员工外出，因公办事必须有"外出单"并要商场警卫部门主管核准，否则警卫人员要阻止，强行外出者，记下姓名，报有关部门处理。

（17）值班警卫要控制闲杂人员进入警卫室。公访人员在警卫室就座，不得随地吐痰、乱丢废物和烟头，此事值班警卫要提前说明。

（18）值班警卫在接待公访、私访人员时，要注意证件检查与登记，无证应拒绝来访，对来访者的证件要妥善保管，不得遗失或发错。

（19）警卫人员对来访者所带的行李、包裹要严格检查。

（20）夜间值班警卫，要注意电话转接，不能及时交办的，要详细记录，以便次日报告。

（21）值班警卫要加强管理本商场车辆动向，对外出车辆，必须有派车单，并经部门主管核准，特殊情况下的经理或公干用车，来不及开派车单，则必须有用车主管的电话允许，方可放行。严格登记本商场车辆往返时间及留场情况，及时汇报总务部。

（22）值班警卫如遇突发事件，要及时予以处理。重大事件要把突发事件处理程序尽快通知相关人员，不得拖延或乱报。

（23）值班人员除任正常值班外，尚需接受其他临时性或上级规定的勤务派遣，一旦受命，不得拒绝。

（24）警卫人员除遇特殊紧急的事项外，平时不得越级上报。

（25）警卫人员不得监守自盗、营私舞弊、假公济私等，若有违法的情节，将依法查办。

（26）警卫人员要真诚团结，相互尊重，遭遇困难应同心协力，全力以赴，充分发挥情感道义精神，决不允许彼此相互攻击中伤，各存私心，致使工作无法开展。

（27）警卫人员在商场服务期间，应以高度热情完成上级交付的任务，公私分明，服从领导，严禁发生不服从领导的行为。

9. 商场警卫人员应严格遵照执行本规范。

▲保安员值班制度

1. 总值班室制度

为维护商场的正常经营秩序，确保商品、财产、设备的安全，特制定本制度。

（1）本制度适用于担负安全值班任务的全体人员。

（2）商场设总值班室，负责处理营业结束后的各项接待事务，在紧急情况下，是安全指挥中心。总控室、配电室，锅炉房等重要部位设值班岗。

（3）总值班室值班人员由领导干部、保卫干部、一般干部组成，总经理办公室负责排班。重要部位值班人员由本部门确定。

2. 总值班室职责

（1）负责接待事务。

①负责上级检查、来人来访接待，做好接待记录。

②接到电话通知，先做好记录，分清缓急，需要通知有关店级领导的要及时办理。

③负责下班后全场的一切事务。

（2）负责监督重要部位值班岗位工作情况，协调商场各部位关系。

①监督营业后的封场工作，由封场人员做好记录。

②遇有突发事件，要按照"预案"要求，负起领导指挥责任。重大问题及时向商场领导和上级主管部门汇报。

③保卫干部具体负责组织启封场工作、安全保卫工作，保证按制度执行。

▲特别保安工作

1. 重大事故的保安工作

（1）商场若发生重大事故，要沉着冷静，及时报告商场保安部和总经理，保护好现场，及时处理。若发生火警要立刻抢救，迅速扑灭。

（2）需要及时疏散顾客的，要尽快打开安全通道和楼梯门，有秩序地组织顾客进行疏散，将顾客尽快疏散到安全的地方。

（3）在疏散顾客的过程中要注意安全，注意防盗。

（4）事故发生后要调查发生事故的原因，写出详细调查报告交商场保安部经理、总经理及公安部门处理。

2. 节假日的安全保卫工作

（1）在人们活动比较集中的场所要特别注意防盗窃、防斗殴、防闹事，注意顾客的安全。

（2）拾获顾客遗忘的物品要交商场保安部代顾客保管，帮助失散的小孩找到其父母和亲人。

（3）对到处丢烟头、杂物和随地吐痰等不文明的举动要加以劝止。

▲外来人员管理制度

本制度适用于对引厂进场、工程施工等人员的管理。重点对外来人员在商场经营和业务往来中的相互协调，以及与之相关的安全工作加强管理。

1. 引厂进场

（1）凡引厂进场人员必须持有商场各管理部门规定的手续证明及证件，并签订有关协议及安全保证书。

（2）在办理完入场临时手续后，必须由所在部门造册登记后报安全保卫部备案，并于缴纳一定款项后领取员工卡。出入场门时主动出示证件接受保安人员检查，员工卡只限本人使用，不得转借他人。

（3）离开商场时，需经原批准部门审批，到安全保卫部办理退证手续，领回押金。如逾期不办则扣留押金，并追究厂家责任。

（4）在商场期间，外来人员必须服从管理，严格遵守法令和场纪场规，搞好与其他厂家的关系。禁止一切违法乱纪行为。如出现违背以上要求的情况，各级主管部门有权终止协议。

（5）厂家人员纳入商场员工管理后，需按人数交纳一定数额的治安管理费。商场对本店外来人员应纳入安全保卫工作的管理范围，并参加考核。

（6）各厂家相互间不得借用、冒用他人名义参与经营活动，若发现冒名顶替情况，按有关规定罚款，并视情节可令其终止合同协议，因故临时更换人员，需提前两天到安全保卫部登记。

（7）商场保洁人员在做好本职工作的同时，还要做好清洁安全保卫工作，仔细检查保洁桶及各个角落，在节日期间，按要求佩戴袖章上岗。

2. 施工人员

（1）临时来场施工人员，必须到商场安全保卫部办理临时出入证，签订安全协议书，如工作需要还必须办理库房通行证。

（2）商场工程部在施工单位签订协议时，必须注明安全条款，并对施工单位人员进行安全宣传教育。

（3）施工人员必须严格遵守场纪场规，若有违反由相关部门追究其责任。

（4）施工人员在现场操作时，要严格按操作规程和工艺要求施工，按照施工章程持证上岗，动用明火须到商场安全保卫部开具动火证。离场时，若要携带物品（包括自有设备和材料），必须开出门条交门卫验证后方可出场。

（5）施工人员违反场内有关安全规定，发生问题，给本场造成损失的，必须照价赔偿，并由相关部门按规定对责任人做出罚款等处理。

▲防盗工作日常管理规定

第一条　经常对商场员工进行法制教育，增强员工的法制意识。

第二条　制定各种具体的安全防范规定，加强日常管理，不给犯罪分子以可乘之机。具体规定主要有：

1. 办公室钥匙管理规定。

2. 收银管理规定。

3. 会客制度。

4. 财物安全管理规定。

5. 货仓管理规定。

6. 更衣室安全管理规定。

7. 员工宿舍管理规定。

第三条　在商场易发生盗窃案件的部位，装置监控器、防盗报警器等安全防范设备。

第四条　积极配合人事部做好员工的思想品德考察工作，以保证员工队伍的纯洁。如发现有不适合的人员，应按有关规定进行调换或辞退。

第五条　保安部人员要加强日常巡查工作，如发现可疑的人和事要及时报告。

▲启封场制度

为保证商场在非营业时间内的安全，实行启封场制度。

1. 启封场的时间和范围

启封场时间分别为每天营业开始前 1 小时和营业终了后半小时。范围包括整个营业大厅、楼仓、办公楼。

2. 参加启封场人员

由安全保卫部负责封场及启封，总值班室人员（除留守 2 人），保安队警卫人员参加。

3. 封场程序及标准

（1）每天营业终了半小时之内，各营业部要对所辖区域进行安全检查，各商场对营业小组复查，并做好记录。

（2）由安全保卫部带队，封场人员由上至下逐层进行检查，参加封场人员要按预定线路一字排开，仔细检查：各商场的保险柜、贵重物品柜台是否锁好，各部位的门窗是否锁好。查电源、火源、有无藏匿人员及危险物品，确认无异常情况后，方可退出封闭楼层，并做记录。

（3）封场期间总控室值班员，应根据封场情况分层布防，遇有警报，值班人员有权临时启封赶赴现场，查明情况（必须 2 人以上前往），并做好记录。

4. 启封程序及标准

（1）启封时由安全保卫部人员带队，所有参加人员按预定路线从上到下，从里到外逐层启封，并做好记录。

（2）行政清洁队或其他保洁公司人员在启封人员检查完毕后，方可进入营业大厅打扫卫生，与此同时值班人员必须在营业厅内巡视。

（3）各商场营业员在营业前半小时方可进入营业大厅。

5. 对参加启封场人员的要求

（1）凡参加启封场的人员必须在登记簿上签名。

（2）启封场时参加人员一律穿统一制服。

（3）启封完毕钥匙由专人全部交到安全保卫部。

（4）参加封场人员不得无故翻动商场物品。

（5）参加启封场人员需事先指定，并经商场安全保卫部审批，不得随意更换。

▲电视监控系统的管理规定

1. 市场电视监控系统的设备范围

（1）营业厅大厅

商场营业大厅是顾客集散的重要场所，一般要安装大角度旋转的摄像机，并在大厅转门和厅外广场分别安装固定视角的摄像机，以确保客流情况的监控。

（2）财物集聚部门

商场财物集聚的地方是总银箱、贵重物品专柜、收银柜、仓库等。这些地方容易发生盗窃，安装摄像机可及时发现危害财物安全的情况。

2. 商场电视监控人员的岗位责任

（1）商场电视监控人员的岗位责任是监视屏幕情况，随时向安全部报告屏幕上出现的可疑情况。

（2）熟练掌握监视设备系统的操作规程，严格按照规程操作，发现监视设备异常、故障，应立即报告当班管理员。

（3）密切注意屏幕情况，发现可疑情况，立即定点录像，并做好记录，及时报告管理员。

（4）录像机换带必须按组别、顺序进行，并做好登记工作。

（5）交接班时，交班人应将当班时发现或需注意的情况告诉接班人，接班人应检查商场电视监控设备的工作和清洁情况以保证设备处于良好的工作状态。

（6）做好机房的卫生、钥匙领还以及对讲机充电等工作；认真完成安全部经理和管理员交办的任务。

（7）商场机房要地，未经批准非值班人员不准入内。

第二节　商场超市安全保卫管理表格

▲安全管理实施计划表

安全管理实施计划表

年　　月　　　　　　　　　　　　　　　　　　　　　　　　（正面）

主题	实施内容	负责人	查核	日期	1	2	3	4	5	6	7	8	9	10	11	12	13	14	15
				星期															

（反面）

主题	实施内容	负责人	查核	日期	16	17	18	19	20	21	22	23	24	25	26	27	28	29	30	31
				星期																

▲工作安全改善通知单

工作安全改善通知单

部门：＿＿＿　　　　　　　　　年　月　日　　　　　　　字第　　号

不安全 地点	不合规则处或 不安全情形	建议改善 事项	改善 期限	改善经过及 结果

▲安全检查表

安全检查表

年　月　日　　　　　　字　第____号

检查日期	检查地点	现场负责人	检查经过及结果	建议改善事项

部门主管：_____　现场负责人：_____　检查人：_____

注：

（1）本表由安全部门填写，一式两份，呈单位主管核阅后，一份送安全委员会，一份存安全部门备查。

（2）建议改善事项经单位主管核批后，应由安全部门通知各有关部门实施。

▲安全检查报告书

安全检查报告书

　　　　　　　　　年　月　日　　　　　　　　字第　　号

检查日期	检查地点	现场负责人	检查经过及结果	建议改善事项

注：

（1）本表由安全部门填写，一式两份，呈单位主管核阅后，一份送安全委员会，一份存安全部门备查。

（2）建议改善事项经单位主管核批后，应由安全部门通知各有关部门实施。

▲守卫日报表

守卫日报表

_____年____月____日

次　数		1	2	3	4	5	6	7	8
签名	内　勤								
	巡　逻								
车辆进出状况	外来车辆	车号	进场日期	离场时间	事由	派车单编号	车号	离场时间	回场时间
						商场车辆			
安全异常事项报告		上午：			下午：		夜间：		

主管经理：_____　　总务科长：_____　　值班长：_____

▲保安交接班记录表

保安交接班记录表

班次：　　　　　　　　　　日期：　　　　　　　　　　编号：

接班人姓名	交班人姓名	接班时间	岗位
交班情况 （完好打"✓"， 损坏打"○"， 损失打"×"）	1. 对讲机____台　　6. 大衣____件 2. 灭火机____瓶　　7. 记录本____本 3. 防毒面具____个　8. 钥匙____条 4. 雨伞____把　　　9. 值班桌____张 5. 雨鞋____双　　　10. 凳子____张 11. 信件____封		
本班发生的事件			
处理的情况			
未办完的事件			
下一班应注意的问题			
接班班长		交班班长	
领班意见			
备注			

▲保安月岗位安排表

保安月岗位安排表

时间		岗位及人员		
		大堂岗	巡逻岗	道口岗
1～5日	8：30～16：00			
	16：00～24：00			
	24：00～8：30			
6～10日	8：30～16：00			
	16：00～24：00			
	24：00～8：30			
11～15日	8：30～16：00			
	16：00～24：00			
	24：00～8：30			
16～20日	8：30～16：00			
	16：00～24：00			
	24：00～8：30			
21～25日	8：30～16：00			
	16：00～24：00			
	24：00～8：30			
26～30日	8：30～16：00			
	16：00～24：00			
	24：00～8：30			
备　注				

▲用电安全检查表

用电安全检查表

项次	检 查 项 目	良好	不良	问题	改善事项
1	电气设备及马达外壳是否接地				
2	电气设备是否淋水或淋化学液				
3	电气设备配管配线是否破损				
4	电气设备配管及马达是否超载使用				
5	高压马达短路环、发电器是否良好				
6	配电箱处是否堆积材料、工具或其他杂物				
7	导体露出部分是否容易接近、是否挂"危险"标示牌				
8	导电用的铜排或铝排是否因接触不良而发红				
9	配电盘外壳及电源板二次线路是否接地				
10	转动部分是否有覆罩				
11	变电室灭火器是否完全				
12	临时线路的配置是否完全				
13	高压线路的绝缘支持物是否不洁或有脱落现象				
14	中间接线盒是否有积棉或其他物品				
15	现场配电盘是否确实关妥				
16	电器开关的保险丝是否符合规定				
17	避雷针是否有效				

部门主管：_____　　　　　　　　检查人：_____

注：本表由安全部门填写，一式两份，一份送机电部门，一份存安全卫生部门备查。

第十一章　商场超市总务后勤管理制度与表格

第一节　商场超市总务后勤管理制度

▲办公用品管理规定

第一章　办公物品的购买

第一条　为了统一办公用品限量，控制办公用品规格以及节约经费开支，所有办公用品的购买，都应由办公用品管理员统一负责。

第二条　办公用品管理是根据办公用品库存量情况以及消耗水平，向办公用品管理室经理报告，确定订购数量。如果办公印刷制品需要调整格式，或者未来某种办公用品的需要量将发生变化，也一并向管理经理提出。

调整印刷制品格式，必须由使用部门以文书形式提出正式申请，经企划部门审核确定大致的规格、纸张质地与数量，然后到专门商店采购，选购价格合适、格式相近的印刷制品。

第三条　在办公用品库存不多或者有关部门提出特殊需求的情况下，按照成本最小原则，选择直接去商店购买或者订购的方式。

第四条　在各部门申请的办公用品中，如果包含有需要订购的办公用品，则申请部门还必须另填一份订购单，经办公用品管理部门确认后，直接向有关商店订购。

办公用品管理部门，必须依据订购单，填写"订购进度控制卡"，卡中应写明订购日期、订购数量、单价以及向哪个商店订购等。

第五条　按订购单以及订购进度控制卡检查所订购办公用品，以及在预定日期送到与否。

第六条　所订购办公用品送到后，按送货单进行验收，核对品种、规格、数量与质量，确保没有问题后，在送货单上加盖印章，表示收到。然后，在订购进度控制卡上做好登记，写明到货日期、数量等。

第七条　收到办公用品后，对照订货单与订购进度控制卡，开具支付传票，经主管签字盖章，作好登记，转交出纳室负责支付或结算。

第八条　办公用品原则上由商场总务部统一采购、分发给各个部门。如有特殊情况，允许各部门在提出"办公用品购买申请书"的前提下就近采购。在这种情况下，办公用品管理部门有权进行审核，并且把审核结果连同申请书一起交付监督检查部门保存，作为日后使用情况报告书的审核与检查依据。

第二章　办公物品的申请、分发领用及报废处理

第九条　各部门的申请书必须一式两份，一份用于分发办公用品，另一份用于分发领用用品台账登记。在申请书上要写明所要物品、数量与单价金额。

第十条　分发办公用品的程序。

1. 接到各部门的申请书（两份）之后，有关人员要进行核对，并在申请受理册上做好登记，写上申请日期、申请部门、办公用品规格与名称，以及数量，然后再填写一份办公用品分发传票给发送室。

2. 发送室进行核对后，把申请的全部办公用品备齐，分发给各部门。

3. 办公用品分发后做好登记，写明分发日期、品名与数量等。一份申请书连同办公用品发出通知书，转交办公用品管理室记账存档；另一份作为用品分发通知，连同分发物品一起返回各部门。

第十一条　对决定报废的办公用品，要做好登记，在报废处理册上写清用品名称、价格、数量及报废处理的其他有关事项。

第三章　办公物品的保管

第十二条　所有入库办公用品，都必须填写台账（卡片）。

第十三条　必须清楚地掌握办公用品库存情况，经常整理与清扫，必要时采取防虫等保全措施。

第十四条　办公用品仓库一年盘点两次（6月与12月）。盘点工作由管理室主任负责。盘点要求做到账物一致，如果不一致，必须查找原因，然后调整台账，使两者一致。

第十五条　印刷制品与各种用纸的管理以照盘存的台账为基准，对领用的数量随时进行记录并进行加减，计算出余量。一旦一批消耗品用完，立即写报告递交办公用品管理室主任。

第十六条　必须对商场各部门所拥有的办公日用低值易耗品，主要指各种用

纸与印刷制品作出调查。调查方式是，每月 5 日对前一月领用量、使用量以及余量（未用量）作出统计，向上报告。办公用品管理室对报告进行核对，检查各部门所统计的数据是否与仓库的各部门领用台账中的记录相一致，最后把报告分部门进行编辑保存。

第四章　对办公物品使用的监督与调查

第十七条　对商场各部门进行监督调查的内容包括：
1．核对用品领用传票与用品台账。
2．核对用品申请书与实际使用情况。
3．核对用品领用台账与实际用品台账。

第十八条
1．核对收支传票与用品实物台账。
2．核对支付传票与送货单据。

▲办公消耗品管理规定

第一条　本商场为加强对办公消耗品的管理，特制定本规定。

第二条　办公消耗品是指文具、纸张、账本及其他印刷物品。

第三条　办公消耗品一年的消耗限额为×万元，各部门及有关人员必须节约使用，避免浪费。

第四条　办公消耗品的购买与管理，由总务部负责，下设保管员处理领用事务。

第五条　总务部必须把握消耗品在正常情况下每月的平均消耗量，以及各种消耗品的市场价格、消耗品的最佳采购日期。在此基础上，确定采购量与采购时间，以最小的采购量满足日常事务运营对消耗品的基本需求。

第六条　对于特殊场合所用的特殊办公用品，使用部门必须先提出书面申请，总务部据此进行必要的调查后决定是否准予采购。如果一次采购价格总额超过×万元时，必须经总务部门主管同意，必要时须请示总经理。

第七条　在订制各种账票时，如果需要改动原格式或者重新设计新格式，使用部门的主管必须起草正式文件或方案，若牵涉多个部门，则需要一式多份，然后将这些材料送至总务部，并附上委托订制或订购申请单。之后，总务部在其责权范围内，审核新格式、订购数量是否合适，以及新格式的适用性与时效性等。通过审核后，还必须就是否由本公司自行复制或复印，还是委托外部进行印刷等问题，与申请部门作进一步协商。

第八条 向总务部领取办公消耗品时，必须填写申请书，写明申请时间，使用场所（部门名称）以及物品名称与数量。同时，申请者以及其部门主管必须加盖印章或签字。另外，特殊办公消耗品的申请，必须填写用途。

第九条 局部使用或特殊用途的账簿传票，其订购与领用统一由总务部调控与管理。使用部门或申请者必须按程序提出申请。

第十条 总务部必须在填写办公消耗品购进登记簿的基础上，对照各申请采购传票，在每月末进行统计，并向总经理作出报告。

▲办公物品管理制度

第一条 行政管理部负责商场办公用品、办公设备、低值易耗品、通信设备的采购、保管与发放，电脑及附属设备的购置与管理，由信息管理部设专人负责。

第二条 商场各部门将所需办公用品清单提前半个月报至行政管理部，行政管理部根据实际用量和库存情况制订购置计划，经总经理批准后购置。

第三条 特需办公用品、低值易耗品和通信设备，必须经主管总裁批准，由行政管理部负责购置，然后记入备品保管账目。

第四条 备品发放采取定期发放制度，每月的 1 日和 15 日办理，其他时间不予办理。

第五条 备品仓库设专人负责。备品入库需根据"入库单"严格检查品种、数量、质量、规格、单价是否与进货相符，按手续验收入库，登记上账。未办入库手续者，财务一律不予报销。

第六条 备品保管实行"三清、两齐、三一致"，即材料清、账目清、数量清，摆放整齐、库房整齐，账、卡、物一致，做到日清月结。

第七条 做好出库管理。在日清月结的条件下，月末必须对所有单据按部门统计，及时转到财务部结算。

第八条 各部门设立耐用办公用品档案卡，由行政管理部定期检查使用情况，如非正常损坏或丢失，由当事人赔偿。

第九条 行政管理部负责收回商场调离人员的办公用品和物品。

第十条 行政管理部建立商场物品总账，对每件物品要进行编号，每年进行一次普查。

▲办公用品发放规定

第一条 本商场为规范办公用品的发放工作，特制定本规定。

第二条 商场各部门应本着节约的原则领取、使用办公用品。

第三条 各部门应指定专人管理办公用品。

第四条 各部门应于每月 28 日前将下月所需办公用品计划报办公室。办公室于每月 6 日前一次性发放各部门所需办公用品。

第五条 采购人员需根据计划采购，保证供应良好。

第六条 办公用品入库和发放应及时记账，做到账物相符。

第七条 任何人未经允许不得进入办公用品库房，不得挪用办公用品。库房要做到类别清楚、码放整齐。

第八条 应加强库房管理和消防工作，防止失盗、失火。

▲办公文具管理制度

第一条 为使办公文具管理规范化，特制定本制度。

第二条 本制度所称办公文具分为消耗品、管理消耗品及管理品三种。

1. 消耗品：铅笔、刀片、胶水、胶带、大头针、图钉、笔记本、复写纸、卷宗、标签、便条纸、信纸、橡皮擦、夹子等。

2. 管理消耗品：签字笔、荧光笔、修正液、电池、直尺等。

3. 管理品：剪刀、美工刀、订书机、打孔机、钢笔、打码机、姓名章、日期章、日期戳、计算器、印泥等。

第三条 办公文具分为个人领用与部门领用两种。个人领用指个人使用保管的用品，如圆珠笔、橡皮擦、直尺等。部门领用指本部门共同使用的用品，如打孔机、订书机、打码机等。

第四条 消耗品可依据历史记录（如过去半年耗用平均数）、经验法则（估计消耗时间）设定领用管理基准（如圆珠笔每月每人发放一支），并可随部门或人员的工作状况调整发放时间。

第五条 消耗品应限定人员使用，自第三次发放起，必须以旧品替换新品，但纯消耗品不在此限。

第六条 管理品移交时如有故障或损坏，应以旧换新，如遗失应由个人或部门赔偿、自购。

第七条 办公文具的申请，应于每月 25 日由各部门提出"办公文具申请单"，交管理部统一采购，并于次月 1 日发放，但管理性办公文具的申请不受上述时间限制。

第八条 各部门设立"办公文具领用记录卡"，由管理部统一保管，在办公文具领用时作登记使用，并控制办公文具领用状况。

第九条 办公文具严禁带回家私用。

第十条　办公文具一般由管理部向文具批发商采购，其中必需品、采购不易或耗用量大的物品，应酌量库存，管理部无法采购的特殊文具，可以经管理部同意并授权各部门自行采购。

第十一条　新进人员到职时由各部门提出文具申请单向管理部领取文具，并列入领用卡，人员离职时，应将剩余文具一并还交管理部。

▲网络使用管理规定

第一条　为规范商场网络的管理，确保网络资源高效安全地用于工作，特制定本规定。

第二条　本规定涉及的网络范围包括商场各办公地点的局域网、办公地点之间的广域连接、商场各片区和办事处广域网、移动网络接入、Internet（因特网）出口以及网络上提供的各类服务如 Internet 电子邮件、代理服务、电子办公平台等。

第三条　管理工程部作为商场网络的规划、设计、建设和管理部门，有权对商场网络运行情况进行监管和控制。知识产权室有权对商场网络上的信息进行检查和备案，任何引入与发出的邮件，都有可能被备份审查。

第四条　员工必须遵守如下规定。

1. 任何人不允许在网络上从事与工作无关的事项，违反者将受到处罚。同时也不允许任何与工作无关的信息出现在网络上，如出现要追查责任。

2. 商场网络结构由管理工程部统一规划建设并负责管理维护，任何部门和个人不得私自更改网络结构，办公室如需安装集线器等，必须事先与网络管理员取得联系。个人电脑及实验环境设备等所用 IP 地址，必须按所在地点网络管理员指定的方式设置，不可擅自改动，擅自改动者将受到处分。

3. 严禁任何人以任何手段，蓄意破坏商场网络上的正常运行，或窃取商场网上的保护信息。

4. 商场网上服务如 DNS（域名系统）等由管理工程部统一规划，任何部门和个人不得在网上擅自设置该类服务。

5. 为确保广域网的正常运行，禁止通过各种方式，包括利用邮件等在广域网中传送超大文件。

6. 严禁任何部门和个人在网上私自设立 BBS（电子公告牌）、个人主页、WWW（万维网）站点及各种文件服务器等，严禁在商场网络上玩任何形式的网络游戏、浏览图片、欣赏音乐等各种与工作无关的内容。违反者将受到处分。

7. 任何部门和个人应高度重视商场的技术秘密和商业秘密的保护，对于需要上网的各类保密信息，必须保证有严密的授权控制。

8. 商场禁止任何个人私自订阅电子杂志，因工作需要的电子杂志，经审批后由办公室集中订阅和管理。

第五条 处罚。

1. 对于蓄意破坏网络正常运行、蓄意窃取网上秘密信息的个人，做辞退处理，并依法追究其法律责任。

2. 对于在商场网上散布淫秽的、破坏社会秩序的或政治性评论内容的个人，做辞退处理，情节严重者将移交司法机关处理。

3. 对于私自设立 BBS、个人主页、WWW 站点等各种形式网络服务的责任人，或玩网络游戏的个人，第一次发现降薪一级，第二次发现做降职处理，第三次发现辞退。

4. 对各种工作用文件服务器的申请，必须经系统主管审核，由管理工程部批准后方可设立，擅自申请者将处以降薪一级的处罚。

5. 对于在网上设立各种形式的网络游戏服务器的责任人，视情节严重处以降薪一级直至辞退的处罚。

6. 对于由管理不善引起商场秘密泄露的责任人，处以罚款、降薪、降职等处罚。

7. 对于私自更改网络结构，私自设置 DNS 等服务的责任人，处以罚款、降薪等处罚。

8. 任何员工发送与工作无关的电子邮件，将处以降薪、降职及至辞退的处罚，有意接收与工作无关的邮件，每次罚款 100～500 元。

9. 任何员工在上、下班时间，通过商场网络查阅与工作无关的内容，一次降薪一级。因工作需要的应通过商场办公室的网络查阅。

10. 对于其他任何利用网络资源从事与工作无关的行为，将对其处以罚款、降薪等处罚。

11. 任何部门未经许可不得在网上安装任何应用系统。

第六条 本规定自××年×月×日起生效。即日至××年××月××日为整改时间。

▲复印机使用规定

第一条 复印文件资料需办理登记审批手续，详细填写复印时间、保密等级、份数，经商场办公室主任批准签字后送打字室复印。

第二条 为确保商场复印机的安全运转，每天下午 5 时关机，过时送来的文件将延至次日复印；急件经办公室主任批准后，方可临时开机。

第三条 不得擅自使用商场复印机复印机密文件和个人材料。复印机密文件必须经商场领导批准。

第四条　复印机由专人保管使用，其他人员未经允许不得自行开机使用。

第五条　本规定适用于各部门所属复印机的管理。

▲长途电话管理办法

第一条　为使电话发挥最大效力并节省话费，特制定本办法。

第二条　电话由管理部统一负责管理，各部门主管负责监督与控制使用。

第三条　电话使用规范：

1. 每次通话时间以三分钟为限。通话时应简洁扼要，以免耗时占线、浪费资金。

2. 使用前应对通话内容稍加构思或拟出提纲。

3. 注重礼貌，体现员工良好的文化素养和精神风貌。

第四条　长途电话使用规范：

1. 各种外线电话必须配置专用长途电话记录表（具体表格略），并逐次记录使用人、受话人、起止时间、联络事项及交涉结果。该表每月转管理部主管审阅。

2. 长途电话限各部门主管以上人员使用。

3. 其他人员使用长途电话需经本部门主管批准。

4. 禁止因私拨打长途电话。

第五条　违反长途电话使用管理办法、未登记及记载不实者，将视情节轻重给予批评或处分。

▲备品供应与保管规则

第一条　为使商场备品供应及保管工作富有成效，特制定本规则。

第二条　本规则所指备品，包括各种低值易耗品，如计量器具等。

第三条　在商场内，由总务部主管备品。具体管理做如下规定：

1. 总务部应该就备品管理上的必要事项作出指示，并提供备品管理的方法、实施方案以及相应的资料。

2. 总务部应该保证备品供应，对备品进行有效保管、供应、出借、整修与报废处理，等等。

第四条　备品保管部经理有权任命专职人员，负责备品的保管、发出事务。在任命专职保管人员时，必须通知主管部。

第五条   保管部负责以下工作：

1. 申报采购预算。

2. 制定备品供应新方式。

3. 掌握现存备品的名称、数量、磨损或完好程度。

4. 备品供应或借出通知。

5. 申报备品的修理、破损与丢失情况。

6. 申报备品闲置与废弃情况。

7. 报告库存盘点结果。

第六条   总务部必须确立备品台账，并记录以下内容：

1. 备品名称。

2. 型号、尺寸与规格。

3. 购入价格。

4. 购入时间。

5. 用途（分类）。

6. 保管（使用）科名称。

7. 分类编号。

8. 登记编号。

9. 如果是计量器具，则予以注明，并表示其功能与作用。

10. 其他必要事项。

总务部按照上述台账内容，制作相应的"备品保管传票"。

第七条   对购进的备品，主管科要进行登记，并填写"备品保管传票"；然后，把保管传票转交保管科。

第八条   保管科对备品进行分类，贴上标签，写上分类编号与登记编号。

第九条   在向其他部门供应或转移备品时，"备品保管传票"必须交回主管科；主管科在台账及保管传票上填写使用部门名称、日期以及必要的事项后，把保管传票移交给使用部门。

第十条   备品的出借方式。借用者必须出具借用证，借用证由主管科负责填写，记录下列内容：

1. 借用者地址与姓名。

2. 备品名称，以及分类编号与登记编号。

3. 数量。

4. 借出日期。

5. 借出期限与出借条件。

第十一条   保管科回收闲置的物品时，必须请示主管科，并在回收后将保管传票交主管科存档。

第十二条 如备品已无法使用，可向主管科申请报废处理，并在保管传票上注明理由与意见，上报主管科。

主管科经过调查，决定报废后，在台账上做好记录，销毁报废备品的保管传票。

第十三条 修理后的备品，必须由主管科在台账上做好记录，写明修理日期、修理项目内容等。如果一次修理费预算超过×元，必须按禀议程序办理，由上级主管裁决。

第十四条 保管科必须按期核对所保管备品的账物，出现异常情况，应立即向总务部报告。

第十五条 凡属于故意或者因重大过失造成物品损坏或丢失者，必须追究个人责任，并作出部分或全部赔偿。

▲工作服管理制度

工作服是反映商场整体形象及员工精神面貌的重要标志，因此，有必要加强工作服管理。

1. 行政部根据商场的要求负责联系工作服的选料制作、发放与保管。

2. 为防止冒领和丢失。发放工作服时，要手续齐全，填制领存卡。

3. 员工领用工作服后，由个人保管。员工要保持其整洁，完好，不得对工作服私自改制式样、装饰。

4. 员工工作服统一由商场按规定时间清洗。

5. 员工内部调动，经劳动人事部审批后，领用新岗位工作服。

6. 因个人原因损坏工作服，在照价赔偿后，补领新工作服。

7. 员工调出商场，按一定标准折价收款，不再收回工作服。

▲商场设备管理制度

加强商场设备的规范化管理，以确保正常运行，对商场的机械、动力、通信、电气等设备的使用和维修管理做统一规定。

（一）管理机构

全场设备分场、部、组三级管理。

（1）商场由一名场级领导主管设备工作。

（2）工程部是管理全商场通用设备，以及指导、检查各部门专用设备使用和管理的职能部门。

（3）有关部室、部（公司）、下属商店是使用和维护管理专用设备的职能部门。

（二）主要管理范围

1. 场级领导

（1）负责对全场设备使用、维修工作的监督、协调。

（2）负责对设备购置、更新、改造报废等工作的审批。

（3）负责对有关部门之间在设备运行中的配置及协调工作。

（4）负责审查技术培训、人员配备的规划和计划。

2. 工程部

（1）负责全场的机械、动力、通信、电气等通用设备的综合管理工作。

（2）负责分管通用设备的大修、中修计划并组织实施。

（3）负责分管通用设备的购置、安装。

（4）负责分管通用设备的审核验收、转移、封存、启用、报废等手续。

（5）负责编制分管的机械、动力、通信、电气等通用设备的维护、保养制度以及有关岗位的操作规程并监督和检查实施。保证上述通用设备正常运转及人员安全。

（6）配合劳动人事部对专业技术人员进行培训、发放操作证。

（7）对全场设备的使用、保养、维修，进行技术指导、检查、监督和考核。

3. 基层各部门

（1）严格执行操作规定和工艺规程，执行上级下达的设备维修计划，禁止违章操作。

（2）操作者应负责管理好自己使用的工具、设备，未经商场领导批准不准其他人员动用设备，特殊岗位须持证上岗。

（3）操作人员要配合维修人员修理设备，及时排除故障，消除各类隐患。

（4）对设备运行状况，做好记录，保证完整准确，真实可靠。

（5）各工种要熟悉所负责区域设备的技术性能、使用方法、保养周期、维修要领。

（6）凡配备设备的单位对所管辖设备负有正确操作、日常保养和维修的责任。如设备发生损坏，由劳动人事部、工程部会同有关人员对该设备的损坏原因进行分析，查出原因及责任并写出书面报告，非正常损坏按有关规定追究当事人责任。各部门设备发生损坏时要保护好现场，共同查找设备损坏原因，通用设备通知工程部，专用设备通知主管部室并上报工程部。

（三）设备设施管理

设备设施管理主要包括购置、验收、安装、使用、维护、设备技术管理、设备检查、事故处理、异常情况处置、档案管理等 10 项内容。

1. 购置

（1）根据商场经营管理和后勤保障工作的实际需要，年初由商场工程部提出设备购置计划，经财务部审核上报主管经理批准，年内执行。各部室购置、更换专用设备需做计划报工程部、财务审计部审核，经主管经理批准。

（2）工程部购置计划的请示包括：更新改造理由、资金数额、安装方式、地点、期限、使用可行性分析。据此，对欲购设备质量、性能、价格等进行择优选购，至少提供两个选择方案，以便比较确定。

2. 验收

（1）设备到站后，由商场储运部提货，并与工程部协商卸货地点。提货人如发现包装破损，于当日内通知工程部现场检查，确定责任，属运输部门责任，按规定申报索赔；属内部责任，上报商场主管领导处理或由部室之间协商解决。

（2）工程部与提货方开箱清点，当场验收。首先检查包装箱及设备外观，确认设备无损完好后，再按装箱单核对技术资料、说明书、合格证、检验记录、随机附件、专用工具、备件等，交接双方办理手续。

（3）安装设备过程中，根据厂方的技术参数、指标逐项验收，陆续进行试车运转，磨合期满后，加负荷运行并试操纵电气及传动等机械部分，如发生故障，于当日内找供货方交涉（外埠可适当延长）。

3. 安装

（1）根据设备的使用性质、技术难度以及购进合同约定，商场工程部组织力量自行安装，调试一般设备；专有设备由主管专业科室组织安装，工程部要提供条件予以协助。

（2）对于合同有约定，精度高、难度大的设备，应由工程部与厂家牵头负责安装，直至试车正常。

（3）凡设备安装都需严格按技术标准实施，包括安装精度、能源配备、环境保护、施工地点等，随机配件及仪表要一并安装。

4. 使用

（1）新设备在运行前，由工程部组织人员培训，学习有关结构、性能、操作规程，并建立岗位责任制，经考核合格后方可操作。

（2）工程部所主管的全场通用设备和有关单位（部室）管辖的专有设备，如计算机、安全报警及通信装置等都要严格实行定人、定机和定岗的规定。多人操作的设备，需由班组长或确定专人负责，所有操作者的名单都应经主管部室审核备案，并上报工程部，如人员变动要及时更改。

（3）各类设备操作者要做到以下几点：

①管好。自用设备及附件要保管好，不准非本机人员操作。不得擅离职守。操作人员有事暂离岗，需停车断电，确保安全。

②用好。严格执行设备操作规程，禁止超负荷使用。

③修好。注意日常维护，按期安排定检项目，配合维修工人检修。

（4）使用人员必须做到以下几点：

①掌握维修和安全规程，按使用程序操作。

②熟悉结构、性能、检查方法及程序，能熟练使用工具，按时检查。

③了解掌握一般修理方法，能承担简单项目的检修。

④能鉴别异常状况，采取相应措施，并及时通知维修人员处理。

⑤熟知所用设备的养护知识，定时定位进行清洁擦拭、润滑等常规保养。

（5）凡操作人员必须严格执行交接班制度，做到真实准确，做好运行记录。

5. 维护

（1）设备操作者要做好日常保养工作，具体标准是整洁、润滑、安全、高效、保持完好率。

（2）配置设备的各部室要根据不同需要，设专兼职设备管理员，明确负责周期定检，及时排除故障。

（3）商场工程部要根据原始资料和设备实际状况提出各种预修计划，并组织实施。条件不具备时，与厂家联系维修。

6. 设备技术管理

工程部对全场的设备在技术上实行管理，对全场的通用设备和各专业部室的专用设备统筹安排，提出技术要求，督促各单位（部、室）制定操作规程，定期组织检查考核。

7. 设备检查

（1）商场工程部根据设备档案记录，每月对本部门自管的全场通用设备，进行安全检查，并做考核记录，发现问题及时督促整改。每季度检查各单位使用专业设备的管理状况。

（2）专业部室每周对下属班组的设备使用和完好状况进行检查，各使用设备的班组，每天进行维护检查。

（3）检查项目：

①检查在岗人员是否熟知和严格执行本工种的安全法规。

②检查在岗人员身体状况、文化程度、上岗专业资格、基本技能是否合格。

③检查设备运行的原始资料是否齐全，记录准确与否。

④检查作业环境是否光线合理、安全标志、信号是否标准。

⑤检查使用的工具、设施、安全装置、仪表、仪器是否性能完好，灵敏有效。

⑥检查所有操作人员是否了解本岗位、作业区的危险源及防范和抢险措施。

8. 设备事故处理

（1）因非正常原因造成损坏、停产或降低功能的设备事故，分为一般、重大和特大三类。

（2）发生事故后，操作者必须立即采取补救应急措施，保护现场，于 1 小时内上报主管部室。

（3）工程部接到操作者的事故报告后，要及时与事故发生单位领导及劳动人事部勘查现场，分析原因，明确责任，写出事故报告，报商场领导。

（4）事故的直接责任者所在部门适时会同劳动人事部，根据商场"职工奖惩规定"共同处理。

（5）设备报废要经技术人员鉴定，并出具测定结果，报经商场总经理批准后，由财务部停止提取折旧，工程部注销账卡。

9. 异常情况处置

（1）设备操作人员在当班时，如发生全场性突发事件，如火灾、爆炸等其他意外情况，营业时间要听从本部门领导指挥；封店和公休时间要听从总值班室或保卫部指挥。

（2）设备在正常运行中，突然失去其规定功能，使用者应立即停机检查排除故障，若对故障问题确实不能予以解决，要及时报告领导安排人员维修。

（3）公用场所的大型设备、能源配置设施、输送管线出现故障要立即切断电源，报告部门领导，安排人力赶赴现场抢修，同时会同楼层总监及有关部门共同做好顾客的解释和疏散工作。

（4）维修人员在处理过程中，要认真做好故障原因、处理情况及部件更换的记录。

（5）在设备发生故障造成职工和顾客伤害时，现场在岗当事人要及时报劳动人事部、工程部察看现场，医务室要采取紧急处置办法，对伤势严重者，应立即送往医院抢救治疗。

10. 设备档案管理

工程部对全场的机械、动力、通信、电气等通用设备、专用设备及建筑设施要建立档案、台账。

建立一式三张实物卡片；一张随设备移交到使用单位，一张留底，一张送档案室。

（1）设备档案主要范围包括以下三方面：

①设备的产地、规格、型号、购置及使用时间和主要技术性能。

②设备说明书、出厂检验单、装箱单、安装验收移交单、附件工具清单、安装地点，使用单位。

③设备使用记录、事故记录、处理结果、报废手续。

（2）所有档案资料必须有各级领导、当事人的签字。申报、审核、批准等手续要齐备。

（3）借阅各档案，必须经商场主管领导同意，并办理手续。

▲商场能源管理制度

为加强商场能源规范化管理，规定商场能源管理的机制、范围以及管理内容与要求，特制定本制度。

（一）管理机构

商场能源管理实行三级管理。

（1）商场能源由一名场领导主管，并负责商场各部门职责分工。

（2）工程部作为全场能源管理的职能部门。

（3）各商店、部室负责本部门能源管理。

（二）主要管理范围

1. 场级领导

场级领导主要负责审查、督促全场能源使用及管理工作。

2. 工程部

（1）负责对全场能源的使用、负荷的增减进行监督和调控，对相关部门在能源使用、配置上进行协调、指导。

（2）负责全场水、电、热力、煤气的各对口专业公司的业务联系，按要求上报有关统计报表，办理增容、改造项目申报事宜。

（3）负责对全场能源系统的管线、电路、开关、截阀等的装置进行设计、安装和维修。

（4）负责绘制全场能源设备定置图。

3. 商场各部门

（1）应有一名领导负责能源管理，了解掌握各自管辖区域的能源配置情况，重点是电气线路、开关、闸箱、水箱等阀门（或龙头）管道接头等，并指定专人管理，对所属职工进行节能、安全、操作等教育，并按商场有关规定予以考核奖惩。

（2）商场各部门必须严格按照工作程序进行工作。如因陈列美化、广告制作或其他用电需求，需增加用电时，必须于前一周写出申请，提出增加理由、所需电量、安装地点，经工程部审核后报商场主管经理批准。

（3）定期检查本部门的安全和节能情况，对于"长流水"、"长明灯"以及事故隐患，要及时报商场工程部修理，并书面记录报告时间。

（三）节能管理

（1）商场对全场的水、电、气、热力等能源要计划配置，节约使用。凡有条件的部位都要安装水、电等计量仪表。各部门不得私自增容或改装水、气管道。

（2）商场工程部要定期检查维修全场的供水和供气管道、阀门、接头等零部件，防止跑、冒、滴、漏现象。

（3）商场工程部对公共场所的水、电、气、热等能源应重点管理。设专人包干负责。

（4）工程部对全场的自来水、照明电等采用分段划分，明确界线，每月进行检查，发现问题追究有关部门、部室能源管理人的责任。

▲能源设备安全管理制度

工程部对商场各类能源设备及操作场所，应参照国家有关公共信息标志图形符号的要求，制作悬挂醒目的安全标志。

1. 电气设备安全管理

（1）对重要环节和场所须严格贯彻执行操作规程，如商场内的配电室、热力点、空调间等，要配齐专门维修人员，加强巡检密度。

（2）对商场内不设专人看护的公共场所的电气设备应责成专人定期巡视，并清扫养护。

（3）对易损部件要加强日常维护，定期更换，并注意检测，如设备开关、继电器、整流器等。

（4）根据设备使用状况加强绝缘监督，适时进行预防性试验，如设备新投入运行或大、中修后以及防雷电试验等。

（5）特殊装置如继电保护装置和接地装置等，应定期检测更换，以避免因失灵导致触电火灾事故。

2. 煤气管道及设备安全管理

（1）对各类管道、阀门要指定专人管理，定期巡视，公用阀门要加锁。

（2）定期维护、检修管道、阀门，确保管道无漏气、无断裂、无老化现象，达到设备完好标准。

▲维修管理规程

第一条　本商场的财产维修计划及维修手续依照本规程执行。

第二条　本规程中的维修是指土地、建筑物、构筑物、车辆、搬运工具和备品的增设、改造和更新。

第三条　维修工作的领导班子由工程部部长、总务部部长和技术部部长组成，由总务部部长签头。

第四条　制订的维修计划报主管领导和财务部负责人，依据维修计划和预算，组织实施维修业务。

第五条　总务部协助组织、协调维修工作。

第六条　财务部编制综合维修预算，检查执行预算与实际维修费用是否一致。

第七条　维修计划的编制。

1. 责任人在进行维修前，应向技术部部长提交维修实施计划。

2. 技术部部长确认有必要后，并请示商场主管后，作出具体的指示。

3. 技术部部长从技术的角度对维修计划的内容进行审查，提出投资计划，交财务部部长审查。

4. 财务部部长依据该计划，编制资金计划。

5. 4000 元以内设备投资计划和资金计划的由商场副总经理审批，超过 4000元由总经理裁定，超过 1 万元的维修项目，必须交董事会审议。

第八条　维修计划的落实。

1. 对核准的维修项目，责任人和相关部门组织讨论具体的维修工程方案，并制订出详细的实施计划，提交给技术部部长和财务部部长后，组织实施。

2. 紧急性的维修工程，不需要办理上列手续，直接由责任人与技术部部长协商后，报请主管领导和财务部部长组织实施。

3. 当责任人制订的详细实施计划的内容、期限和预算，与设备投资计划有显著差别时，应按第八条第 1 项所列程序，修订设备投资计划。

第九条　维修计划的变更。

1. 维修实施后，如维修内容、期限、预算等需要作重要变更，或需追加预算时，经责任人与技术部部长协商后，提交工程变更或追加预算申请。

2. 技术部部长应从技术角度对上述申请作出审查，编制设备计划修正案，提交财务部部长审查。

3. 维修计划和资金计划的修正案超过 4000 元，由商场总经理裁决，超过 1万元，由商场董事会审议。

第十条　责任人应及时向技术部部长、财务部部长和总务部部长报告维修进展和预算执行情况。

第十一条　本规程的实施细则由负责维修计划实施管理的公司主管和财务主管制定。

第十二条　本规程自××年×月×日起实施。

▲修建工程管理制度

为加强商场修建工程规范化管理，从整体优化建设项目，使之适应经营业务的发展，特制定本制度。

对商场基建工程的立项、审批、施工验收、现场管理和质量监督做统一要求。本制度适用于商场新建、改造、维修、翻建、扩建所有修建工程。

（一）管理机构

（1）商场由一名场级领导主管修建工程。

（2）工程部是修建工程的具体主管部门。

（二）主要管理范围

1. 场级领导

（1）负责修建项目的审批。

（2）负责主持工程验收工作。

2. 工程部

工程部负责制订修建工程的计划、组织实施的各个环节，检查验收全部工程质量以及组织协议书的签订。

另外，安全保卫部、劳动人事部在施工前负责协议书中安全条款的检查、审批。

（三）管理内容与要求

1. 立项

新扩建、改造、维修、参建等项目的立项工作，要本着技术上可行、经济上合理的原则，确定建设项目的规模、投资标准和使用范围。

立项程序为：由具体基层单位会同工程部编制计划，提供工程项目报告和可行性分析。内容有：投资规模、用途、面积、材料筹措、工程造价等，特别是对投资较大的工程，在施工前，要进行可行性论证，并委托有关设计部门进行规划设计。项目确定后报请商场总经理审批，由商场财务部门落实资金。实现立项、申报、预算、审批规范化管理。

2. 签约

及时掌握供货、施工单位的资质、履约能力，签订条约时条款齐备，责任分明。施工前，要根据有关规定签订施工合同或协议书以及保修期限，扣除10%的保修费，待保修期满返还。

3. 现场管理

（1）适时安排或组织施工现场前期准备工作，疏通主要建筑材料供应渠道，申请主要建材指标，组织生产或定购必需的工艺设备，确定施工进度。

（2）对施工项目实行科学管理，及时解决施工中存在的各种问题，会同有关部门对施工的质量、安全、整体布局实行综合管理，工程所需原材料中无质量合格鉴定证书者，不许投入使用。

（3）对工程质量按照国家标准和施工协议实行全面管理，要对每个环节、每道工序进行严格把关，做到结构坚固，装修美观实用。对违反施工建设规范和操作规程、质量未达到国家标准和设计要求的，要停止施工采取补救措施，直至返工合格。

（4）负责兴建、翻建扩建、修缮项目的技术质量管理工作，并组织制定施工方案，监督实施。

（5）各职能部门应按既有分工、又有配合的原则，针对工程建设中存在的问题提出改进意见，并采取妥善方法，抓紧检查落实。

4. 验收

（1）在工程全部竣工后，由商场一名副总经理牵头组织工程部、安全保卫部以及使用单位负责人，会同工程和施工人员进行验收。验收时，视情况需要，邀请地区消防、人防、质检、环卫等部门参加，主动征求他们的意见。

（2）必须根据国家技术标准和施工协议书严格执行验收标准，若出现临时追加项目和未尽事宜，双方须以协议或合同为依据，补充鉴定工程预决算，若施工单位随意增加施工项目及预算投资，我方不予认可。待全部验收完毕，方能在交接手续上签字，提请领导和有关部门审核后付款。

5. 质量监督

（1）对商场房屋改造、零散工程建设项目，从原材料购进到施工中的每道工序、各个环节都要严格实行质量控制。

（2）在签订施工协议时，应明确施工单位质量责任、验收标准及保修保用规定，并根据经济合同法在付款时间、方式上给予制约。

（3）根据计划和施工方案，定期检查施工进度和方案执行情况，检查本商场人员管理工作和制度的落实成效，对工程中出现的问题要及时摸清情况，提出改进性意见，并报批落实，抓效率。

（4）工程竣工后，在保用期内出现质量问题，应及时与施工部门联系返修。若出现争议，应提请有关部门仲裁，直至诉诸法律。

（5）验收合格后，待保修期满，如无质量问题，应付清保修费。

（6）全部竣工后，将工程图纸、相关资料归档保存。

▲商场卫生管理制度

1. 卫生管理目的

为确保商场员工与顾客的身体健康，提高工作质量和服务质量，使卫生工作制度化，应加强卫生管理。在商场爱卫会领导下，卫生管理工作统一由行政部负责。

2. 卫生要求

（1）车场（包括门前三包地段）要保持清洁，各种车辆按规定地点停放整齐。

（2）保持商场内店堂、走廊、公厕的清洁，做到光亮、无异味。

（3）保持内部厕所、浴室、理发室及其他公共场所洁净、无蚊蝇。

（4）各部办公室内要保持整齐，窗明几净，不得将室内垃圾随意扫出门外。

（5）垃圾分类倒入指定地点，不得倒在垃圾道或垃圾桶外，倒完垃圾要及时盖好盖。

（6）爱护和正确使用厕所设备。用后要冲水。卫生巾、手纸要扔入篓内；严禁将茶根、杂物倒入洗手池。

3. 卫生工作实施

（1）各部室和商店的办公室、库房、食堂等场所，由在其间工作的员工负责打扫，做到日扫日清，定期大扫除。

（2）公共卫生区域由商场保洁员清扫，对商场实行卫生质量、费用承包。

4. 卫生工作检查

（1）商场行政部设卫生管理员，负责卫生检查工作。

（2）商场每半年组织一次卫生大检查，此外重大节日（春节、五一、国庆）前也要进行检查，并对卫生工作做出讲评。

（3）行政部每周检查一次，根据情况随时抽查，发现问题限时予以解决。

▲商场卫生管理准则

第一条　本商场为维护员工健康及工作场所环境卫生，特制定本准则。

第二条　凡本商场卫生事宜，除另有规定外，皆依本准则实行。

第三条　本商场卫生事宜，全体人员须一律确实遵行。

第四条　凡新进员工，必须了解清洁卫生的重要性与必要的卫生知识。

第五条　各工作场所内，均需保持整洁，不得堆放垃圾、污垢或碎屑。

第六条　各工作场所内的走道及阶梯，至少每日清扫一次，并采用适当方法减少灰尘的飞扬。

第七条 各工作场所内，严禁随地吐痰。

第八条 饮水必须清洁。

第九条 洗手间、更衣室及其他卫生设施，必须保持清洁。

第十条 排水沟应经常清除污秽，保持清洁畅通。

第十一条 凡可能寄生传染病菌的物品，应于使用前适当消毒。

第十二条 凡可能产生有碍卫生的气体、灰尘、粉末，应作如下处理：

1. 采用适当方法减少有害物质的产生。

2. 使用密闭器具以防止有害物质的散发。

3. 在产生此项有害物的最近处，按其性质分别作凝结、沉淀、吸引或排除等处理。

第十三条 凡处理有毒物或高温物体的工作或从事有尘埃、粉末或有毒气体散布的工作，或暴露于有害光线中的工作等，需用防护服装或器具者，商场按其性质制备相应的防护服装或器具。

从事以上工作的员工，对于本公司配备的防护服装或器具，必须妥善保管。

第十四条 各工作场所的采光应满足下列要求：

1. 各工作部门需有充分的光线。

2. 光线需有适宜的分布。

3. 光线需防止眩目及闪动。

第十五条 各工作场所的窗户及照明器具的透光部分，均需保持清洁。

第十六条 凡阶梯、升降机上下处及机械危险部分，均需有适度的光线。

第十七条 各工作场所需保持适当的温度，并根据不同季节予以调节。

第十八条 各工作场所需保持空气流通。

第十九条 食堂及厨房的一切用具，均需保持清洁卫生。

第二十条 垃圾、废弃物、污物的清除，应符合卫生的要求，放置于指定的范围内。

第二十一条 本准则经总经理核准后施行，修改时亦同。

▲卫生工作六不准

1. 不准随地吐痰。

2. 不准在办公室、货场吃饭。

3. 不准将杂物、垃圾扫入他人卫生区。

4. 不准吸烟。

5. 不准乱扔废弃物、果皮核。

6. 不准乱倒脏水、茶根、垃圾。

▲洁净部经理岗位职责

1. 在商场经理的领导下，负责商场公共场所的卫生清洁工作。
2. 部署每周部门工作，并制订工作计划，合理安排人力、物力，确保计划顺利实施。
3. 领导商场清洁工进行重点部位的清洁卫生工作和日常工作。
4. 制订卫生工作计划并组织实施，确保卫生清洁工作高标准、经常化。
5. 合理安排卫生清洁班次及时间，公共区域的卫生清洁要避开营业高峰期，并回避顾客。
6. 督促检查各班的清洁卫生工作，掌握工作进程，检查工作质量，提出改进意见。
7. 负责申领和控制清洁用品和用具，减少费用开支。
8. 月底前做好本部清洁消耗费用结算，报财务部经理。
9. 负责商场清洁工的教育培训及每月考勤、考核和效益工资的发放。

▲公共区域清洁工作标准

商场公共区域的卫生状况可体现商场的管理面貌，因此，需制定公共区域的清洁工作标准，以保证商场内清洁卫生质量的稳定性。

1. 清洁工作标准
（1）大堂清洁
①电话机无污渍。
②盆景、花槽无烟头、纸屑，盆架无灰尘。
③地面无纸屑，无明显污渍及脚印。
④墙面无污渍、灰尘，无非营业性告示。
⑤天花及吊灯、筒灯无积尘、无蛛网，灯饰光洁无锈蚀。
（2）铜器清洁
①在规定时间内（一周）铜器不返橘红色。
②铜器、不锈钢制品无明显污渍、锈渍及灰尘。
③扶手上无手印。
（3）吸尘清洁
①地毯上无纸屑、痰迹，无局部明显污渍。
②吸尘后的地毯无明显沙粒。

③地脚线无污渍，无灰尘。

④装饰画无积尘，无破损。

（4）玻璃清洁

①大门玻璃不得有手印。

②门架装饰板无灰尘、蛛网。

③玻璃窗无明显灰尘，窗框、滑槽无积物。

④门地弹簧无污渍、油渍。

（5）电梯清洁

①电梯内无蜘蛛网、灰尘。

②内壁无污迹、无手印、无灰尘。

③电梯门无手迹、污迹。

④电梯内地毯无废纸、烟头。

（6）洗手间清洁

①镜面无水渍、斑点。

②镜灯箱无积尘。

③壁盆无锈迹、杂物。

④排风口、空调出风口无积尘。

⑤烘手器无污迹、水迹。

⑥洗手间标志牌无脏迹，灯箱无灰尘。

2. 制订清洁保养计划

商场公共区域的清洁工作繁杂琐碎，因此，要有一套适当的清洁计划，合理安排人力。同时要对一些大的清洁项目做出科学的保养计划，以延长商场设施的使用寿命。

3. 加强巡视检查，确保质量

有关保洁管理人员要加强巡视检查，检查是否达到规定的质量标准，发现问题及时纠正。商场内部的管理人员也要对公共区卫生进行不定期的检查或抽查，以保证商场公共卫生的质量。

▲盆景保管规定

第一条　本商场所有石山盆景逐一挂铁牌、编号，并拍照入册，做到盆景、名称、编号牌、照片对号存档，确保妥善管理。

第二条　新盆景及时编号拍照入册，出现损失后及时报告，存档备查（应有管理者、领班、经理共同签名确认）。

第三条　室内换盆景，每次出入应登记编号，并注明摆放起止时间、地点及生长状态。

第四条　所有盆景每年应全面盘点，由商场主管、领班及保管者盘点后共同签名交部门存档备案。

▲卫生间清洁工作规定

1. 所有清洁工作必须自上而下进行。
2. 放水冲入一定量的清洁剂。
3. 清除垃圾杂物，用清水洗净垃圾桶并用抹布擦干。
4. 用除渍剂清除地胶垫和下水道口处的污渍，清洁缸圈上的污垢和渍垢。
5. 用清洁桶装上低浓度的碱性清洁剂，彻底清洁地胶垫。
6. 在镜面上喷上玻璃清洁剂，并用抹布擦干净。

▲更衣室清洁工作规定

第一条　本商场更衣室清洁地面的工作职责，包括扫地、拖地、擦抹墙脚、清洁卫生死角等方面。

第二条　清洁浴室包括擦洗地面和墙身（特别是砖缝位置），清洁门、墙和洗手池。

第三条　清洁更衣室员工洗手间。

第四条　清洁更衣室衣柜的柜顶、柜身。

第五条　清洁更衣室内卫生。

第六条　如拾到员工物品，及时登记并上交商场保安部。

▲自行车车库管理规定

1. 商场自行车库只存放本商场员工上下班用自行车，超过一周不取的车辆，行政部自行处理，长时间出差时，要向管理人员打招呼。
2. 凭有标志车筐存放车辆。
3. 按规定位置放置车辆。
4. 爱护车库内公用设备，损坏赔偿。
5. 保持车库内卫生，不扔废弃物。
6. 要文明存车，服从管理员管理，按顺序存放，不得损坏他人车辆。

▲废旧包装物品回收管理规定

1. 凡属废旧包装物品，均由商场行政部统一回收，各部门不得自行对外处理。

2. 商场各部门在拆箱或开包时，要尽量保持包装物完好，要指定专人负责。废旧包装物品应及时送到行政部指定存放地点。

3. 行政部设专人管理，回收的包装物要按类型、规格码放整齐，必要时要进行加工处理，及时联系回收单位，做好防火、防雨工作。

4. 对外处理废旧包装物品要坚持尽可能多收益的原则。收入根据相关规定上交财务部。

5. 回收工作做得好的单位，由行政部报请商场对其进行表扬或奖励。

6. 回收工作中行政部与各部门之间要做好登记工作。

第二节　商场超市总务后勤管理表格

▲上班清洁自查表

上班清洁自查表

工 作 项 目	周日	周一	周二	周三	周四	周五	周六
1. 擦拭店内玻璃及镜面							
2. 擦拭灯罩内、外侧							
3. 擦拭画框及镜面							
4. 整理废纸箱及前、后镜							
5. 保养花木、浇水、擦叶及剪黄叶							
6. 擦拭花盆及盆座							
7. 擦拭铜器							
8. 擦拭所有木制家具							
9. 清洁大门口、楼梯、地毯及人行道							
10. 清洁沙发、墙缝或窗缝的垃圾							
11. 扫地、拖地及清理垃圾							
当班经理签名/日期							

▲清洁工作安排表

清洁工作安排表

___月___日至___月___日 页次____

姓名	
日期	
清洁项目	
考核	
日期	
清洁项目	
考核	

▲卫生区域责任表

卫生区域责任表

部门	区 域				
	仓库	走道	空地	场外环境	其他
清洁说明					

▲锅炉操作津贴

锅炉操作津贴

从事锅炉操作的时间	锅炉操作津贴
不到月总工作时间 10% 的	每月_____元
10% 以上，不到 15% 的	每月_____元
15% 以上，不到 30% 的	每月_____元
30% 以上，不到 50% 的	每月_____元
50% 以上，不到 70% 的	每月_____元
70% 以上的	每月_____元

▲电话交换津贴

电话交换津贴

从事电话交换的时间	电话交换津贴
不到月总工作时间10%的	每月＿＿＿＿元
10%以上，不到20%的	每月＿＿＿＿元
20%以上，不到40%的	每月＿＿＿＿元
40%以上，不到60%的	每月＿＿＿＿元
60%以上的	每月＿＿＿＿元

▲ 保健津贴

保 健 津 贴

处理有毒化工原料或在恶劣工作环境下的工作时间	保健津贴
不到月总工作时间 10% 的	每月_____元
10% ~ 15%	每月_____元
15% ~ 30%	每月_____元
30% ~ 50%	每月_____元
50% ~ 70%	每月_____元
70% 以上的	每月_____元